脱贫攻坚社会伟力

国务院扶贫开发领导小组办公室综合司
国务院研究室农村经济研究司 ◎ 编

中国言实出版社

图书在版编目（CIP）数据

脱贫攻坚社会伟力 / 国务院扶贫开发领导小组办公室综合司，国务院研究室农村经济研究司编 . –– 北京：中国言实出版社，2020.1

ISBN 978-7-5171-3308-7

Ⅰ . ①脱… Ⅱ . ①国… ②国… Ⅲ . ①扶贫—工作经验—案例—中国 Ⅳ . ① F126

中国版本图书馆 CIP 数据核字（2019）第 286980 号

出 版 人	王昕朋	
总 监 制	朱艳华	
责任编辑	胡　明	
	丰雪飞	
责任校对	史会美	
责任印制	佟贵兆	
封面设计	姜　鸿	

出版发行　中国言实出版社
　　　　　地　址：北京市朝阳区北苑路 180 号加利大厦 5 号楼 105 室
　　　　　邮　编：100101
　　　　　编辑部：北京市海淀区北太平庄路甲 1 号
　　　　　邮　编：100088
　　　　　电　话：64924853（总编室）　64924716（发行部）
　　　　　网　址：www.zgyscbs.cn
　　　　　E-mail：zgyscbs@263.net
经　　销　新华书店
印　　刷　北京久佳印刷有限责任公司
版　　次　2020 年 1 月第 1 版　　2020 年 1 月第 1 次印刷
规　　格　710 毫米 ×1000 毫米　　1/16　　20 印张
字　　数　285 千字
定　　价　68.00 元　　ISBN 978-7-5171-3308-7

本书编委会

主　任：郭　玮

副主任：苏国霞　张顺喜

编　委：（以下按姓氏笔画排序）

文　炜　　王昕朋　　朱艳华

张　一　　张伟宾　　林江平

贺达水　　黄　阳　　曹金龙

目 录

2018

2019

2016

"驴倌"扶贫记

王健任

"负薪不惜流盐汗，卸磨何妨食草根。"对于毛驴，秦玉峰有太多的话要说，作为国家级非物质文化遗产东阿阿胶制作技艺代表性传承人、东阿阿胶股份有限公司总裁，他和毛驴打了一辈子交道，也因此被称为中国"首席驴倌"。

现在，"首席驴倌"很忙，因为到2020年之前，他有两个艰巨任务：一是用东阿阿胶的滋补养生价值为建成健康中国作出贡献，二是用毛驴的经济价值为全面建成小康社会增砖添瓦。

如此，将近花甲之年的秦玉峰从当年的"阿胶少帅"成为今天的"首席驴倌"，角色的转变并不单单是年龄的增长，从"寿人"到"济世"一起抓，他给自己和东阿阿胶加了一副担子。

"驴倌"的心结

阿胶虽有"血肉有情之品，滋补奇经八脉"之功效，但是"驴倌"心中有一个结，怕是最好的阿胶也解不开。

前几年，在新疆伊犁州帮助牧民建养驴基地和合作社的东阿阿胶援疆工人王怀利等人回到公司作述职报告时，沉默寡言，战战兢兢。秦玉峰严厉地批评他们："在新疆待了多年，连述职报告都做不好！"

当得知缘由时，"驴倌"心碎了。

　　2001 年，东阿阿胶公司联合新疆维吾尔自治区政府建设大型养驴基地，帮助新疆改良毛驴品种，帮助牧民建设毛驴养殖合作社。作为公司业务骨干，王怀利被派到了前线。养殖场建在和田市北郊的戈壁里，离最近的村庄 10 多公里。刚开工时，连宿舍都没有，王怀利和牧民住了 7 个月的"地窝子"——在戈壁上挖一米多深的坑，晚上睡觉的时候上面盖上塑料膜，白天 10 多度，晚上零下 10 多度。对于这段艰苦岁月，王怀利记忆犹新。

　　艰苦的条件并没有打倒这位山东汉子，短短几个月，占地 5300 亩的养殖场建成了。800 多头东阿阿胶培育改良的黑毛驴一进场就让当地牧民和畜牧局惊呆了：还有这么大的毛驴？当地的灰毛驴瘦小，而东阿阿胶的黑毛驴比当地的马都大，政府和牧民心动了。

　　面对公司领导重托和当地政府、群众的殷切希望，王怀利带领牧民开始走上了致富之路。从 40 多度的夏天到零下 30 多度的冬天，从海拔 2700 米的草

秦玉峰（右）为毛驴养殖户赠送毛驴

场到流水湍急的伊犁河小岛牧场，王怀利从没向公司领导诉过苦。"工作累不可怕，愁的是与当地维吾尔族同胞语言不通，无法交流。"为了打发时间，他每个月骑半天马到和田市区找网吧下载电子书，每天抽4包烟……在一望无际的戈壁滩，王怀利很怕自己得抑郁症。

随后，东阿阿胶加大了对新疆的帮扶力度，秦玉峰提出，要实现"一头驴就是一个小银行"的目标，东阿阿胶先后在喀什、阿克苏、和田建了4个大型养殖合作社，援疆队伍也随之扩大。

2009年，李世忠、杨涛、陈金亭等人来到新疆帮助当地牧民推广、改良黑毛驴。每年春季组织开展养驴技术培训班时，为方便交流，他们请来新疆畜牧科学院的教授和当地维吾尔族养殖大户，并编制维汉双语教材。如今，合作社建起来了，黑毛驴鼓起了牧民的钱袋子，而这几个山东汉子的艰辛却成了秦玉峰永远的心结：

从新疆回来的王怀利听不懂新名词，与别人搭不上话，变得沉默寡言……

2009年3月，在伊犁养殖场，一米多厚的积雪、刮坏了3个防盗门的狂风让杨涛心有余悸……

2011年中秋节，在伊犁养殖场，李世忠和陈金亭叫来了两个老乡，买了几斤肉过节，一杯酒后，4人抱头痛哭……

每当提到这些，秦玉峰总会泪流满面，他总觉得是自己亏欠了他们。"每次他们回来，我都要请他们喝酒，请他们吃饭，向他们道歉，也从那时候我意识到必须要进行制度改革，两年必须轮岗一次。"秦玉峰哽咽着说不出话来。

虽然爱将远在千里之外，但都紧紧牵动着秦玉峰的心，他经常去新疆看望他们。"2012年，秦总到阿克苏、和田、喀什、伊犁看望并指导我们，当时他从阿克苏飞伊犁的途中开始发烧，到了伊犁烧得很厉害，但他仍坚持慰问我们。"李世忠对记者说。

一夜细雨万里春。如今在新疆，毛驴不仅仅是交通工具了，更成为当地致富的产业。时任新疆维吾尔自治区党委书记的王乐泉专门表达了谢意："东阿阿胶的援疆工人过来后，对我们贫困地区很有帮助，好多村民都说，今年又有驴娃子出售了，挣了大钱。"

2010年喀交会时，时任山东省省长的姜大明来到喀什，在中巴车上突然看到东阿阿胶打出"一头驴就是一个小银行"的广告语，他非常高兴，充分肯定了东阿阿胶在新疆的贡献。

如此一来，"驴倌"留下了心结，却实现了心愿。

"驴倌"的故事

养毛驴能致富？很多人不相信，过去在我国农村贫困地区，毛驴一般被用作交通工具，随着现代交通越来越发达，农村养殖毛驴越来越少，但对于"毛驴扶贫"，"驴倌"却有很多故事要讲。

故事一："吕有功"。20世纪60年代，在甘肃庆阳，粮食短缺，异常贫困。当地按户口分配口粮，没有户口就没有粮食。当时一个村养一头驴，全村人把驴当成人一样对待，因为毛驴肩负着全村生产运输的任务。但是粮食有限，毛驴经常吃不饱，瘦弱如柴。为了让毛驴吃饱，全村人想了一个主意：给它个户口，要一份口粮。于是，"吕有功"这个名字就报上去了。后来组织部考察干部，要提拔像"吕有功"这样的能带领群众致富的好干部，大家只能如实招来。不光在庆阳，在那段艰苦岁月，我国大部分地区生产资料匮乏，毛驴就成为农村的"吕有功"。

故事二：毛驴禁毒。2007年"两会"一结束，时任云南省药监局局长的孙学明就到东阿阿胶考察工作。在中缅金三角地区，农民偷种罂粟现象严重，虽然国家严厉打击毒品，然而受利益驱使，屡禁不绝。当地百姓大部分很穷，很多人连100块钱都没有见过。当看到东阿阿胶的养驴模式后，孙学明眼前一亮：当地人有养驴的风俗，如果把东阿阿胶引过来建立毛驴药材养殖示范基地，既能建立一个民族地区的毛驴药材基地，又能够带动农民脱贫致富。当第一批 50 头黑毛驴头戴大红花到达时，当地 200 多头雌性小毛驴异常兴奋，村民更是高兴得合不拢嘴。现在，黑毛驴让当地农民尝到了甜头，把罂粟扔到了一边。

故事三：毛驴银行。有一年，秦玉峰到新疆考察项目落实进展，在岳普县走访了一位独臂维吾尔族老人。老人养了 3 头经过东阿阿胶改良过的岳普湖"疆岳"种公驴。在老人看来，一头驴就是一个小银行：一头公驴每天配一次种，收益 150 块钱，每天平均配 2 次，3 头每天就可以收入 900 块钱。后来，东阿阿胶把改良品种模式推广到全新疆，取得了很好的效果。初次在庆阳推广这一模式时，当地信用社把"一头驴就是一个小银行"的宣传牌给拆了，在他们看来，作为农村小银行的信用社和一头驴相提并论，不是骂行长是驴吗？但是两年后，他们再也不敢拆宣传牌了，因为这块宣传牌被养驴致富的农民钉在了高压线底座，并且牢牢看守着。

对于"毛驴扶贫"的故事，秦玉峰说起来滔滔不绝。他坚信，虽不如骏马高大威猛，但是任劳任怨的毛驴一定能"驮"着农民走出贫困，奔向小康。

"驴倌"的议案

2015 年 1 月 30 日，在山东省第十二届人民代表大会第四次会议中，秦玉峰提了一则"毛驴议案"：将毛驴纳入家畜补贴范围。之所以提出"毛驴议案"，是因为贫困户在养驴时没有与养牛、羊、猪同样的政策资金扶持。

有人说，养驴周期长、见效慢，效益不如养牛、羊、猪。对此，秦玉峰一百个不服："养驴周期虽长，但一到两年也能见效，而且效益是牛羊无法相比的。就拿一头成年母驴来说，驴奶每年能卖 3000 元，孕驴血能卖 2000 元，母驴本身能卖 4000 元，所以一头母驴一年就能产生 9000 元的效益，已经超过

秦玉峰在青海省海西县原料基地调研

一头牛的效益了。"

并且，相比牛、羊、猪，驴的市场价格更稳定，每年驴肉价格稳定增长3%左右，这离不开东阿阿胶的推动。杨涛是东阿阿胶活驴掌控部办事处经理，他每年要到全国各地收购活驴，被贫困地区的养殖户称为"财神爷"，也被各地驴贩子骂作"丧门星"。东阿阿胶的活驴收购平台解决了养殖户不了解市场行情、易受骗、销路难、销售价格低等问题。为避免养殖户利益受到损害，杨涛一年基本都在路上，一辆车两年开了14万公里。

对于"毛驴扶贫"，有人持怀疑态度，于是秦玉峰带领公司员工亲自实践，对贫困农户养殖毛驴进行补助。2007年，东阿阿胶联合内蒙古巴林左旗政府设立养驴扶贫基金会。农户每养殖一头驴，基金会补助1000元。东阿阿胶负责全旗所有毛驴的收购，并且在市场价基础上每头再加400元。同时，东阿阿胶出资修建27个改良站，免费为牧民改良当地灰毛驴。此外，在巴林左旗后兴隆地村，东阿阿胶出资并聘请中国人民大学公共管理学院副教授邻艳丽对该村进行乡村整治规划，让该村实现了由穷到富的转变。

看到效果后，秦玉峰决定下一盘大棋：启动建设"百万头毛驴养殖基地"计划。一个惠及30个民族农牧民的百亿商品驴产业带，正在内蒙古赤峰、辽宁阜新等边贫地区隆起。这些地区已有乡镇级以上养驴协会百余家，200头规模以上养殖户1000个，1000头养殖村350个，10000头养殖乡镇13个，5万—10万头养殖县8个。短短几年时间，已带给农民20多亿元收入。

如今，秦玉峰的示范得到了政府层面的响应，山东聊城确定开展养驴扶贫五年行动，按照政府扶持、企业带动、金融帮助、贫困户积极参与的模式，在贫困村大力发展养驴扶贫，力争通过5年时间，发展基础母驴3万头，存栏肉驴30万头，使15万贫困人口走上脱贫致富的路子。在实施中，将率先在东阿、高唐、阳谷开展养驴产业带动精准扶贫试点，采取代养驴驹、差价送驴、规模养殖等运行模式，并制定相应扶持政策。

"毛驴扶贫"终于从"游击队"变成了"正规军"，但是"驴倌"对现在的"兵力"并不满意。在脱贫攻坚集结号吹响之际，秦玉峰希望在热火朝天的第一线，看到更多毛驴！

天山南北绽"春蕾"

——空军部队实施"蓝天春蕾计划"纪实

宋歆　王卫华　阿力木江·买买托合提

"春蕾"是什么？是希望！春风化雨，润泽心田！

"春蕾"是什么？是火炬！一方有难，八方来援！

"春蕾"是什么？是感召！涓涓细流，汇成大海！

"春蕾"是什么？是担当！久久为功，精准相助！

空军"蓝天春蕾计划"，基于推进性别平等，着眼扶助边疆贫困女童而设立。自 1995 年发端至今，从南疆哨所到北国边陲，从东海之滨到雪域高原，从空军机关到基层一线，从现役官兵到离退休老同志，一茬茬空军官兵赓续爱心、精准助学，累计捐款过亿元，在新疆、西藏等少数民族地区先后援建 37 所"蓝天春蕾"学校和 80 所"儿童快乐家园"，资助 22326 名贫困儿童重返校园，培训 335 名"蓝天春蕾"教师和 2794 名大龄"春蕾"女童。

这些满怀赤诚的大爱善举，不断传递着党和人民军队的温暖，生动践行着"人民空军为人民""人民空军爱人民"的铮铮誓言，有效带动着社会各界爱心人士合心合力，为边疆民族地区贫困女童健康全面发展撑起了一片蔚蓝的天空。

大爱洒天山

新疆，伊犁，特克斯县。

时至 3 月，连绵起伏的山峦间，依然白雪皑皑。料峭的寒风中，株株新绿顽强破土而出，传递着春天来临的气息。

"热爱伟大祖国，建设美好家园"。在县城东南 20 余公里外的阿腾套牧业小学的教室里，书声琅琅，清脆动人。

领读的女童，是 6 年级学生布丽亨·吐尔逊江。13 岁的她，出生在当地一个贫穷的哈萨克族牧民家庭，患有先天性左脚残疾，家中经济十分困难。

"我们都知道，不读书就没有出路，真心想让孩子过得比我们好。"布丽亨·吐尔逊江的父母非常开明，但他们也坦言，勉强支撑 3 个孩子上学，一度让全家把原本就不多的牛羊几乎都快卖光了。看着父母为难的神情，面对辍学的阴影，作为全家最小的孩子，布丽亨·吐尔逊江倔强地说："我要读书！"

3 年前，正在上学与辍学之间艰难挣扎的布丽亨·吐尔逊江一家，终于迎来命运的转折：空军部队连续 3 年资助该校 50 名贫困女童完成学业。

3 年来，在国家扶贫政策的帮助下，布丽亨·吐尔逊江一家的牛圈羊圈，又渐渐满了起来；接受空军资助，已经完全摆脱精神负担的布丽亨·吐尔逊江，全力投入学习之中，获得的各种奖状贴满了整整一面墙。

"'蓝天春蕾计划'对孩子们的资助，让她们解除了后顾之忧，充分激发了学习热情，这些受资助的女童几乎个个品学兼优。"阿腾套牧业小学语文老师哈丽玛激动地说，"学校的教学设施虽然还赶不上县城里的一些中心学校，但教学水平年年提升，目前已经跃居前列。仅最近 3 年，这些受资助的'春蕾生'里，就有 9 人考上内地初中班。今年，布丽亨·吐尔逊江就很有希望！师生家长对空军官兵的无私大爱，充满感激之情！"

"春蕾"，成为贫困女童走出大山、改变命运的一颗种子。从破土发芽，到开花结果，21 年的勠力耕耘，"蓝天春蕾计划"让人们看到了收获的希望。

"我就是在'春蕾'的大爱下成长的。"空军驻疆某部女干部米合伦沙·阿不都感受尤为深刻。1995 年，一度因家境贫困而辍学的米合伦沙，成为第一批受益的"蓝天春蕾女童"。21 年来，从辍学的维吾尔族女童，到空军资助的"蓝天春蕾"；从一名空军女军官，到当选全国人大代表，米合伦沙的命运因"春蕾"而改变，因"春蕾"而精彩！

"21 年来，空军部队官兵先后为新疆捐助'蓝天春蕾计划'项目款数千万元，援建 13 所'蓝天春蕾'学校，建立 44 所'儿童快乐家园'，直接受益人数过万。"新疆维吾尔自治区妇联儿童部部长马合甫扎·艾买提动情地说，"'蓝天春蕾'覆盖了新疆伊犁、和田、喀什、克州、阿克苏、阿勒泰等 15 个地州市、40 余个县市区，其中有来自汉族、维吾尔族、哈萨克族、回族、蒙古族、锡伯族等各族的贫困女童受到资助。可以说，空军官兵把大爱播撒在了天山南北，各族群众真心为他们点赞！"

空军官兵对"春蕾"女童的资助，不仅着眼于让孩子们吃得饱、穿得暖、有书读，更要让她们活出精气神，生命中能有更多的选择和色彩。

寒门子弟早当家。生活的艰难，赋予了贫困女童顽强坚韧的个性；而"春蕾"的浇灌，则让她们看到了改变命运的希望，性格变得更加上进阳光。

空军官兵去贫困农村为群众义诊

统计数据显示，"蓝天春蕾"学校的教学水准均在当地位居前列，"蓝天春蕾"班的孩子成绩总体靠前，每年竞争激烈的内初班、内高班选拔考试，"春蕾"女童都会交出不错的成绩。

心怀感恩，懂得回报，这正是所有"蓝天春蕾"孩子的共同特点和一致心声。

2011年夏季，新疆达坂城的回族"春蕾"席红玲，从武汉大学心血管专业研究生毕业后，毅然放弃出国机会，选择参军入伍，到位于塔克拉玛干沙漠南缘的雷达某旅卫生队工作，军旅之路矢志从基层做起，同时，日子并不宽裕的她，还选择资助了一名新疆大学的汉族学生；直招入伍的"蓝天春蕾"女童加娜古丽，刚发第一个月工资就拿出600元钱，帮助邻居家9岁女孩上学；米合伦沙持续资助维吾尔族失学女童玛丽亚木、艾克旦。如今，在她的帮助下，这两名曾经的失学女童，都已考上各自心仪的大学。

聚是一团火，散是满天星。21年来，在一茬茬空军官兵的接力关爱下，"蓝天春蕾计划"资助的学生中，已经有2000余名大学毕业生，从她们之中走出了教师、医生、军人，许多人都选择留在新疆，成为当地脱贫攻坚的带头者、传承理想信念的擎旗者和播撒社会爱心的模范者，为促进军民团结、民族团结和边疆和谐稳定、长治久安发挥了重要作用。

"春蕾"聚民心

教育强，则民族强；少年强，则国家强。

位于伊犁巩留县的库尔德宁镇，有着蔚为壮观的空中草原，如今，这里的牧民们发自肺腑地说："我们还有一座蔚为壮观的'蓝天春蕾'小学！"

走进竣工不久、窗明几净的小学教学楼，杰克森拜校长感慨万千。作为一所地处偏远山区的牧业小学，这里的校园建设曾经举步维艰。"以前孩子们挤在几间破旧的平房里，冬天没暖气，教学设施也非常匮乏。"

2014年，在空军"蓝天春蕾计划"的资助下，一座涵盖音乐教室、舞蹈教室、多媒体教室、综合实践室，冬天可以全天集中供暖的新教学楼拔地而起，每个教室均配备了电子白板。"现在，我们边远牧区的孩子也能享受到优质教育资源了，师生们的精神面貌都为之一新！"教务主任张培菊感慨地说。

硬件上去了，软件同样不逊色。2015年暑期，库尔德宁镇牧业小学的8名教师参加了"蓝天春蕾"培训，通过疆内外名师专家的辅导，掌握许多新的教学方法和理念。培训结束后，学校专门组织全校教师听取培训教师的学习汇报，从中获益匪浅。据介绍，近年来，空军还资助了33名"春蕾学校"骨干教师赴北大参加培训。一名参训教师这样感慨：学成边疆抒壮志，潜心教育事竟成。

"最近，我们正在酝酿给新教学楼命名，大家的意见很统一，就叫'蓝天春蕾楼'！"杰克森拜校长动情地说，"我要把这块牌子安在最高处，让来我们镇的人都能看见！"

"'蓝天春蕾'树起了一座座标杆！"伊犁州妇联副主席米克热依介绍，空军官兵亲手援建的教学楼、亲手规划的教学设施、亲手参与制定的"蓝天春蕾"培训规划，都已成为全州教育系统学习参照的样板。同时，这些实实在在的鲜活例子，也有力撬动了全州各系统、各部门的配套投入。

为贫困家庭奉献一份爱心，就是为党争得一份民心，就是增进党和人民的深厚感情；资助一个孩子学习成才，就是为党的事业添一砖加一瓦，就是以实际行动为党巩固执政根基。

在伊犁巩留县莫因古则村，有一所远近闻名、由空军部队捐资建设的"儿童快乐之家"。在这里，来自全村汉族、维吾尔族、哈萨克族、回族等7个民族的孩子，接受着专业老师开设的冬不拉、舞蹈、电子琴等课余培训。欢快愉悦的神情，洋溢在每个孩子的脸上。

为了配合"儿童快乐之家"的建设，村里还在旁边建设了"妇女创业之家"，擅长编织刺绣的妈妈们也有了好去处。"在这里，各民族妇女儿童能集聚在一起、交融在一起，能够远离极端思想的侵蚀。"扎黑努尔老师的学生、7岁的迪丽娜拉去年参加全疆舞蹈比赛，荣获金奖，在全村传为美谈。

21年时间，广大空军官兵立下愚公志、打好攻坚战，一年接着一年干，一任接着一任做，让一朵朵"蓝天春蕾"绽放天山南北。

"21年来，'蓝天春蕾'已经蒂固根深于全疆乡村，已经深深烙印在各族群众心中。"伊犁州妇儿工委办专职副主任陈春梅说，"这是一项利民生、聚民心，功在当代、利在千秋的大善之举！"

面对全面建成小康社会、实现脱贫攻坚目标的伟大号召，面对国家义务教育日益完善以及在南疆全面实行高中阶段免费教育的新特点，如何立足实际，进一步奋发作为？对此，空军官兵的回答是：矢志久久为功，勇于精准发力！

1995年，空军部队开始为新疆捐资助学，正式启动"蓝天春蕾计划"。

2003年，空军部队以"蓝天春蕾"奖学金的形式，资助新疆的118名高中女生完成学业，实现了新疆"蓝天春蕾计划"由资助义务教育阶段女童向资助高中女生的延伸。

2007年，空军部队展开捐资，开启了资助新疆"春蕾"女大学生计划。

2010年，空军首次资助新疆40名高中毕业未考上大学的"蓝天春蕾"女童开展实用技术培训，提高了她们自我发展能力。

新疆维吾尔自治区妇联副主席热依曼·库尔班表示，新疆"蓝天春蕾计划"从启动到每一次关键阶段的拓展，都离不开空军部队的主动作为与精准帮扶。

帮扶贵在精准！近年来，空军部队援助的"蓝天春蕾计划"内容不断延伸，逐步衍生出"健康工程""回访工程"等多个体系，新增了免费救治先天性心脏病患儿、开展"蓝天春蕾"教师培训、建立"儿童快乐家园"等项目。同时，项目资金金额不断增加。

"这些项目回应'春蕾'女童实际需要，帮扶的政策靶向更准、出台时点更准、管理手段更准，给她们送去握得住的获得感、带去热腾腾的幸福感。"伊犁州妇联党组书记李长春动情地说，"21年来，这些项目像一粒粒火种，传递着爱心与温暖，让一批批'春蕾'女童茁壮成才了、一座座'春蕾学校'变大变美了。虽然她们与捐助人素不相识，但她们都深深知道，这些来自长城内外、大江南北的'春蕾计划'捐助人，都有一个共同的名字：中国空军！"

霞满九州天

——中国扶贫开发协会
"支持贫困村大学生村官成长工程" 5 年巡礼

周艳

"爱洒三晋父老功德无量，心系九州村官丰碑永存"。2015 年 12 月，在第 26 期贫困村大学生村官培训班上，一名山西学员为中国扶贫开发协会会长胡富国献上了锦旗，由衷的感激之情和如此高的评价，让胡老热泪盈眶，也为中国扶贫开发协会"支持贫困村大学生村官成长工程"第一个五年计划画上了圆满的句号。

起航：听党话

"胡会长很亲切，对我们像是对自己的孩子，总是告诫我们要树立正确的理想信念，听党话扶贫济困，尽力干奉献爱心。"提起胡富国，村官们掩饰不住激动，纷纷表达尊敬之情。正是这样的理想信念，催生了今天的"支持贫困村大学生村官成长工程"。

2010 年 4 月 29 日，中央组织部下发通知，由 5 年内选聘 10 万大学生村官增长为 20 万大学生村官。中国扶贫开发协会以胡富国为核心的老党员、老领导、老会长们，凭着对党、对国家、对扶贫事业、对青年一代的政治责任和深厚感情，开始探索如何参与到国家支持大学生村官工作这一战略行动中。经过讨论，一个大胆的想法逐步形成：将农村基层人才培养与扶贫开发紧密结合在一起。万丈高楼平地起，把大学生村官扶起来，进而推动贫困地区脱贫致富奔小康。

为进一步摸清情况、完善想法，当年下半年，中国扶贫开发协会官网和《中国扶贫》杂志社向全国贫困地区大学生村官发起"我和我的村子"征文比赛，筛选出700余篇优秀征文，从中调查了解基层大学生村官的思想、工作情况，并于12月1日，邀请100名贫困村大学生村官来北京参加协会组织的"贫困村大学生村官座谈会"。中组部、国务院扶贫办有关领导，协会领导和爱心企业家与村官们一起座谈，探讨大学生村官工程的重大意义和如何发挥大学生村官作用，带动贫困村加快发展问题。这次征文活动和村官座谈会，是中国扶贫开发协会开展村官工程的切入点和良好开端，也是老会长们确定支持大学生村官工程的重要决策依据。

2011年3月底，中国扶贫开发协会组成两个调研组，胡富国会长、温克刚和李宝库副会长亲自带队，专程到山西、重庆的10个县区、46个贫困村，对120名贫困村大学生村官的情况进行了专题调研。

随后，中国扶贫开发协会将调研的结果向中央领导和有关部门报送，习近平、刘云山等中央领导分别做了重要批示，对调研的情况和建议给予充分肯定。在这次调研的基础上，协会立足社团组织优势，本着为大学生村官工程这一国家战略部署积极奉献的宗旨，确定了量力而行、尽力而为、添砖加瓦、辅助支持的基本原则，同时研究谋划了2011—2015年的村官工程计划，并于2011年5月5日在北京召开大会，宣布正式启动。

5年来，"村官工程"一直是中国扶贫开发协会工作的重中之重。为了"村官工程"的顺利实施，为了贫困村大学生村官的成长，为了贫困老百姓过上好的生活，胡富国、谷永江、袁文先等老会长倾注了大量心血、付出了艰辛劳动，从工程的原则大事到工作细节都亲自研究、亲自过问；从工作调研到项目考察都深入实地，体察实情；从基金的落实到管理使用都反复强调，严格要求。中国扶贫开发协会上上下下更是全面发动，举全协会之力支持"村官工程"。

坚守：树品牌

"支持贫困村大学生村官成长工程"主要包括设立专项基金、组织村官培训、支持村官创业、开拓国际合作四个方面。2011 年 5 月，经国家民政部批准，中国扶贫开发协会正式建立了与"支持贫困村大学生村官成长工程"相配套的"星火扶贫创业基金"，专项用于村官培训、支持贫困村大学生村官创业。基金建立以后，协会制定了《星火扶贫创业基金管理使用办法》，确保这项公益基金捐得放心、用得满意、合理合法、公开透明。

"资金是最大的问题，但协会老领导们亲自出去'化缘'，凭着'厚着脸皮向富人要钱，带着感情为穷人办事'的精神，动员企业家们捐款，也正是这样，村官工程才渡过了最大的难关"，中国扶贫开发协会村官办主任高健回忆道。

一粒沙子可铸成大山，一滴水珠可形成大海。经过中国扶贫开发协会领导的积极奔走，爱心企业家赵兴华、何荣、陈怀德、冯怀真、俞斌、张海涛向基金捐款累计 5130 万元；陈忠孝、曹振峰、周光炳、于德利、徐华以及山东常林集团、杭州翰通职业学校、吉林长吉图电商、顺德扶贫开发协会赞助培训班费用共计 620 万元。截至 2015 年 12 月底，协会共募集"村官工程"资金累计达 8000 万元，其中，星火扶贫创业基金筹集 5130 万元；协会爱心企业家、地方扶贫协会赞助培训费 620 余万元、国务院扶贫办支持培训费 20 万元；企业家支持大学生村官低碳扶贫产业项目定向捐赠 400 万元；新加坡连援组织贫困村饮水项目定向捐赠 1830 万元。2015 年底，新加坡"连氏"援助组织确定未来 5 年再向协会捐赠 3000 万元，重点支持 100 个大学生村官贫困村的人畜吃水项目。

社会各界的支持为"村官工程"的实施提供了有力的保障，使村官培训、项目支持得以顺利开展。中国扶贫开发协会坚持把扶贫开发与村官工程紧密结合，致力于将贫困村大学生村官培养成自主脱贫生力军，带动贫困村尽快改变面貌；坚持将自身统筹的社会资源与地方扶贫资源紧密结合，把各种扶贫资源集聚到支持村官工程，为村官创业和贫困村发展提供强力支撑；坚持把企业家捐赠意愿与村官创业需求结合，使企业家有了捐赠的落脚点，使村官创业有了"主心骨"。

与此同时，中国扶贫开发协会创新实施机制，把建立基金、集中培训、支持创业、国际合作四大环节有机联结，并梯次推进，使支持"村官工程"从整体上形成了科学的主体框架和有效的运作体系。

5年来，中国扶贫开发协会"村官工程"已累计投入使用7240万元。其中，投入1400万元，累计举办26期贫困村大学生村官培训班；投入3610万元支持4个省124个贫困村大学生村官创业项目；投入400万元在山西晋中市开展大学生村官低碳扶贫植树项目；投入1830万元解决9个省30个县的70个贫困村群众饮水困难问题。

"每年培训班举办4—5期，每期都凝聚着我们的心血，只要对贫困村有一丝帮助，我们的坚持就是值得的。"村官办负责学员管理及服务工作的贾雷明告诉记者。

"村官工程"实施以来，得到了中央领导同志的重视和关怀，中央领导及相关省市主要领导同志都分别作出批示，给予充分肯定和鼓励。

"村官工程"得到中组部各级领导的大力支持。2010年12月8日，时任中组部部务委员兼组织二局局长陈向群、组织二局巡视员曾贤钦、组织二局一处副处长曹义到协会，听取有关开展"村官工程"的汇报并给予积极评价；时任中组部副部长王尔乘亲自参加2011年5月"村官工程"启动仪式并发表重要讲话；中组部组织二局巡视员曾贤钦，副巡视员单向前志和六处处长鲁晓东、副处长仲辉、任立累计12次代表中组部参加培训班的开班或结业仪式并作重要指示，使参训大学生村官充分感受到组织的关怀。

"村官工程"得到社会各界、大学生村官和贫困地区群众的广泛认可和高度赞誉，逐步成为一个贫困村大学生村官学习交流、锻炼成长的全国性平台，成为紧密联系社会力量参与精准扶贫的一条有效途径，成为中国扶贫开发协会的一个公益扶贫品牌项目。

大学生村官在交流

收获：育人才

5 年里，中国扶贫开发协会先后在北京、河北、山西、陕西、甘肃、重庆、贵州、安徽、江西、吉林、山东、浙江、福建、广东 14 个省（市）举办了 26 期贫困村大学生村官培训班，培训了全国 28 个省（市、区）、880 个国家或省级扶贫开发重点县，涉及 26 个民族的 5000 名在贫困村任职的大学生村官，并向 1500 名参加培训的大学生村官赠送了一年的《中国扶贫》《乡镇论坛》杂志。

"村官的任务很重，工作很艰苦，但村官也是最光荣的。脱贫攻坚需要村官，这 5000 名村官，战斗在第一线，他们的冲锋陷阵，对于打赢脱贫攻坚战有着重要的意义。"中国扶贫开发协会副会长袁文先强调。

金宏雁，山西代县下苑庄村村官，村官培训班第一期学员。2013 年，经过实地考察和专家评审，金宏雁注册成立的代县紫金苑特色农产品专业合作社得到了中国扶贫开发协会 30 万元的扶持基金。这位敢想敢做、不怕吃苦的小姑娘不负众望，当年便带领合作社获得纯收入 18 万元，户均增收 2500 元。2014 年，合作社继续利用星火基金和 2013 年的收益，水稻种植面积扩大为

山西省沁县长街村村官卫杰和村民在蔬菜基地中交流

400 亩，同时探索生态水稻的种植方式。在合作社的示范带动下，代县的水稻种植由退化到不足 200 余亩发展到了今天的 1000 余亩，并且开始了水稻和鱼、鸭进行套种养的生态新模式，受益农户达 200 户，人均增收 1000 元。

　　山西的陈帅、卫杰、郝泽明，重庆的张利，陕西的魏大统，湖南的刘艳丽，等等，这些参加过"村官培训工程"的村官，如今在全国各个贫困村散发光芒，带领贫困群众迈上了脱贫致富道路。

　　截至 2016 年 7 月，中国扶贫开发协会已无偿支持了 124 个大学生村官创业项目，其中山西省 41 个、重庆市 33 个、陕西榆林市 20 个、湖南汉寿县 30 个。项目类型多样，种植类项目 76 个，养殖类项目 39 个，特色农产品加工项目 7 个，基础设施建设项目 2 个。项目共带动 3 万户、11.6 万人精准脱贫。

　　绝大多数村官的创业项目都立足本村资源条件，将项目与当地产业和贫困农户连在一起，做给群众看，带着群众干，以产业开发实现精准扶贫目标。据统计，中国扶贫开发协会培训的 5000 名村官中，目前有 450 名在村创业，共带动 10.8 万户、43.2 万贫困农民增收脱贫。

　　在设基金、抓培训、促创业的同时，中国扶贫开发协会还积极开拓国际合作。2012 年，协会与新加坡连氏援助组织签署了 5 年（2011—2016）战略合作协议，将国家级或省级扶贫开发工作重点县的饮水困难村和大学生村官紧密结合，以大学生村官为纽带，通过协会"村官工程"这一平台，精准解决贫困村饮水困难。截至 2016 年 7 月，连援捐助 1830 万元，分别在甘肃、宁夏、内蒙古、重庆、贵州、云南、湖北、山东、河北等 9 省（市、区）30 个县 70 个贫困村实施了安全饮水项目，惠及近 7 万贫困村群众。

贫困村饮水项目——贵州赤水市大荣村修建中的蓄水池

展望：大步走

感动：年近古稀气尤胜，心系国家胸更广，奔波劳苦身逾轻，不求回报心却宽。

感激：千里迢迢赴京都，满腔希望于人文，谆谆教导记心间，红色信念树心中。

感恩：党的政策惠民生，民族精神万代传，时代村官知感恩，奋发有为谱新篇。

到北京参加第一期培训的重庆市村官对反映自己当时心情的这三首诗仍记忆犹新。"真扶贫，扶真贫"，迄今为止，中国扶贫开发协会"支持贫困村大学生村官成长工程"已走过 5 个年头，5 年的风风雨雨，对大学生村官的关爱始终不变。

2016 年，第 27、28 期村官培训班已分别在福建长汀、宁德举办。新的 5 年，中国扶贫开发协会将充分发挥协会的平台优势，广泛动员社会力量，继续深入推进"村官工程"，为 2020 年实现脱贫攻坚目标和全面建成小康社会作出新贡献。

据中国扶贫开发协会副会长兼常务副秘书长黄祖绍介绍，培训规模上，今后5年，协会将继续培训5000名贫困村大学生村官；培训对象上，依然以在脱贫攻坚重点地区的贫困村任职的大学生村官作为重点，同时增加一部分在贫困村任职的"第一书记"；培训组织上，加强培训基地建设，计划在中西部贫困地区如江西、贵州、甘肃等省设立3—4个培训基地；培训内容上，更注重针对性、精准性、时效性，提高培训的质量和效果；培训经费上，采取协会自筹一点、企业赞助一点、申请主管部门支持一点的方式筹集落实。国务院扶贫办已同意今后5年每年支持100万元培训经费。

中国扶贫开发协会将紧紧围绕扶贫开发"六个精准"的要求，进一步规范和完善支持村官工程的资金平台，通过多种方式包括广泛动员社会力量为"星火扶贫创业基金"捐款、引导爱心企业家结对帮扶定向支持、搭建社会化的众筹平台等，对大学生村官创业项目采取无偿支持和滚动周转相结合的方式进行支持。

"中国扶贫开发协会就像一双温暖的大手，扶着我们向前迈步。"第17期培训班学员，来自山西沁县南沟村的刘清河如此比喻。

莫道桑榆晚，为霞尚满天。过去的5年，在胡富国老会长的带领下，"支持贫困村大学生村官成长工程"成为中国扶贫开发协会紧扣扶贫开发主题、落实中央重大战略决策的典型工程之一，培养的村官遍布九州。

未来的5年，中国扶贫开发协会依然会用温暖的大手，扶着更多大学生村官稳步向前，助力贫困地区脱贫攻坚。

不解的赣南情

——国土资源部^①定点扶贫赣南 29 年纪实

马丽文

　　赣州是江西的"南大门",又称赣南。这里历史悠久、山川秀美、资源富集,素有红色故都、江南宋城、客家摇篮、生态家园、稀土王国、世界钨都和世界橙乡之美誉。同样,赣南还是原中央苏区的主体和核心区域,人民共和国的摇篮,毛泽东思想和苏区精神的主要发源地,二万五千里长征出发地。可以说,赣南在党和国家建设史上有着特殊的重要地位,为中国革命作出了重大贡献和牺牲。

　　然而,这片饱经沧桑、贡献卓著的红色热土,至今在经济上仍较为落后。"十一五"末,赣南贫困人口达 215.46 万人,全市 18 个县中有 11 个罗霄山区集中连片特困县、1419 个贫困村,贫困发生率高出全国 16.5 个百分点,贫困人口之多、范围之广、程度之深实为罕见。

土地整治问道深山

　　1987 年,国土资源部(原地矿部)响应党中央、国务院的号召,满怀对赣南老区人民的深情厚谊,向苏区人民作出了庄严承诺:"赣南老区不脱贫,我们扶贫绝不脱钩。"这一诺,就是 29 年。

　　29 年,9000 多个日夜,国土人踏遍赣南山山水水,叩访千家万户,出实

---

①2018 年 3 月,国土资源部改为自然资源部。

江西赣州市于都县盘矿尾砂治理区已成为绿色"金山"

招、办实事，大力推进产业扶贫、教育扶贫、科技扶贫，实施了近千个项目，付出了万般辛苦，帮助赣南老区人民加快脱贫致富步伐。一任接一任的领导、一茬接一茬的扶贫工作队员，一个个熟悉的面孔相聚、一双双热情的双手相握，从矿产勘查开发到地质灾害防治，从矿业发展到土地整治，从农村基础设施建设到优势产业开发，从科教培训到新农村建设，国土资源部带给赣南儿女的不仅是财富，还有新的观念、新的发展模式、新的生活方式……当年艰难的扶贫之苗，现在已经结出丰硕之果，犹如生机勃勃的赣南翠绿，融进了整个红色故都。

"八山半水一分田，半分道路和庄园"说的就是赣南的现状。山多田少，人均耕地不足 0.7 亩，耕作条件差，土壤肥力不足，不仅严重影响了农业发展和农村脱贫，还从根本上制约着赣南经济发展和城市化进程。也就是说，耕地资源对于赣南来说弥足珍贵，而保护耕地的任务也就异常艰巨。

为此，国土资源部在赣州开展农村土地综合整治，修建机耕道、提高土壤肥力，完善水利配套设施建设，使农民耕作更为方便，水利排灌更加畅通，

于都县罗坳镇古嶂村深山移民集中安置点大桥新村全貌

土地和水利资源利用率显著提高，农业生产条件和生态环境明显改善，大幅增加了优质农作物的种类和产量，加速了当地经济发展，改善和提高了农民的生活质量和收入水平。

近年来，国土资源部累计为赣州安排土地整理项目 60 多项，项目资金达 8 亿多元，整治土地规模 30 余万亩，23 万多群众直接受益，新增耕地能解决 4 万多人的生计。

"翻箱倒柜，倾囊相助"，是赣州市国土资源局局长邓海鹰对国土资源部定点帮扶的最贴切表述。她告诉记者："一系列支持政策措施破解了制约赣州经济发展、精准扶贫涉及的国土资源管理难题，政策含金量高，起到了基础性作用。国土资源部把创新改革的试点之一放在赣州，发挥项目和资金的合力。如航空地质调查、农业地质调查，分析土壤元素，扶植了赣州的脐橙产业；稀土开发整合整治，提升了贫困地区的资源综合节约利用水平；将农村危旧土坯房改造项目纳入全国保障性住房范畴、应保尽保的政策范畴，将增减挂钩、农民建房、灾后重建指标等捆绑利用，为新型农村社区建设的用地提供了有力保障。"

思源社区是于都县上欧移民扶贫搬迁安置点，在国土资源部的支持下，思源社区通过使用土坯房改造专项计划、"增减挂"建新区周转指标等措施，保障项目用地 100 亩，建设面积 13.5 万平方米，新建移民安置房 1193 套，成为江西省"进城进园"移民搬迁扶贫四大精品安置示范区之一。

"同地段商品房均价为 4000 元 / 平方米的房子，我们以 1400 元 / 平方米的价格卖给贫困搬迁户，一套房子能比市场价少花 28 万余元。同时，贫困户还可以享受农村危旧土坯房改造补助 1.5 万元，并叠加享受深山移民补助 1.6 万元，易地搬迁政策性贴息贷款 10 万元……"思源社区党支部书记孙菊英向记者晒出了来自深山的建档立卡扶贫搬迁户王书荣一家移民搬迁的账单。

于都县罗江乡增减挂项目复垦后景观

于都县罗坳镇大桥村古嶂片区是当地出了名的贫困村，距县城 17 公里，有 6 个村民小组 2 个自然村落，133 户 656 人。其中，贫困户 66 户 264 人，占总人口的 40.24%。古嶂片区村民住房条件差，特殊困难群众多，受教育程度低，收入低且结构单

于都县罗坳镇古嶂村深山移民在移民搬迁扶贫安置小区看新房

一，耕地林地少且产出效益差，是典型的"靠山不吃山、靠田不吃田"。

2012年6月，《国务院关于支持赣南等原中央苏区振兴发展的若干意见》实施以来，于都县积极争取国土资源部所下达的国家移民搬迁专项用地指标120亩，用于建设大桥古嶂移民新村，规划安置深山移民56户，地质灾害区移民86户，配套建设幼儿园、卫生所、休闲场所和社区服务中心等服务设施，配备留守儿童托管、居家养老、购物、托幼、农民培训、产业发展等服务功能。

62岁的郑地秀一家3口原先住在古嶂片区的危旧土坯房内，每当刮风下雨，就会担惊受怕，屋外下大雨，屋内落小雨，整夜睡不着觉。屋外的土路泥泞不堪，想到田里去摘菜吃，一不小心就会摔跤。2015年春节前，郑地秀一家搬迁到大桥新村，丈夫在移民安置点从事保洁工作，月收入500元。与此同时，在政府的帮助下，郑地秀一家还向中国农业银行全额贷款2.8万元、财政全额贴息5年发展光伏扶贫产业，现已发电1615度，平均每天发电12.5度，全年发电4500度，电费收入约5400元，5年可收回成本。照此测算，郑地秀一家2017年便可脱贫。

总体看，在用地计划保障上，国土资源部连续4年保障赣州8个国家扶贫开发工作重点县"调结构、转方式、保民生"项目用地，累计下达专项计划1.98万亩。赣州近300万农民告别透风漏雨的危旧土坯房，生活条件得到改善。

精准派人矢志脱贫

蓄之既久，其发必速。

29年间，中央扶贫政策几经调整，"精准"成为当下的新方向标。2015年4月，国土资源部副部长张德霖赶赴赣州调研，并主持召开国土资源部支持赣州扶贫工作专题调研座谈会。以这次座谈会为起点，国土资源部赣南扶贫工作进入了精准扶贫阶段，打响了全面建成小康社会、消除贫困的歼灭战。

　　扶贫开发贵在精准，重在精准，成败在于精准。国土资源部为定点帮扶赣州制定了明确的目标、时间表、路线图，将选好配强致力于研究、开发本地资源的"精准"带头人、领头雁作为精准发力的主要抓手。

　　与此同时，为支持赣南等原中央苏区振兴发展，保障赣州市精准扶贫、精准脱贫，国土资源部制定了《年度精准扶贫实施方案》，确定赣县五云镇"一区三点"项目作为精准扶贫试点项目，派驻了驻村"第一书记"，大力开展土地整治和产业扶贫，采取"合作社＋基地＋贫困户"模式，发展蔬菜、甜叶菊、油茶、果业、花卉苗木等特色优势产业，以产业发展带动贫困户脱贫，取得了积极成效。

　　国土资源部土地利用管理司干部邱少俊便是五云镇夏潭村的第一任"第一书记"。夏潭村位于赣县五云镇西南部，距离乡镇8公里。2015年，全村人年均收入5000元，贫困户61户197人，贫困发生率14.9%，高于赣州乃至全国平均水平，是国家扶贫开发重点村。

国土资源部定点扶贫点——于都县罗江乡前村庙子岗新农村建设示范点全貌

2015 年 7 月，邱少俊背起简单的行囊进驻夏潭村，开始了他的驻村经历。来自福建龙岩的邱少俊，不仅会说客家话，还有曾在四川凉山州任职的基层经验，很了解老百姓的诉求，很快便与村民打成一片。在夏潭村的扶贫工作中，邱少俊和当地村干部们将"输血、造血、活血"充分结合，大力发展甜叶菊育苗和种植产业，采用"合作社＋基地＋贫困户"方式，流转土地集中开展甜叶菊种苗繁育和种植。这样一来，建档立卡的贫困家庭每户都可以获得国土资源部"出借"的 4000 元人民币启动金，这些钱以入股方式作为合作社股本。参股农民大致获得三部分收入：每年合作社分红、土地流转收入，以及每天 70 元的务工收入。此外，国土资源部还对村民进行育苗大棚、灌溉设施、仓储收集点等配套设施的"兜底"帮扶，降低了合作社运营风险和成本。

73 岁的郭厚生一家 5 口人，只有儿子一个劳动力，还常年外出打工，土地无人耕种。患有精神疾病的儿媳妇生活起居还需要他人照顾，自己几年前又做了心脏手术，医疗花费巨大，生活极度困难。如今，在邱少俊的帮助下，郭厚生不仅每月能收入 300 元的公益性岗位费（负责村容村貌整洁），还能不用自己掏钱就入股甜叶菊合作社，第一年分红 800 元左右。此外，郭厚生还将自家两亩地流转给了合作社，去年一年收入"地租" 1980 元，生活有了基本保障。

眼下，邱少俊的一年期驻村时光即将结束，"要真说起农村那些事，三天三夜都说不完"，邱少俊感叹。比起之前在北京工作时，邱少俊"乡土"了很多，也晒黑了很多，但他却骄傲地为夏潭村实现了多个"第一"：建起第一个合作社；搭起第一个大棚；带领村民第一次跳起了广场舞；组建了第一个青年微信群；第一次邀请返乡大学生参与村务。

29 年间，不管机构如何变动、人事如何调整，国土资源部对赣州的扶贫从未停歇。据统计，截至 2016 年，国土资源部已派出 40 多名干部前往各个地方，超过部机关总人数的十分之一。而整个国土系统先后组织 3000 多人参与扶贫工作，直接投入近 10 亿元扶贫资金，实施了上千个扶贫项目，帮助 30 余万贫困群众走上脱贫致富路。

"照单配菜"一举两得

国土资源部扶贫办副主任郑子敬告诉记者："其实经过多年扶贫，整村贫困的情况已经不多，贫困主要发生在部分有特殊情况的农户中，如因老、因病、因残，因缺乏劳力致贫，等等，这就要求我们的扶贫工作要更加的精准。"

事实上，除了精准派人外，国土资源部还在赣州打出项目、资金、政策扶贫组合拳，内容涵盖土地管理、矿产管理、资源保护、环境治理等20多项具体政策和措施。

如赣州农村破旧土坯房多而且分布在地质灾害区，生活环境恶劣。国土资源部提出将农村土坯房改造用地列入全国保障性住房用地范围，实行应保尽保。

再如，钨、稀土储量和产业发展在全国都有着举足轻重的地位，根据发展现状，赣州市提出了在钨、稀土资源地质找矿、开采指标倾斜等方面予以政策、资金支持的请求；针对贫困山区条件恶劣的情况，赣州提出了推进整村扶贫、移民搬迁扶贫计划，争取用地指标等。

2016年5月，国土资源部出台了《关于进一步加强定点扶贫工作的意见》，通过十三条"订单"式扶贫政策，助力赣州市赣县、于都、兴国、宁都等4县的脱贫攻坚。为此，赣州市建立需要支持对象的政策清单和项目库，提出"订单"，分年度上报国土资源部，争取支持。国土资源部围绕当地经济社会发展定位和需求用足政策，"照方抓药""照单配菜"。

于都县罗坳镇大桥古嶂移民新村就得益于这个政策，获得了120亩移民搬迁专项用地指标。现在古嶂村民大都搬出了深山，在家里安上太阳能光伏发电板，每年仅并网发电一项就能有5000元人民币左右收入。"以前，儿子娶媳妇都很难，姑娘一看我们那个土房子，就不想待了。"古嶂移民新村老汉陈佛生现在已经住上了崭新的三层小楼，水电气一应俱全。据于都县干部介绍，陈佛生所购买的小楼一共需要 139800 元，政府补贴、奖励大概 4 万多元，自筹 2 万多元，农行给予移民搬迁贷款 5 万元，基准利率，期限 3 年，到期后可以继续贷款，政府贴息。

在陈佛生家的屋顶，记者看到，一排排深蓝色的光伏发电板整齐地安装在整个小楼的屋顶。据悉，根据国家的政策，于都县给每户搬到新村的贫困户安装了 5000 瓦的光伏电站，使用寿命 20 年。光伏电板所发的电最终会卖给国家电网，一度电能赚 1 元多，一年平均能够发电 5000 多度，再加上种养殖等其他产业的收入，普通贫困户两年便可基本脱贫。

可以说，赣州的每一步发展，都凝结着国土人的心血和汗水；老区的每一个变化，都镌刻着国土人倾力倾情的深深烙印。

29 年，坚执如初的扶贫大接力，是国土资源部对中央坚决打赢脱贫攻坚战战略部署的有力实践。眼下，虽然赣州仍处在后发展、欠发达阶段，但在党中央、国务院，在省委、省政府的关心关怀下，在国土资源部等方方面面的支持帮助下，这场跨越时空的大接力仍在继续，这部恢宏的乐章仍在奏响壮阔的旋律……

无论过往，今天，抑或将来，赣南儿女都将深深铭记这份真情，这份厚意，这份义举，并且历久而弥深……

贴心铸"铁心"

——北京理工大学定点帮扶山西方山县桥沟村纪实

李乃全

"诚能感人，至诚可以胜天"。近几年，国家启动了新一轮定点扶贫工作，教育部直属的 44 所高校首次参与，这意味着行业特色型大学承接了一项新的历史使命。

按照国家要求，北京理工大学承接了对口帮扶山西方山县的任务。2016年 2 月，北京理工大学组织部选派 28 岁的干部刘渊赴山西方山县峪口镇桥沟村担任"第一书记"，开展定点扶贫工作。驻村伊始，刘渊就从一名习惯机关

北理工驻方山县桥沟村"第一书记"刘渊与农村中小学生在暑期学校

工作的干部迅速融入助推村级发展致富的行列，从和谐干群关系、制定各种发展规划、改善村级基础设施、化解村民纠纷矛盾、活跃群众文化生活等一件件实事做起，赢得了群众的普遍认可和赞誉。5月11日，方山县县长李溢涛、副县长刘博联带着县直八个部门和峪口镇主要负责人在桥沟村召开了扶贫工作现场会，并随后进行了考察调研，还将北京理工大学从高处着眼、细处发力的帮扶经验在全县推广。

驻村虽不足半年，但刘渊却一心扑下身子、耐住性子干事，为念好"第一书记"的扶贫经努力着，用实际成效填写着帮助桥沟村脱贫致富这张暖心答卷，释放着以"造血"促发展，催生发展增长点的正能量。

镜头之一

走访农户，抓好党建。驻村后，为尽快适应环境，融入村里工作，刘渊勤学好问，与村干部沟通为人处世的好方法，向村民了解村情民意，熟悉掌握农村工作的运行规律，以及与群众打交道的技巧，真心实意贴近群众，做让大家信得过的"当家人"。

驻村以后，刘渊开展的第一项工作便是抓村支部建设。他认为，健全的制度是农村党建工作顺利开展的根本保证。为此，他帮助村党支部完善党建资料，建立健全各项规章制度，充分发挥村广播室作用，宣传各项政策方针、法律法规，利用地方媒体提高党员干部素质，规范召开"三会一课"，并按照"有人管事、有章理事、有处议事"的"三有"标准，加强党组织凝聚力。在全国上下开展"两学一做"学习教育之际，他不仅制定了方案，还积极组织村两委干部及全村党员座谈讨论，使村两委班子比以前更有凝聚力。

镜头之二

因地制宜、精准施策。贫困村之所以落后，贫困农户之所以贫困，原因是多方面的，要想在短时间内从根本上改变，不是一件容易的事。刘渊深知，既要为 37 户帮扶对象确定脱贫的短期计划，又要为全村谋划长远发展规划，使帮扶工作融入当地长期经济和社会发展规划中。如在帮助发展经济上，既要用好、用准各种扶贫资金，上一批短、平、快项目，尽快致富一方群众，又要帮助村民选准潜力大、后劲强、前景好的发展路子，注重规模效益和长远效益，推动可持续发展。刘渊针对全村人均耕地不足两亩的现实情况，计划将村沟道的 100 亩荒地改造成可耕地，使荒山变良田。同时将未使用的 170 亩耕地建成高标准农田，在平整土地的同时新建田间路 2 公里，并按照市场价格将新增耕地承包给有劳动能力的建档立卡贫困户，引导其种植无毒马铃薯或芦笋等高附加值经济作物，并为贫困户提供技术、管理、销售等方面支持，仅此一项可带动全村 30 人脱贫。

镜头之三

扬长避短、抱团发展。一方水土难养一方人，尽管各级领导年年给钱、送物、供良种，村民通过庄稼增收却仍然很难。与此同时，让村干部更加沮丧的是，这种"要我脱贫""漫灌"式的扶贫方式，使得不少村民缺乏谋事创业热情。尤其是村里原有的蔬菜大棚老化简陋，不利于保温，加上菜农单打独斗，观念守旧，科技含量低，导致等、靠、要思想严重。为此，刘渊反思，自己不能隔靴搔痒，而要倾情投入，要把桥沟村当作自己的第二故乡。刘渊心里盘算着，决不能照机关工作套路，变相跟村上干部走家串户求"解"。"精准扶贫行动不是一阵风，不能走形式，而是一项长期的系统工程。"这是他常对班子成员说的话。于是，刘渊为帮扶对象讲当前的发展形势，扭转贫困户的思想，鼓励他们发展长效富民增收产业，并针对贫困农户的具体需求"按号入座""量身定制"帮扶措施，而且在政策允许范围内让他们尽可能地享受惠农政策。依据村蔬菜产业传统优势，现已建立北理工方山县桥沟绿色蔬菜产业合作社，注册资本 100 万元，北京理工大学投入 50 万元，当地政府投入补贴资金 30 万元，截至 4 月底，桥沟村 10 户农民已签署协议加入，在原有土地、老旧大棚入股的基础上，每户自筹 2 万元，合计 20 万元，建成现代化标准大棚 10 个，实现总收入 30 万元，使贫困户在自家门前挣起了稳定收入。合作社的建立和发展解决了贫困户干不了、政府管不了的难题，成为一支永不撤离的扶贫队伍，帮助贫困户实现脱贫梦想。

镜头之四

发挥优势、激活内力。脱贫致富，帮扶是外力，自身内力是关键。驻村干部始终坚持"以人为本"的精准扶贫理念，充分发挥村民主体作用，创新"致富先治愚，扶贫先扶智"的培训机制，围绕大棚蔬菜、劳务、种养殖等内容开展培训。与此同时，他们为发挥北京理工大学人才与智力优势积极推进教育扶贫，加强方山县中小学生的思想教育、专业教育、课外教育，在桥沟村建设北京理工大学方山县暑期学校。建成后，每年可接纳学校师生 100 人次到村，开展各种教育 2000 学时以上，惠及当地农村中小学生达千余人次。从今年起，北京理工大学通过社会实践的形式选派师生到暑期学校支教，选派师生的相关费用由校方每年投入 10 万元。特别是桥沟村原有寄宿制学校已关停 6 年，经多方协调，由县政府投资 30 万元，按照北京理工大学设计与艺术学院提供的方案对学校旧址进行翻修改造，将于 7 月底完成。

冰冻三尺非一日之寒，解冻三尺非一日之暖。贫困村要实现脱贫致富奔小康不是一两天就能解决的，而是一个艰难而持久的过程。相信，在北京理工大学的定点帮扶下，桥沟村的明天一定会更加美好。

贫在深山有远亲

——中国邮政定点扶贫陕西商洛纪实

马丽文

连绵起伏的山峦郁郁葱葱，绿树掩映的陕西省商洛市商州区牧护关镇竹园村虽宁静秀美，却是位于八百里秦川南麓商山洛水之地的一个贫困村，也是中国邮政在商洛的定点扶贫对象之一。

如今，村民生活得怎么样，还需要采取哪些有效措施帮助他们尽快脱贫致富？6月6日下午，中国邮政集团公司总经理、中国邮政储蓄银行董事长李国华，集团公司副总经理李丕征一行不远千里、风尘仆仆专程来到这个偏僻的小山村，与商洛市市长陈俊、副市长周秀成等一同走村入户，访民生、问需求、谋对策，向驻村干部、村民了解邮政扶贫情况，共寻脱贫举措。而这一幕仅仅是17年来中国邮政定点扶贫商洛地区的一个缩影。

把好事办实

"秦岭最美是商洛"。但生活在这大山深处的百姓却依然没有完全摆脱贫困，作为革命老区同时也是全国集中连片贫困地区之一，党和政府始终牵挂着商洛人民的生活和生产发展。

有这样一个国有企业，17年如一日在商洛开展扶贫攻坚，投入大量资金，奉献真情大爱，演绎了一曲曲扶贫帮困的大美赞歌。

这个企业，就是有着强烈社会责任感的中国邮政。

据中国邮政集团公司陕西省分公司总经理、党组书记张晓阳介绍，按照党中央、国务院的安排部署，带着帮扶秦岭南麓深处贫困山区人民的不变情怀，中国邮政自1999年起在陕西省商洛市对商州区和洛南县开展定点扶贫工作。通过有计划、有步骤、有重点地实施扶贫项目，截至2015年底，中国邮政已累计投入资金2840余万元，开展资助贫困学生、建希望学校、修桥修路、建饮水工程等扶贫项目400多个，受益群众达40多万人，基本覆盖两县（区）所有乡镇。

中国邮政在商洛的定点扶贫工作促进了商洛经济社会发展，加快了贫困山区群众脱贫致富的步伐，脱贫群众为中国邮政扶贫项目所立的"功德碑"上，镌刻着中国邮政与商洛人民的深情厚谊。中国邮政集团公司也被陕西省扶贫开发领导小组评为"中央赴陕定点扶贫先进单位"。

"我们这条路，以前是晴天一身灰，雨天一身泥，日用品拉不回来，农产品运不出去，群众生活苦焦得很。"在商州区牧护关镇铁炉子村东峡，村民方岐连带着孙子，行走在刚建成不久的通组水泥路上。"现在邮政集团公司给我们把路硬化后，下雨天脚不沾泥，我们这些上了年纪的人也不会轻易摔倒，还有现在行车、运输货物都方便多啦！"方岐连老人高兴地说，自己一辈子住在大山里，能在有生之年看到家门口世世代代行走的土路变成水泥路，做梦都想象不到。

金陵寺镇金陵寺村有3个自然组分布在半山腰，由于地势险要，村民吃水、出行极为困难，卖猪购化肥，不是人抬背篓背，就是肩扛扁担挑……中国邮政用扶贫资金购买了5台风钻机，在悬崖峭壁凿石引水，终于在万般艰难中，用一年半时间，给村民引来了山泉水，修建了2.5公里的出山路。从此，村民饮甘泉，天堑变通途，过上了盼望已久的好日子。

中国邮政在扶贫中选点科学精准，将每一个扶贫项目都投放到最需要的地方。从1999年至今，特别是近两年来，中国邮政连续不断地投入大量资金，大力支持贫困地区的路、桥、水等基础设施建设，着力改善贫困地区群众的生产生活条件，解决村民饮水难、行路难，促进当地经济发展，为群众脱贫打下坚实基础。让山区群众脱离贫困过上幸福的生活，始终是中国邮政的扶贫目标，为此，一任任邮政扶贫干部在扶贫工作上始终坚持把实事办好、好事办实。

从扶贫到脱贫

授人以鱼，不如授人以渔。17年来，特别是去年以来，中国邮政注重"变输血为造血"，发挥行业优势和特长，坚持"治穷先治愚，扶贫先扶智"，通过订阅、发放科技报纸和资料，组织科技培训等方式，把科技知识、信息送下乡，帮助农民寻找致富渠道，拓宽经济发展思路。据统计，仅在商州，中国邮政就培训公务员115名，举办农民实用技术培训191场次、培训5万人，订购农村科技报刊3.6万份，使山区广大群众有了新观念、新技术。同时，邮政企业与商洛学院合作，对100名贫困学生予以助学资助；向商州区、洛南县一些偏远学校捐赠课桌椅4800套、图书文具5000套，修建希望学校，帮助改善贫困山村中小学办学条件，并开展捐赠"爱心包裹"等扶贫公益宣传活动19次，点燃了山区人民未来的希望。

牧护关镇竹园村，2014年被确定为商洛市邮政分公司的"双包双促"党建活动联系点，也是邮政扶贫的攻坚点。在"双包双促"精准扶贫工作中，邮政为竹园村的14户贫困户每户提供2000元扶贫资金，但不是直接发给贫困户，而是委托给村上的鼯鼠养殖场，让养殖场用扶贫资金为每户购买10只鼯鼠，按照合同连续3年，每年的利润到年终分给贫困户，该养殖项目使十余户帮扶户有了稳定收入，目前鼯鼠的数量已达1500余只，前景可观。这个扶贫模式也受到了省、市政府扶贫部门的肯定。

"邮政不仅给村里建了广场，咱们现在走的桥梁、硬化的道路也是邮政出资修建的。"谈起邮政给竹园村带来的变化，村民闫栓锋感触颇深。2015年到 2016 年，中国邮政每年投入 10 万元推动竹园村发展，目前已为村里修建了一条通组路，安装了太阳能灯，修建了一座桥、一个健身广场，让村子面貌焕然一新。位于竹园村中央地带的邮政广场宽敞整洁，配齐了公园里常见的各类健身设施，吸引了大大小小的孩子们在这里荡秋千、做

调研村上养殖产业发展情况

游戏。这座漂亮的广场是为丰富村民们的文娱生活而专门修建的，比起城市里的休闲广场也毫不逊色。

与此同时，在中国邮政集团公司选派的驻村"第一书记"李志翀的努力下，竹园村搞起了由 8 名村民投资的玉米秸秆饲料加工厂，可将农村废弃玉米秸秆加工成动物饲料，总投资 40 万元，带动 20—30 户贫困户创业就业。

商洛当地的很多土特产都是绿色无公害的，深受消费者欢迎。在中国邮政的帮助下，竹园村专门注册了一个"竹园"品牌，并通过"邮乐网·商洛馆"开始上网销售"竹园"山核桃以及土鸡蛋、香菇等农产品。4 月 28 日，村里的第一家邮政农村电商服务中心开业，电子商务、代收话费、代缴电费、助农取款等业务一应俱全，村民们不出村便可以享受现代生活的便利。电商扶贫让这个小山村正奔向小康社会的幸福之路。

功在当代利千秋

2016 年，国务院扶贫办明确中国邮政集团公司"十三五"期间继续对商洛市商州区、洛南县进行定点扶贫工作。为此，集团公司和陕西省、市、县邮政均成立了扶贫项目领导小组，相关领导和人员组成调研组先后多次深入贫

困地区进行实地调研，与陕西省扶贫办和商洛市委、市政府及相关部门进行了座谈沟通，制定了新的定点扶贫方案。"十三五"期间，中国邮政将继续加大在商洛的扶贫力度、深度、广度。

张晓阳介绍，当前陕西邮政着力打造集购物不出村、销售不出村、生活不出村、金融不出村、创业不出村、寄递不出村的"六不出村"为一体的邮政农村电子商务服务体系，立足当地特色经济，推进农产品进城和工业品下乡，使邮政农村电商成为贫困地区创业、增收、脱贫的重要平台。对贫困户来说，既能培养贫困户的创业技能，又能带动周围贫困户销售地方特产实现脱贫；对地方经济来说，完善了"工业品下乡和农产品进城"的双向流通体系，促进了地方电商与物流产业发展。

李国华提出，中国邮政深入贯彻中央扶贫开发工作会议精神，强化中央企业做好扶贫工作的政治责任意识，将坚持"政府主导，企业帮扶"模式，充分发挥行业优势，立足贫困地区实际，提高扶贫成效。计划在5个方面为商洛市的扶贫工作提供支持。一是金融扶贫，计划5年内向商洛市投放贷款15亿元，其中农户贷款5亿元、精准扶贫小额贷款1亿元，重点扶持贫困户发展种植业、养殖业、加工业、运输业等，帮助贫困户实现脱贫。二是教育扶贫，计划投资约1000万元，其中一部分用于5年资助2000名考上大学的贫困户学生完成学业，另一部分用于由石家庄邮电职业技术学院等5年录取200名贫困户学生，作为订单生培养，毕业后统一吸收到邮政企业工作。三是电商扶贫，充分利用邮政网络资源，搭建农村电商服务平台，推进工业品下乡、农产品返城，打通贫困地区商品流通渠道。四是产业扶贫，和地方政府一道，投资适合当地特色的种植、养殖等产业，通过产业扶贫，使更多的贫困户获得产业发展收益和就业。五是加大扶贫点的基础设施改造力度，为"新农村"建设作出贡献。

豆蔻渐远，幸福绽放，曾经的梦想照进了现实。如今的商洛，是陕西唯一县县通高速公路的地市，是西北通往华东、华南的桥头堡，已融入西安一小时经济圈。2016年6月7日，陕西省委书记娄勤俭、省长胡和平在西安会见李国华时，希望双方以国家实施"一带一路"战略为契机，深化务实合作，加强优势互补，协力推进现代金融和物流业发展，抓好教育、产业等精准脱贫措施落实，大力培育农村电子商务，努力实现地方建设和企业发展互利共赢。李国华表示，中国邮政将积极履行央企的社会责任，以积极的措施和有效的行动，切实增强商洛贫困地区"造血"功能，由"大水漫灌"向"精准滴灌"转变，帮助贫困户实现就业脱贫、创业脱贫，把这项惠民利民工作当作一项政治任务落到实处，为"十三五"打赢脱贫攻坚战、全面建成小康社会作出积极贡献。他充满信心地说："邮政将与政府部门一起规划、参与'新农村'改造，做好相关配套工作，共同努力把商洛，乃至陕西更多县、村的贫困帽子彻底摘掉！"

敢向沙漠要富饶

周艳

黄沙茫茫，路在何方？

"沙里人苦、沙里人累，满天风沙当棉被；库布其穷、库布其苦，库布其孩子无书读；沙漠里进、沙漠里出，没水、没电、没出路"是沙区农牧民生活的真实写照。

1988年，亿利资源集团在董事长王文彪的带领下，开始在被称为"死亡之海"的中国第七大沙漠——内蒙古自治区库布其沙漠植树固沙，书写绿色传奇，10万沙区农牧民由此绿富同兴，摆脱贫困。

一个心愿　一个希望

哪里有沙漠，哪里就有贫困。王文彪出生在库布其沙漠的边缘，从小与沙尘相伴，饱受沙漠之苦。中考那年因沙漠阻隔，只能放弃到沙漠对面的重点高中上学，改上了交通方便的普通高中。"当年，一位牧民因难产未送到医院就死在了沙漠。"父老乡亲受困于沙漠的生活，更是让他痛心不已。

居住在沙漠腹地东大道图湖边的斯仁巴布一家，5口人居住在不到10平方米的小屋子里，以放牧和挖野生甘草维持生计，"父母一辈子没离开过沙漠，父亲常常蹲在门槛上，唉声叹气，吃饱穿暖简直是一种奢望。"

而牧民乌云达来印象最深的是采购，"那时还住在天鹅湖畔，一阵风吹来眼窝也睁不开。最不方便的就是出门买东西，往往是等上几个月，就近的七八户人家一起，写出要购买的东西，派两三名劳动力，牵着骆驼，花好几天时间，专门去独贵镇上买。所以那时的农牧民，基本依靠自产自销，收成不好的就吃不饱。"

目睹此情此景，王文彪立下了让库布其人民过上没有沙尘暴和富足日子的决心。

1988年，28岁的王文彪到位于库布其沙漠腹地的一座小盐场当场长，上任第一天，送他的吉普车就陷在了距离盐场不到100米的地方一动不动，欢迎的人变成推车的人，王文彪特别尴尬。

接管盐场后，眼看着18平方公里的盐湖逐步被黄沙覆盖，大量的盐、芒硝、天然碱等化工资源因运输瓶颈而堆积如山，生产设备被沙漠埋得剩了半个身子，王文彪着急了：治沙已经成为关系企业生死、关系家乡民生的大事，一刻也不能等了！

于是，王文彪做了第一个决定——从每吨盐中提取5元钱，带着一支由27人组成的林工队，在盐场周边植树固沙，由此拉开了治沙扶贫的大幕，"如果无法离开沙漠，我们就共同建设田园绿洲！"

　　王文彪的母亲在卡布其沙漠边缘生活了几十年，吃尽了荒沙的苦头。王文彪小的时候，她常常叮嘱的就是不能走进沙漠，那里太可怕了。令她万万没想到的是，儿子偏偏走上治沙路，常年和沙漠打交道，还一干就是 28 年，有时在沙漠深处中一泡就是半个月。

　　自 1996 年以来，亿利自筹资金 12.8 亿元，先后修筑 5 条穿沙公路，架设了一座黄河大桥，共计 343 公里。穿沙公路的修建，不仅为"以路划区、分片治理"沙漠打下了基础，更改善了贫困沙区的生产生活条件，让农牧民能够走出沙漠、走出贫困、走向文明。

　　路修到哪儿，树就植到哪儿。年近 60 的尚有福以前穷得叮当响，"1996 年我开始为亿利工作，第一批树苗就是我栽下的。"当时，亿利广招乡亲们种树，尚有福率先成为种树包工头，带领一帮人开始了种树生涯，这一干就到了今天。"那时候给别人干活，一天只赚 2 元，而在亿利，一天能赚 25 元！

2014 年 7 月 22 日，王文彪（左一）陪同联合国防治荒漠化公约秘书长莫妮卡·巴布（中）参观试验水气种植技术

现在一天能有 150 元，这么多年下来，早挣了几十万啦。"

在亿利的带动下，232个治沙民工联队成立起来了，5827 人成为生态建设工人，民工联队的领头人年收入基本在 10 万元以上，百万元户不在少数，很多"沙漠金领"就出在他们之中，实现了"一人打工、一户脱贫"。

亿利提供的就业创业平台远不止于此，过去的"沙窝窝"成了现在的"香饽饽"，靠天吃饭的沙区群众拥有了多重新身份。

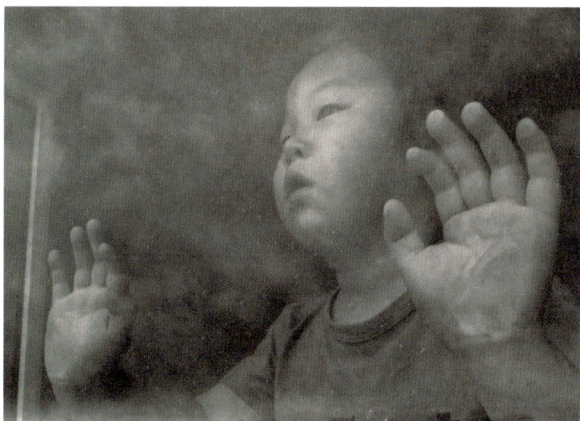

曾经因为沙漠阻隔，库布其的孩子十一二岁还没有学上

今天认真听讲的孩子

有的成为沙地转租受益者，大约 3000 名农牧民把 151 万亩沙漠转租给亿利，收入 5 亿多元。有的成为沙地入股股东，农牧民将自己承包的 93 万亩沙漠入股亿利，固定分红。有的成为旅游业小老板，在亿利的规划下，围绕沙漠生态旅游业，649 户农牧民发展起"农家乐"、"牧家乐"、奶食品作坊、马头琴制作等产业，户均年收入 10 万多元。有的成为新型农牧民，按照鄂尔多斯市、杭锦旗党委政府"三区"发展规划和生态移民政策部署，517 户农牧民实行养殖标准化和种植集约化。

"以前过着穷日子，一年望不到头，现在手里有了钱。以前骆驼是交通工具，现在变成了挣钱工具，家家户户有了小汽车。以前穷，大家都想着怎么出去，但现在，回来的人越来越多。因为亿利，被大沙困住的农牧民才有了新生路。"牧民孟克达来的幸福感溢于言表。

一份坚持　一份努力

在亿利和农牧民的共同努力下，沙漠逐渐披上了绿装，每年沙尘暴的次数由几十次减少到几次，贫困沙区的生态环境得到极大改善。沙区生态的改善，为当地经济的发展提供了基本的条件。28年间，亿利坚持把沙漠治理、生态产业发展和沙区扶贫同步推进。

亿利投资199.85亿元建成库布其生态工业园区，主要依托沙生植物，利用生态技术、生物技术，发展生物质肥料、饲料和材料，在册员工1321人，劳务就业2522人，解决贫困家庭子女就业315人，上下游产业链创造就业8770人。

投资已经完成26亿元，建成了310兆瓦生态光伏基地，发展沙光互补、林光互补、农光互补生态光伏产业，劳务用工1700人，人均增收1.47万元。

光伏发电站为遏制沙漠化作出积极贡献

首创"治沙＋发电＋种植＋养殖＋扶贫"的生态光伏产业，实现了生态和能源的良性互动。

投资 29.8 亿元建成库布其国家沙漠公园旅游基地，发展沙漠观光、休闲度假、沙漠体验、生态文明教育为主要内容的旅游业，目前年接待游客达 10 万人次，预计到 2020 年年接待游客 50 万人次。已带动农牧民 1303 户发展旅游服务业，人均年收入超 3 万元。

按照"公司＋农户＋基地"的模式，与 725 个合作社进行合作，建设了 153 万亩甘草种植基地，带动 5000 多人脱贫致富，人均年收入达 18000 元。

投资 1.71 亿元，租用农牧民沙地 53094 亩，建设陈红湾沙漠生态健康产业扶贫示范园区，发展"一草一蓉"和有机节水农业，变"输血式"扶贫为"造血式"扶贫。项目实施以来，交纳土地流转费用 1600 万元，直接帮助脱贫 53 户、137 人。鼓励当地农牧民成立 110 个民工联队参与土地整理和生态种植，人均年收入 27388 元。

在亿利资料室内，就业扶贫档案、甘草种植扶贫档案、党建扶贫档案、生态移民扶贫档案等井然有序地摆放在书柜里，每家贫困户的情况一清二楚。"我们实时掌握贫困乡亲的状况，会根据他们的个人意愿，有针对性地优先为他们安排工作，鼓励他们勤劳致富。"亿利品牌中心员工贾新星向记者介绍。

产业发展之外，亿利还注重生态移民，先后建设了 3 个旅游风情小镇。2006 年，投资 2000 多万元，把 36 户散居游牧的牧民从大漠中搬迁出来，为每户牧民配备了 106 平方米的住房，建起宜居宜业的七星湖牧民新村，并且引导他们通过出租沙漠给企业、参与生态建设和旅游产业等方式就业创业，户均收入超过了 10 万元。

可当初，这样的好事在农牧民眼里，却是无论如何不被接受的。苏荣克日是当时的村支书，"2006 年，亿利找到我，希望能劝说农牧民去新家，但村民故土难离，都不愿意搬，情绪很大，连带对劝说迁移的我也有了意见，没法子，光思想工作就反复做了三四年。"

牧民姚红元爽朗一笑，"往事不提了，千言万语一句话，感谢亿利，有时候我们一天的收入比过去一年还要多。"现在的姚红元，把自己的沙漠冲浪园经营得红红火火，这得益于亿利先后承办了5届库布其国际沙漠论坛和全国汽车越野大赛、世界星空摄影等活动，为当地带来大量游客资源。"亿利已经为大漠居民创造了这么好的条件，我们还有什么理由不勤快？干什么也不容易，不干最容易，但不干能成什么事？"他的妹夫斯仁巴布一家，经营着"草原请你来"饭庄，提供餐饮、住宿服务。村民之间联合经营，良性循环，吃、住、玩"一条龙"的服务吸引了众多游客。

2008年3月20日，库布其沙漠北缘的独贵塔拉、杭锦淖尔乡遭受了黄河凌汛决堤灾害。亿利与市旗两级政府发起设立库布其水务公司建设蓄滞洪区，并投资1.91亿元，助力政府把遭受黄河凌汛灾害的乌兰淖尔村等8个村的2386户、7058名农牧民移民搬迁到亿利库布其一期生态修复区，与旗政府协力建设了一座具有沙漠风情、草原特色的现代化独贵新村，实现了城镇化，并且搭建劳务输出平台帮助农牧民就业创业，人均年收入超过了2万元。

为响应中央统战部"万企帮万村"和内蒙古"十个全覆盖"部署，亿利投资近5000万元，帮助沙化沙害、贫困化最严重的杭锦淖尔7个社的205户农民集中搬迁，改善居住条件，正在建设杭锦淖尔沙区扶贫示范村，引导发展沙漠旅游、畜牧养殖、特色种植等产业，建成后人均收入有望达到2万元。

王文彪常给母亲讲沙漠变绿洲的故事，老人家觉得儿子是为了给她解心宽才那么说的。治沙28年，母亲为他担心了28年，睡觉都不安稳。一次，王文彪特意回家，陪老人家进了一趟沙漠，当看到一簇簇沙柳抱团萌发，一棵棵胡杨、樟子松、旱柳舒展枝条，一株株甘草、梭梭迎风摇曳，库布其真的有草有树了，农牧民富起来了，沙漠旅游热起来了，母亲笑开了花，悬着的心终于放下。

一种情怀　一个承诺

　　摆脱贫困要靠知识。以前，库布其沙漠上学难、师资水平低，孩子们不熟悉地形，往往一出门就迷路，走好几个小时到达学校，早已累得虚脱。2012年，亿利投资1.2亿元，为沙漠地区的儿童建成了集幼儿园、小学、初中、职业高中为一体的全日制全托的亿利东方学校，寓意为"希望"。目前，在校师生规模1300多人，累计1785名沙区孩子受到了良好教育，85个孩子考入重点高中，成为家乡建设者和接班人。一站式教育、一流教育师资，让孩子们笑容洋溢，诉说也最动人："以前脑海中是漫天黄沙，睁眼闭眼都是黄色，画画用得最多的就是黄色，现在，我们最爱绿色。"

20世纪90年代种树民工肩扛树苗到植树现场

被绿色环绕的穿沙公路

　　孩子们在成长，农牧民的素质也在提高。农牧民党校和职业技术培训基地利用

家长接送孩子的有利时机，有组织地对农牧民进行党和国家扶农惠农方针政策、种养殖技术、旅游技能等培训，每年对近万名农牧民轮训一遍。亿利沙漠经济区党委还组织党员对一百多户贫困家庭进行详细走访和摸排，开展结对子帮扶。通过帮助解决就业、修建房屋棚圈、技能培训等多种方式，帮助沙区百姓摆脱贫困。截至 2016 年，已有 211 名党员帮扶贫困户 303 户。

64 岁的杨荣开家住独贵塔拉新区，2008 年黄河决堤，杨荣开家受损严重，欲哭无泪。一筹莫展之际，亿利人走进了他家。之后，他扛起铁锹，走进大漠开始种树。几年下来，钱袋鼓了，生活好了，环境美了，日子也越过越舒坦。"要是没有亿利，就没有现在农牧民的好日子。如今，儿子和儿媳也在亿利的金威路桥工作，还有一个小孙子就读亿利东方学校，亿利对我家三代都有恩。"

治沙扶贫，早已成为亿利人的一种情怀。在库布其治沙扶贫的基础上，多年来，亿利还致力于发展西部特色沙漠产业，缩小区域发展差距。2013 年 11 月，亿利进入南疆塔克拉玛干沙漠实施治沙扶贫项目，短短几年时间，就让库布其的甘草在充满苦咸水的塔克拉玛干沙漠上长得郁郁葱葱。2015 年 10 月，亿利与甘肃省武威市签订生态产业扶贫协议，投资 150 亿元，在民勤、古浪、凉州等区县实施了一系列沙漠生态产业扶贫项目。

家住杭锦旗白音乌素的白音道尔基，是甘肃腾格里项目民工队的队长，带领着 100 多名来自宁夏、甘肃等地的劳务工在腾格里沙漠种树种草，"富裕不敢说，吃穿没问题，给民工发工资也没问题。"这些民工都来自贫困地区，来自宁夏同心县的马会梅说，"白队长人好，不管有啥活儿，都叫上大家一起挣钱，信得过！我们一家四口都跟着白队长干，已经四五年了，每人每年能挣到一万多，生活不成问题。"

下一步，亿利将助力河北张北县脱贫攻坚，计划投资 50 亿，通过建设光伏产业直接扶贫 1.5 万人，通过生态旅游、红山猪养殖、有机田产业链扶贫 3.5 万人。

2016 年 3 月 4 日，习近平总书记接见参加全国政协十二届四次会议的民建、工商联委员，并参加联组会。在听取了王文彪关于治沙扶贫的建议后，表示要持续关注和支持治沙扶贫事业。

王文彪向总书记立下了治沙扶贫军令状：亿利将积极参加中央统战部、全国工商联组织的"万企帮万村"精准扶贫行动，5 年内通过投资沙漠生态产业，再绿化沙漠 1 万平方公里，带动 10 万农牧民脱贫。

28 年来，亿利绿化库布其沙漠 6000 多平方公里，帮助库布其沙区 10 万群众彻底摆脱了贫困，助力鄂尔多斯杭锦旗摘掉了国贫旗县的穷帽子，成为库布其沙区贫困群众脱贫致富的"领路人"。

在西海固挖出"幸福泉"

——武警宁夏总队助力地方脱贫攻坚纪实

曹志芳　赵翔

宁夏西海固，曾与甘肃河西、定西并称为"三西"，曾是"中国最贫困地区"之一。

清朝末年，陕甘总督左宗棠来到这里，看着眼前的黄沙漫漫，一声长叹，"苦瘠甲天下"。几十年前，联合国专家来此考察，摇头叹息，这里"不具备

人类生存基本条件"。从那时起，国家先后组织实施《国家"八七"扶贫攻坚计划》《中国农村扶贫开发纲要》和西部大开发战略，将"三西"建设融入国家总体战略部署中，自治区党委、政府发出号召，要求坚决打赢扶贫攻坚战，让全区贫困群众早日脱贫致富。武警宁夏总队官兵紧紧看齐追随，始终高举助力地方脱贫攻坚的大旗，注重发挥部队政治优势、组织优势、"三队"优势，握指成拳，精准发力，用真诚、真情、真爱助力地方精准脱贫，让"共走致富路、同圆小康梦"的信念在贫困群众心中愈发坚定……

用真诚播撒致富的种子

伴着《小苹果》轻快的节拍，回汉群众晚饭后不约而同地跳起了广场舞。原来的"三八线"变成了"团结路"。

沙草墩村回族群众约占三分之二，划归5个自然村，其中3个回族群众自然村，回汉村之间用一条马路分开。因宗教信仰、生活习俗的差异，加之受传统观念影响，回汉群众虽在一个村，鸡犬相闻，但不相往来，吵架打闹现象时有发生。自然村之间的马路，成了回汉群众的"三八线"。

武警中队指导员胡分明了解到情况后，认为"这不正像中队两个班的战士合不来一样嘛"！要想处得来，必先玩得开。于是，每逢周六下午，武警官兵的身影就活跃在沙草墩村头篮球场上，时间长了一些喜欢打篮球的回汉村民也相继加入了进来，回汉群众心中一堵无形墙被慢慢地推倒了。

胡分明见机会来了，动员村支书搭起了文化大舞台，利用各种节假日举办秦腔、花儿、民族舞蹈等活动，很快回汉群众融为一体，成了民族团结的一张靓丽名片。

陈旧的陋习禁锢了村民的思想，羁绊了群众致富的步伐。在一次精准扶贫推进会上，总队党委一班人就致贫原因进行了认真分析，一致认为扶贫须先扶志、治贫要先治愚、脱贫得先脱旧。

　　深谙此理的总队党委，创新尝试红色故事和扶贫政策进网络、进课堂、进寺庙、进机关、进企业、进社区、进乡村、进家庭"八进入"活动模式，组织理论骨干深入村镇宣讲党的创新理论、民族宗教政策、惠民扶持机制等；组织文艺小分队深入各个扶贫村镇巡回演出群众喜闻乐见的特色节目，引导群众从思想上树立战胜贫困的信心和斗志。

　　脚下沾有多少泥土，树上就会挂上多少果实。官兵的付出得到了应有的回报。在红瑞村，曾不分昼夜打扑克、无所事事的小青年，都想方设法做买卖发家致富；在段源村，曾因外出打工嫌远、田里劳动嫌累的中年人，"不待扬鞭自奋蹄"，干起了电商、跑起了运输；在和顺新村，不曾出门、一心料理家务的妇女，加入了就近务工的队伍行列。

　　贫困的另一"怪胎"就是"多子多福"。

　　常年生活在贫困山区的人们，用"生娃——放羊——娶媳妇——生

武警吴忠市支队在贫困村发放药品和宣传资料

娃……"的循环版本规划着自己和娃娃一生。

生个女子好放羊，生个儿子充大梁。"越生越穷，越穷越生"的怪圈让许多家庭依旧处于贫困线以下。

"少生优生，福享一生。不改变移民村'多子多福'的老旧思想，想要脱贫，难。"助力地方脱贫攻坚座谈会上，总队尚力峰政委的发言得到了与会人员一致认同。

为了改变这种根深蒂固的愚昧陋习，总队组成计划生育宣传分队，走街串巷向回汉同胞宣传计划生育政策，宣扬社会新风尚。与此同时，还积极协调驻地计生部门，在移民新村推行"金钥匙"双富工程试点，通过传播婚育新风，构筑致富通道，帮助育龄群众脑袋和口袋一起"富"起来。

精诚所至，金石为开。3 年来，在广大官兵的带动和影响下，先后帮扶122 户计生户实施致富计划，238 户计生户已达示范户标准。"金钥匙"工程的实施，转变了育龄群众婚育观念，全村晚婚率达 60%，一大批计生户迈上了少生快富的小康路。

用真情构筑坚强的堡垒

38 名党员主动找到了党组织，76 户搬迁户陆续"返巢"回到了久别重逢的移民村，105 户闲置安置房迎来了移民新客，306 户群众自发从新疆、内蒙古、甘肃、陕西等地搬迁而至。

一组数据让人欣喜万分，勾勒了一幅移民新村蒸蒸日上的生动画卷。

然而，几年前的菊花台村，党员干部在党不言党、认钱不认人等现象突出，一度成为村支部一班人的头疼事。

"让村民脱贫致富，我们能做点啥？"指导员杨军成急在心头。回到中队后，他左思右想，和中队长宋林俊商定：将菊花台移民村党支部定为中队扶贫帮建对象。

　　从此，两个党支部便结下了不解之缘。

　　充分发挥部队特有的党建优势，走支部共建、书记帮带、党员互助路子；健全党组织、完善配套设施；活用"互联网＋党建"模式，开通"大喇叭"微信公众号，建立书记与党员、党员与党员、党员与群众微信互动平台；推行党员外出要报告、流入党员要登记和定人定责督导等制度。

　　在两个党支部共同努力下，流动党员马玉川带着5名"还巢"党员跑起运输，收入成倍增长，被大家推选为支部副书记；老党员虎玉俊家中曾一贫如洗，在党员结对帮带下也当起保安队队长，家里盖起一套新房，日子越过越红火……

　　一次次真情付出终有回报，一个焕然一新的村支部展现在了大家眼前。菊花台村党支部当年就被县里表彰为"五好党支部"。

　　一些官兵困惑："过多参与地方工作，会不会分心走神？"陈伟司令员却说："对于脱贫攻坚工作，要站在拓展使命任务的高度去考虑。"

　　被群众誉为"致富金钥匙"的良田镇副镇长兼和顺新村村支书李效峰，大学刚毕业就考到移民村当起了村干部。初出茅庐，意气风发，敢想敢干，可习惯了坐吃救济的村民哪能听得进一介书生的大道理。有时因处理问题不当，村民故意刁难，不讲理的还打骂相加，衣服被撕破了，身上被抓烂了，看到自己的努力和付出遭到如此冷遇，李效峰伤心了，一度想放弃村官工作。

　　一次，武警银川市支队一大队教导员史建宁带领部队与村里开展双拥共建活动时，聊天中，李效峰道出了心里的苦闷与无奈。

　　"部队有党建方面成功的经验，来部队转转，兴许会对你的工作有帮助。"史建宁鼓励他说。

　　"部队规范系统的党组织建设，严格正规的管理秩序，对我影响很大，让我受益匪浅，有太多的经验需要我去学习。"参观学习结束后李效峰感触很深。

　　在史建宁的帮带下，一件件聚民心、惠民生的实事相继完成，原来坐等救济的村民主动找到李效峰寻求致富路子。李效峰也从一介书生变成了能抓善做的"草根脱贫书记",他连续两年被银川市表彰为优秀农村党支部书记,和顺新村先后荣获自治区美丽乡村文明创建工程示范村、先进基层党组织等7项殊荣。

村里的巨变,吸引了美国、德国、土耳其等33个国家考察团前来参观,这些带着挑剔眼光的外宾,在目睹昔日沙包土丘变成都市观光旅游科技园、生态示范园和村民们脸上幸福的笑容后,都竖起大拇指称赞:"只有中国共产党,才能干成这样的大事,中国梦,真伟大!"

用真爱筑就幸福家园

曾经,一张名为"我要上学"的照片感动了无数人。这张照片上,一个小女孩手握铅笔头、蓬乱的刘海下面是一双充满求知渴望的大眼睛——这是一个在中国家喻户晓的影像瞬间。

2016年,宁夏大地还有9300多名上不起学的"大眼睛女孩"。如果培养出一个孩子,就可能给全家人的生活带来巨大改变。脱贫致富,教育首当其冲。

"好大一棵树,绿色的祝福,你的胸怀在蓝天,深情藏沃土……"用麻黄山希望小学的学生们唱的这首《好大一棵树》来歌颂"银杏叔叔"董斌,再贴切不过。

梦想因行动而伟大。董斌带领官兵用实际行动作出了最好诠释。2004年秋,时任武警盐池县中队中队长的董斌在得知这个学校每年都有孩子因贫困辍学后,他发动中队官兵开展"情系麻黄,爱无止境"捐助活动,常年为孩子们捐助生活及学习用品,还在每名受捐助的孩子家门口栽上6棵银杏树勉励他们奋发向上。

为何是银杏?为何是6棵?中队指导员李亚龙道出了奥秘:银杏树顽强的

武警官兵帮助移民村老百姓开网店卖刺绣

生命力寓意着党的事业万古长青；之所以是6棵，是因为共产党中"共""产"两字都是6画，这能让孩子们牢记今天的幸福生活和党的关怀密不可分！

在总队，不论是干部还是普通一兵，官兵们始终把助人为乐、施善于民作为义不容辞的责任。执勤路上、探家途中、军训间隙、任务一线，官兵满眼都是爱，满脑都是情，时刻想着如何伸出援助之手，力所能及地救助每一个失学儿童，把无声的爱传递到"塞上江南"的角角落落。

帮助贫困群众拔"穷根"，解决因失学造成的代际贫困问题是关键。近年来，广大官兵先后为驻地2100多名贫困学生购置暖心书包、防寒衣物、书籍文具等学习生活用品，援建武警爱民学校7所，开设"春蕾女童班"5个，捐献助学金30余万元，总队被表彰为"全国幸福工程救助贫困母亲行动爱心奉献单位"先进集体。

善水走过，留下生机；爱心走过，留下感动。几天前，一张国家级荣誉证书受到了总队官兵的广泛关注。由总队政治部文工团创作的舞蹈《叔叔扶我去上学》参加"中国·宁夏第四届回族舞蹈展演"，荣获"沙枣花"荣誉称号。作品原型正是武警宁夏总队医院原院长穆广态。

600多副牌匾、2000多面锦旗、3000多封感谢信，这是穆广态院长及全体医务工作者用实际行动换回的殊荣。

为2900多名肢残儿童成功手术，为6800多名贫困群众进行断指（肢）再植，让无数渴望上学、渴望走路的孩童圆了梦想。

彭阳县新集乡沟口村回族少女马秀花，幼年的残疾是她的噩梦。

在得到穆广态矫治后，她以一幅《山娃》在2004年宁夏残疾人"福彩杯"书法绘画大赛中获得银奖，在第八届全国残运会女子10米气手枪团体赛中获得银牌。

多年来，总队充分利用部队卫生机构资源，大力参与健康扶贫工程，扎实做好对口帮扶贫困县医院工作，相继推出了亲民、便民、惠民等一系列健康体检医疗活动，为建档立卡贫困户、有重大疾患群众开辟绿色通道，解决看病难就医难的问题。据不完全统计，总队医院已为贫困地区39名肢体残疾儿童进行康复治疗，为197名白内障患者实施了复明手术，组成医疗服务队深入贫困地区义诊100余次，体检20余万人次，主动为20名困难患者减免医疗费。

小河淌水故人来

——北大倾情帮扶云南弥渡

周艳

"哎——月亮出来亮汪汪，亮汪汪，想起我的阿哥在深山，哥像月亮天上走，天上走，哥啊哥啊哥啊，山下小河淌水，清悠悠……"

一曲有"东方小夜曲"之称的《小河淌水》，唱出了云南大理白族自治州弥渡县的风情，但未唱出的是县域的贫穷：弥渡县地处云南西部，是国家扶贫开发工作重点县、革命老区县，2013 年时有建档立卡贫困人口 18244 户、69078 人，脱贫攻坚任务十分艰巨。

帮扶座谈会

把弥渡县脱贫攻坚作为使命的，不只是当地干部群众，还有两千多公里之外的"亲戚"——北京大学。

你来我往携手攻坚

"王校长，您的'穷亲戚'又来找您了！"一见到北大副校长王杰，弥渡县县长张世伟就开玩笑。自时任北大党委书记朱善璐带队到弥渡明确对口支援方案后，两户"亲戚"走动得愈加密切。

2012年11月，中组部、教育部和国务院扶贫办等部门联合印发《关于做好新一轮中央、国家机关和有关单位定点扶贫工作的通知》，指定由北京大学承担定点帮扶弥渡县的任务。

2013年10月24日，在北大的帮助下，弥渡县组织57名党政干部赴北大参加高级研修班。当天，北大与弥渡县正式签署《北京大学弥渡县人民政府对口帮扶协议》，两地结上了"亲"。

2014—2016年，北大共有71人次实地调研，北大党委书记朱善璐，副校

北京大学在云南弥渡县设立的医学人文讲坛

长王杰，党委副书记叶静漪，党委组织部部长郭海、副部长白彦，校友会秘书长、校友工作办公室主任李宇宁先后带队深入弥渡县调研定点扶贫工作……

3年来，弥渡县多次组织党政干部、医务工作者、教师赴北大学习，北大对多批党政干部研修班的食宿和学习费用全部减免。

北大人更是将关怀的身影留在了远方的大山深处。高翔、史楠、尤宇川，一个个北大人的名字，深深地刻在了弥渡人心里。

2015年初，北大艺术学院团委书记、弥渡挂职副县长高翔任期满后，弥渡县和北大协商，希望下一任挂职副县长考虑医学方面的人才。带着北大的信任和期盼，北大第一医院党院办副主任、团委书记史楠于当年4月远赴弥渡。转眼一年期满，脱贫攻坚战正酣，再换人还得从头熟悉情况，弥渡县委向北京大学党委组织部提请史楠留任一年。

奋斗在弥渡第一线的，还有八士村"第一书记"尤宇川。2015年8月18日，受朱善璐书记委托，党委办、校办主任郭海前往弥渡县密祉镇八士村，亲自送校团委组织部部长尤宇川到村任"第一书记"。

2016年8月，北大第十八届研究生支教团成员赴各地开展为期一年的支教工作。其中，有4人来到弥渡支教，刘书含就是其中之一，她说："希望能尽最大努力发挥北大的优势，为弥渡教育事业尽一份绵薄之力。"

统筹资源横向推动

在支援弥渡建设中，北大积极发挥教育优势。尤宇川等北大人发起并筹集资金，率先在密祉镇建立了全国首个乡镇级教育促进会，旨在开展奖教奖学、特困助学和留守儿童关怀活动，推动教育扶贫事业的发展。

2014年7月11日，北大在弥渡县牛街完小成立第一个小北大人项目活动实践基地，架起了北大关心帮扶弥渡教育的又一桥梁。

2016年4月5日至7日，由北大工学院团委书记李钊带队的北大第十八届研究生支教团到弥渡县开展教学实践活动。支教团还把在学校募集到的21000元捐赠给了密祉镇教育促进会，作为奖励优秀教师、优秀学生以及帮助贫困学子的资金。

贫困与疾病常常联系在一起，要做到精准扶贫，健康扶贫必不可少。这也是弥渡县向北大"要"医学出身的副县长的原因。

2015年11月30日至12月1日，北大专家郝波、张小松、陈丽君到弥渡县就妇幼保健工作进行调研。车行至半路，专家们下车，在马路边就开始工作，仔细询问每个妇女、孩子的健康情况，边说边认真做记录。烈日炎炎，大汗淋漓，群众由衷感叹："真是没想到，大专家这么接地气！"

"医生县长"史楠更是充分发挥专业优势，在全县展开了"史大夫讲健康"巡讲，同时培养当地人才，邀请地方医务人员参与演讲。他还组织了"未名杯"弥渡青年健康科普能力大赛，借此进一步推动健康知识的普及。

讲知识，更要谋变化。史楠积极争取到国家"十二五"重大科技专项支持的"H型高血压与脑卒中防控惠民工程项目"，3年项目期内，全县高血压规范化管理率将有望达到80%以上，脑卒中发病率降低50%左右。该项目对弥渡县脑卒中防控工作具有重大意义，截至2016年5月24日，弥渡县共筛查4326人，确诊2298人，病例入组787人。

3年来，北大落实了众多具有实质意义的帮扶工程，不断扩宽横向帮扶面，涵盖教育、医疗、经济建设等多个领域。自定点扶贫工作启动以来，先后引入扶贫项目资金、公益捐赠资金共计897万元，引入重大扶贫惠民项目近10项，培训当地干部、教师、医护人员500多人。同时，先后选派附属医院16名医生赴弥渡举办义诊、会诊、专题讲座，指导儿科独立建科，提升检验科、骨科、神经内科等关键科室工作，力求惠及民生。

在北大的关心支持下，弥渡县积极向中国西部研究与发展促进会社会扶贫工作委员会申请加入"全国社会扶贫创新协作工程试点县"工作，目前弥渡县正在全力以赴开展申报材料、项目前期、项目实施等各项工作。

院系对口纵深帮扶

"弥渡是北大建校以来负责对口支援的唯一县，对口帮扶弥渡县本身就是一个巨大的社会课题"，时任北大党委书记朱善璐的话掷地有声。2015 年 8 月 17 日，朱书记带队到弥渡县调研，并创造性地提出"八八对口"方案。之后，北大出台《关于进一步加强定点扶贫工作的意见》，确定了"全校动员、统筹资源、院系对口、智力帮扶"的原则，建立北大 8 个学院与弥渡县 8 个乡镇结对定点对口帮扶的工作机制，明确 8 个学院对口帮扶 8 个乡镇的帮扶方案，推动了对口帮扶工作向纵深方向展开。

2016 年 1 月 13 日至 15 日，北大副校长王杰带队赴云南大理弥渡县对接定点扶贫工作。与他同行的，还有光华管理学院、经济学院、国家发展研究院、艺术学院、法学院、信息科学技术学院、工学院、国际关系学院 8 个院系的代表。他们分别对口弥渡县 8 个乡镇，不同院系将发挥各自的专业优势，为帮扶工作开拓出不同的工作思路来。

德苴乡是弥渡县最贫困的乡镇，光华管理学院承担了该乡的全面对口帮扶任务。对此项扶贫任务，光华管理学院高度重视，先后于 2016 年 1 月和 5 月选派代表前往德苴乡考察调研，6 月，由光华管理学院院长蔡洪滨、党委书记冒大卫、院长助理李琦率队再次深入德苴乡，学院发起的公益项目"博雅图书室"在当地落成，并就教育资源改善、搬迁新村、用水问题、产业发展等问题开展对口帮

北大光华管理学院支持的"博雅图书室"在当地落成

扶调研。项目为塘子完小捐赠了价值6万元、近3000册的图书，这也是光华在全国捐赠设立的第60所"博雅图书室"。

艺术学院对口支援的是密祉

中国人口福利基金会领导及北京大学专家到弥渡调研妇幼保健工作

镇，3月20日至4月6日，艺术学院组织了16位中国画导师工作室研修班师生到弥渡县进行中国画写生创作，共创作24幅作品，其中12幅捐赠给弥渡县人民政府收藏。

"北大人具有自己的理想情怀和责任担当，承担了就要全力以赴地帮扶，争取让密祉镇成为弥渡县第一个脱贫的乡镇"，北大艺术学院党委副书记兼副院长唐金楠表示。

下一步，艺术学院还将围绕文化资源开发与推广、旅游规划的修订与提升、公共艺术环境的设计与改造、艺术创作与活动的设计与组织等方面持续开展相关工作，也将有更多的艺术学院师生赴密祉镇开展帮扶工作。同时，计划组织30—60名弥渡学生赴京免费学习。

小河淌水故人来，弥渡县委书记沙伟风把这位"故人"的每一分努力都看在了眼里，"从挂职帮扶到干部培训，从教育医疗工程到院系对接，北大在智力帮扶上做了许多扎实的工作，给弥渡带来了看得见摸得着的实惠，在北大的帮扶下，2017年我们有信心脱贫"。

2017

扶贫新模式　引来富民水

——山东省兰陵县"联姻"海尔集团
实施惠民水站建设的实践与思考

金勇　李玉善

2016年以来，山东省临沂市兰陵县围绕"关注民生、健康扶贫"主题，与青岛海尔集团合作，探索在全县所有村免费安装健康饮水设施，即惠民水站。这一扶贫工程既有效保障农村饮用水安全、普惠农村群众，又增加村集体收入，为精准扶贫、精准脱贫引来源头活水。

政企携手，首创免费为民生

针对县内水质普遍碱性大、硬度高，当前农村面源污染、水处理工艺落后而带来的水质问题，兰陵县将解决群众饮水安全作为民生工作重点。2016年5月份，县里组织人员实地考察了青岛海尔集团旗下日日顺健康平台推出的半公益型"百县千镇万村健康饮水工程"现场。经充分研究论证，县里认为这个项目能与精准扶贫有效对接，将对扶贫工作起到重要的推动作用。经沟通协商，7月6日，兰陵县政府与海尔集团正式签订合作协议，在全县农村推广实施健康饮水工程。

为体现企业爱心和社会责任，帮助解决县乡财政困难，日日顺内部把项目上报集团总部后，海尔集团党委书记、集团董事会主席、首席执行官张瑞敏作出重要批示，为支持沂蒙老区农村居民尽快喝上健康水，要求日日顺水平台务

兰陵县芦柞镇芦柞二村村民排队接水

必创新模式，全国以兰陵为首创试点，打造新模式。为此，海尔健康水站"兰陵站"首次实施免费模式：由日日顺健康平台针对兰陵县各村的水质、水源情况，定制智能化的健康饮水解决方案，并免费提供水站设备及日常维护。

饮水安全，不能落下一人

近年来，兰陵县进行了大规模的农村饮水安全工程建设，但由于受地形和资金影响，1024个自然村中目前仍有281个村没有用上自来水、有153个村供水工程停运。惠民水站实行个性化的设计安装，根据各村不同水质，量身定做，调整净水设备的前端装置，使水质符合饮用标准。原水和成品水实行定期检测化验，化验报告定期公示。同时，水站选址以村庄中心、超市、卫生室和村"两委"办公室为主，便于群众取用和运行管理。

为确保工程顺利实施，县里成立农村惠民水站建设指挥部，选取新兴镇和长城镇17个村先行试点。县水利局工程人员协同海尔集团技术人员到各个施工现场确定水站地点，小寨子村率先完成设备安装后，因水质好、价格低深受群众欢迎，全村380户村民，除一户家里已安装了净水器外，其他户全部办理了水卡，并吸引了附近村群众参观、打水。在试点成功的基础上，兰陵县于 7 月 16 日召开惠民水站建设现场会全面推开。综合考虑村型大小、贫困人口集中、用水方便程度等因素，全县计划在 1024 个自然村建设惠民水站 1400 处，截至 2016 年 12 月份，全县已安装数量达 1194 台。

富村惠民，一举多策助脱贫

2016 年初冬时节，笔者来到山东省临沂市兰陵县长城镇城南村，映入眼帘的是一幅祥和美丽的乡村画卷：温暖的阳光，干净整洁的大街小巷，新修的"户户通"水泥道路连接着千家万户。

正在水站接水的贫困老人赵锦新说，"我们天天来这里灌水，村里免费给俺供应。原来家里吃的自来水碱大，不好喝；现在吃的水甜，好喝，烧米汤可香了！"

惠民水站一桶水（7.5L）的价格是 0.75 元，仅为市场桶装水价格的 1/2，群众饮水成本大幅降低。惠民水站向覆盖区域的贫困户、低保户、五保户和残疾人每月赠送 15 桶水，保证了扶贫对象免费喝上放心水。按正常收益测算，除去企业分成、水电费和人工工资，每处水站年可增加村集体收入 6000 多元、全县共计 800 多万元。惠民水站村集体收益部分将设立专门账户，用于实施精准扶贫项目、兜底解决贫困人口脱贫。同时，按每个站点 1 名"小顺管家"的要求，需要 1400 名管理人员，将优先从贫困人口中选配，初步筛选约有 200 人达到上岗要求。按人均 1200 元报酬计，每年将增加贫困人口收入 24 万元。

帮助赵大爷接水的"小顺管家"是一个叫赵崇权的年轻小伙。"我每天负责机器的管理维护和接水服务，我家就住在附近，平时还可以照顾我的老父亲。"小伙说。据了解，赵崇权的父亲是贫困户，父亲因长年患病丧失劳动能力致贫。"惠民水站"健康饮水工程实施以来，村里坚持优先从贫困户家庭中物色管理人员，既可以解决吃水问题又可以最大限度地转移贫困户就业。

村支书赵振介绍，长城镇城南村共有贫困户69户、121人，各级脱贫攻坚战斗号角吹响以来，城南村搭上了脱贫致富的快车道。第一书记还帮助该村建设了一个养殖产业大棚，以对外转租的方式一年可获租金2万元；10月份又新上了光伏项目，年收益4.5万元，这样可增加村集体收入7万余元。村集体收入除用于免费为69户贫困户供水和水站管理人员发放工资外，每月还为70岁以上的老年人补贴10元孝心养老金。依托上级的补助政策，2016年村里又实施了"户户通"惠民工程，城南村真正实现了"五通十有"，村民也彻底解决了"两不愁三保障"和健康安全饮水。

"造血"运行，长效机制有保障

兰陵县惠民水站作为海尔集团积极参与的半公益型扶贫试点，采用市场化的运营模式，较好地解决了后续管理维护的难题，而且只要正常运转，就会不断"造血"。水站后期管理采用"互联网平台＋小顺管家（管理人员）"的运行模式，农村居民可以自行下载水站APP，自行充值，管理水卡，对设备、水质进行查询和服务监督，并可以通过海尔平台掌握市场信息、进行网上物流，水站管理人员通过日日顺网站推介劳务和产品，为农村青年创业提供新的平台，有效推动了全县农村"互联网＋"模式的探索和普及。

兰陵县委书记郑连胜说："做好扶贫结合文章，要将脱贫攻坚时时装在心里，抓在手上，将脱贫攻坚与区域经济的发展相结合，将脱贫攻坚与行业部门的社会责任相结合，将脱贫攻坚与企业和群众的爱心相结合，扶贫的路就会越走越宽，群众的增收致富路就会越走越宽。"

京东：电商快车助力精准扶贫

王妙　张江

2017 年，国家精准扶贫进入攻坚阶段，社会各界到了"撸起袖子加油干"的时候，电商作为新兴经济的代表，在精准扶贫中发挥着越来越重要的作用。

2016 年京东集团与国务院扶贫办签订了合作协议，在全国范围内，点面结合展开以产业扶贫为主的"立体扶贫"战略，并提出了产业扶贫、招工扶贫、创业扶贫、金融扶贫的四大策略，四路并进探索、实践脱贫攻坚的长效机制。

一年过去了，京东的电商扶贫模式在全国遍地开花，全国 832 个贫困县吸纳近 5000 家合作商家，上线近 200 万种富有地方特色的农特产品，有力地促进了贫困地区脱贫增收。与此同时，京东的电商扶贫在全国各地创造出了一大批值得推广借鉴的扶贫样本。

西南样本：产业扶贫"一颗红心"

"这都是托了猕猴桃的福。"2017 年春节前夕，侯登林坐在自家刚建好的新房中，语气略带激动。

侯登林是四川省苍溪县板庙村二组村民，全家六口人，妻子患心脏病长期吃药，儿子腰椎间盘突出不能从事重体力劳动，还有两个孙子在读书。2014 年全家人均纯收入不足 1500 元，是建档立卡贫困户。

　　得益于当地猕猴桃产业的发展壮大，侯登林的儿子和儿媳都被安排进猕猴桃产业园工作，2015年，侯登林一家的务工收入达到3.8万元，一举摘掉了贫困帽，并建起了自己的新房子。

　　如今，苍溪猕猴桃已经成为水果界的"网红"，知名度和价格较两年前都有了很大提高，许多和侯登林类似的贫困户都借猕猴桃产业脱了贫，这一切都与京东密不可分。

　　作为线上猕猴桃节的核心运营商，四川华朴现代农业股份有限公司（以下简称华朴农业）从2015年开始，尝试与京东生鲜部门建立直采合作。借助京东联通全国的物流系统和先进的生鲜冷链系统，苍溪猕猴桃可以保证高品质、低损耗、高效配送至全国市场，苍溪果农第一次与全国消费者如此之近。

　　很快，苍溪感受到了电子商务的强大力量。在2015年首届线上"红心猕猴桃节"上，仅仅用了36秒，5000件猕猴桃就在京东商城的掌上秒杀页面中被一抢而空，猕猴桃节期间，线上独立访客达100余万人，总销售量接近500余万元。

　　苍溪县商务局局长李奎在接受媒体采访时表示，"苍溪红心猕猴桃上线之后，平均价格比此前的线下销售价格高出40%，很多种植猕猴桃的贫困户都已脱贫。"

　　2016年8月底，第二届京东苍溪线上猕猴桃节如期举行，生鲜直采平台的优势得到了更充分展现，猕猴桃节期间华朴农业在京东平台的销量实现了超过70%的增长。

　　2016年10月，京东苍溪特产馆上线，这个馆包括了苍溪县各类优质、特色农产品。未来，苍溪计划三到五年内建立5000个贫困家庭农场，通过京东销售家庭农场生产的农产品，为贫困户实现增收。

西北样本：茶卡羊搭上电商快车

茶卡羊出产于国家扶贫开发工作重点县乌兰，是全国公认的高品质羊肉，但要走出青海，走向全国，销售通道与冷链物流是头号难题。2016 年京东与海西州签署了电商扶贫战略合作协议，而茶卡羊是各方共同看好的项目。

回忆起 2016 年"双十一"之前上线京东平台的情景，青海省海西州乌兰县吉仁生态农牧业公司的董事长张国辉历历在目："京东生鲜的采销人员会设身处地为企业发展做谋划，牵着企业的手一起跑，从产品研发、包装、价格各个方面帮助企业更好地做规划，充分发挥双方各自的专业与能力优势。"通过京东电商平台，茶卡羊在"双十一"期间最远卖到了深圳市场，这在此前是不可想象的。由于产品品质过硬，适销对路，成都、上海、广州等地前期的配货瞬间脱销。

吉仁生态农牧业公司是青海省海西州乌兰县"茶卡扶贫产业示范园"的主体企业，是带动当地扶贫脱贫工作的主力军。张国辉觉得自己很幸运，首次与电商合作就遇到了京东，京东给茶卡羊插上互联网的翅膀，当地贫困户脱贫的日子又近了。

他发现京东生鲜对于品质的把控极为严格，与吉仁公司对茶卡羊品质的追求高度一致。各方的努力促成了茶卡羊于 2016 年"双十一"在京东商城自营平台上线，有了愉快的初次合作，接下来京东还将为茶卡羊扶贫项目提供更为完善的生鲜冷链宅配体系的支持，并为养殖基地提供电商技能培训、金融、运营、技术等多方面的支持。这让张国辉对接下来的合作充满期待。"看到京东在扶贫工作上如此重视，我们真是找到了知音。"

东北样本：京东助力饶河黑蜂蜜走出大山

"黑蜂养殖合作社就是我第二个家。"李洪庆今年61岁，是黑龙江省饶河县山里乡二林子村人。30多岁时，李洪庆就患上股骨头坏死，无法从事重体力劳动。家里上有老下有小，也没有经济能力治病，李洪庆只能自己养蜂，艰辛度日。2008年，饶河当地成立了养蜂合作社，李洪庆成为社员，有了依靠。

同期加入的还有李宝山。李宝山是饶河县饶河镇人，63岁，2000年原本在石油公司上班的李宝山下了岗，两个孩子都要上学，家里一下子窘迫起来。为了养家，李宝山两口子常年在外打零工，天天为生计操劳，直到加入养蜂合作社。

帮助李洪庆和李宝山摆脱贫困的北纯新合东北黑蜂养殖合作社成立于2008年，是京东的老朋友，从2011年开始就与京东合作，北纯公司打造的"北大荒"东北黑蜂蜂蜜，目前已入驻京东自营平台，优质的产品再加上京东遍布全国的高效物流网络，为消费者带来最好的购物体验，使饶河东北黑蜂产品在网上获得极佳口碑。

合作社负责人杨少武介绍，北纯公司对合作社的蜂蜜产品集中收储，为蜂农提供稳定的收购价保障，真正解除了蜂农的后顾之忧。蜂产品养殖合作社优先雇佣贫困人口，并为贫困人口提供多种帮扶，很多贫困家庭得以脱贫。

随着经营规模的扩大，北纯公司将自己的发展目标定位为专业从事有机农产品加工及健康食品的服务商，产品从黑蜂蜜扩展到了各类有机杂粮，帮扶贫困人口的能力也在不断增强。

饶河黑蜂蜜的成功只是京东助力产业扶贫的一个普通样本，京东通过优质的产品和服务受到消费者的信赖，在消费升级的大潮中，京东越来越成为消费者选购优质商品的首选平台。而越来越多来自贫困地区的优质农产品则通过京东产业扶贫的通道成功销售，最终实现销量和价格的双提升。

华北样本：贫困村养出"扶贫跑步鸡"

除了敦促和协调各个业务部门齐心协力助力扶贫，京东集团首席执行官刘强东自己更是在扶贫事务上亲力亲为，创新实干。2016年"双十一"前夕，刘强东通过手机京东直播下厨，一份东哥大盘鸡不仅向近千万网友们展示了自己精湛的厨艺，还带火了来自河北武邑贫困村的健康土鸡——"京东扶贫跑步鸡"。

"京东扶贫跑步鸡"是刘强东自己想出来的扶贫点子，也是京东金融推出的京农贷的典型项目之一。在2016年10月下旬上市之前，"京东扶贫跑步鸡"已经散养了160天以上，是真正的散养土鸡。刘强东的直播不仅为"京东扶贫跑步鸡"做了广告，而且引发了社会对扶贫的更多关注。

2016年5月，京东在河北省武邑县针对自身不具劳动力、因病、因残、因老致贫的贫困户实施京农贷项目——"京东跑步鸡"，京东与当地政府合作，建立扶贫产业园，合作社统一散养方式，协助农户脱贫，京东金融为贫困户提供免息贷款，由农户资金入股。

参与该项目的52个贫困户，平均每户有100只鸡的养殖指标，京东为每户提供约4500元的免息贷款作为养殖基金，贫困户们将买来的鸡苗和饲料放到合作社，由合作社集中饲养，最后由京东商城包销。据京东生鲜事业部项目经理刘潇文介绍，根据测算，每只"京东扶贫跑步鸡"的收益在30—40元，每个贫困户的收益在3000—4000元。

"京东扶贫跑步鸡"在京东商城的售价达到了134元/公斤，高于市场上的同类产品，那么京东如何保证它们的销路和项目的可持续性？

业内人士认为，京东的底气来自于其实力强大的自营体系和先进的供应链系统，京东目前是中国最大的自营式B2C电商，年度活跃用户近2亿，流量效益非常可观。"与其他电商平台相比，京东自营的特点是能够通过原产地直采、自营、包销的方式，对贫困户生产种植起到托底效果。"

在"京东扶贫跑步鸡"项目上，京东调动了商城、金融、物流配送等几乎所有部门的资源，力求用组合拳的方式，帮助贫困地区的优质农副商品以最快的速度传送到城市百姓的餐桌上，以带动贫困地区脱贫。

京东策略：电商扶贫四路并进

2016年1月，京东集团与国务院扶贫办签署电商精准扶贫战略合作协议，提出了产业扶贫、用工扶贫、创业扶贫和金融扶贫四大策略。刘强东表示，京东与国务院扶贫办合作，就是要做到精准扶贫，把扶贫效益和价值最大化。

早在2015年初，刘强东就提出了京东农村电商发展的"3F战略"，即工业品进农村战略、农村金融战略和生鲜电商战略，致力于解决农民买好东西难、借款贷款难、农民赚钱难的"农村三难"问题。

扶贫先扶智，脱贫必先自立。在接受教育培训的基础上，贫困人员要想脱贫致富，最重要的就是要有一份正式稳定的工作，从2016年初开始京东在全国七大区启动了扶贫招工计划。

京东针对建档立卡贫困户，提供多种工作岗位，目前已在全国832个国贫县招聘15922名员工。一年来，京东在全国832个贫困县推动近5000家合作商家招募贫困人员近5000人。此外，京东还带动近千名贫困人员利用电商平台实现创业。

在创业扶贫方面，京东与众多合作高等院校携手落实就业促进计划和创业引领计划，促进多渠道就业创业。2016 年 4 月 15 日，京东在华南师范大学发起成立了广东省高校电子商务人才孵化基地暨创业就业训练联盟，对于来自贫困家庭的学生提供电商实习实训机会、电商大讲堂、创新创业项目孵化指导等帮扶措施。

除提供电商销售、物流体系支持，京东还为扶贫项目提供金融支持——京农贷，从而形成闭环的扶贫链条。京东在河北省武邑县针对贫困户实施的"京东扶贫跑步鸡"项目就是典型的成功案例，类似的项目还在种植和其他养殖行业推进。

与现有一些电商扶贫的做法不同，京东实施的"互联网+"精准扶贫战略，不仅仅是对国家既有扶贫路径的有效补充，也是在企业和市场层面构建了全新的精准扶贫平台和渠道，形成了政府、市场、社会互促共进、协同发力的大扶贫格局，是电商扶贫模式的全新升级，提供了精准扶贫的综合解决

京东在河北武邑县养殖的扶贫跑步鸡

方案。京东"互联网 +"精准扶贫模式通过提供丰富的培训支持，有效增强贫困农户谋生能力；通过与政府扶贫举措有效协同，实现扶贫的"乘数效应"；通过有效统筹社会帮扶资源，构建"人人皆愿为、人人皆可为、人人皆能为"的社会帮扶网络。

倾情助力对口扶贫"闽宁模式"

——解放军 68006 部队助力宁夏闽宁镇发展纪实

孙立波　王斌

宁夏回族自治区永宁县闽宁镇，是 1996 年福建省和宁夏回族自治区启动对口扶贫协作后共同建设的移民乡镇。20 多年来，这个以福建、宁夏两省区简称组合命名的小镇，在党和国家领导人的亲切关怀下，已从当年地贫人稀、满目黄沙的贫困移民村发展成生机勃勃、人民富裕的生态移民示范镇，成为对口扶贫协作"闽宁模式"的示范镇、样板镇、窗口镇。

中国人民解放军 68006 部队于 20 世纪 90 年代末进驻闽宁镇，这个单位在完成军事训练任务的同时，积极发挥优势参与闽宁镇精准扶贫帮困、基础设施建设和生态文明建设。闽宁镇从贫困村到富裕镇、从"干沙滩"到"金沙滩"，部队营区也从几十顶帐篷区发展为生机盎然的现代化营区，军地双方在守望相助中建立了血浓于水的深厚感情，也相互见证了彼此日新月异的发展巨变。

暖心——当好新家园的第一窗口、第一形象

在中国人传统观念中，远离故乡、踏上新途，心里多少都会有种难以割舍的离愁别绪。对于一批批从宁南山区迁居至闽宁镇的贫困移民群众来说，这种情绪里可能还会有些许迷茫和忐忑。

"就知道是朝北走，但新家是个啥样，谁也没见过，日子今后咋过，谁也

68006 部队政委杨忠（左二）为结对学生柯莹（右二）捐助红色书籍

不知道，一路上乡党们话很少，车里静得很。”几年前从老家向闽宁镇迁徙的情景，至今仍在闽宁镇原隆村 6 组贫困户骆金福脑海中历历在目。

"穷家难舍，能带走的都带了，有的人把房顶的木椽和瓦片都没落下。"骆金福老家在固原市开城镇上青石村，他告诉记者，当时同一批迁至闽宁镇原隆村的共有 200 多户 1200 人，各家各户、大小家什全部装车启程，浩浩荡荡向新家行进。

370 多公里的迁徙旅程走了一整天，傍晚到达村口时，车厢里一路沉寂的移民们忽然兴奋起来——早已在道路两侧守候多时的官兵们敲锣打鼓，举旗拉幅，热情欢迎着他们新邻居的到来。

"看到解放军，心里一下子觉着热乎乎的。"骆金福回忆，部队官兵热情地迎接他们下车，一件件地卸家具，又一趟趟地往新房子里搬，政府统一修建分配的新房也早已被官兵们打扫得干干净净。官兵们把家当搬进屋，还根据主人意见摆放到位。帮助大伙儿安完家已是晚上 10 点多，他们又给各家各户送来了电磁炉、米面油和蔬菜，给困难户送来了床板、被褥、电视，移民群众到新家的第一餐吃得很安心，第一夜过得很舒心。

骆金福的老伴至今还有个遗憾：当年一位战士在搬床时压到了指甲盖，血流得满手都是却一声不吭，她连追带喊都没叫住那名战士，这几年逢人就打听，但至今仍不知道那个战士的名字。

该部队政委杨忠告诉记者："老百姓从大山深处来到闽宁镇，我们部队就要当好第一窗口、第一形象，通过我们发自内心的热情，通过我们实实在在的工作，让移民群众对新家不陌生、有归属感，切实感受到对党、国家和军队的感情，从而对建设新家园、开创新生活充满信心。"

许多移民群众迁到新家后，都想在政府建设的标准住房基础上加盖一两间房，但最难办的就是缺钱、缺物、缺人手。68006部队适时把过去工程建设积余的沙石砖块、钢筋水泥无偿提供给困难家庭，还组织官兵利用训练间隙去给建房人员打下手。

不仅要让老百姓心理上认可，还要让他们情感上有依赖，真正在闽宁镇安下心、扎下根。笔者在该部队群众工作计划中看到，他们围绕扶贫帮困、扶贫扶智开展了"结对互助、精准脱贫""军民一家亲，寒冬暖民心""情注贫困生、爱洒民族花"等多项活动，每项活动都有进度计划、有责任主体、有检查督导。

2011年4月，部队政委杨忠刚一上任，就主动联系帮扶了2名贫困学生。据统计，2000年以来，68006部队在扶贫帮建上先后出动官兵超过4300余人次，动用运输车辆350余台次，累计帮扶资金和物资近200万元。

治根——为移民群众撑一片绿荫、筑一道屏障

2011年6月13日，北京人民大会堂，第5届保护母亲河颁奖大会在此举行，68006部队被授予"保护母亲河特别贡献奖"，是军队迄今唯一获此殊荣的单位。

一块奖牌，凝结着官兵17年如一日参加闽宁镇生态建设的辛劳和汗水。

"一年一场风，从春刮到冬。"在闽宁镇生活了十多年的贫困户马保华回忆，曾经的闽宁镇"天上无飞鸟、地上不长草、百里无人烟、风吹石头跑"，除了政府修建的新房子外，就是一片荒无人烟的戈壁滩，经常有庄稼被沙子掩埋、东西被大风刮跑的事情发生，老百姓虽然走出了偏僻大山，但自然环

68006 部队迎接新迁入移民

68006 部队官兵为新迁入移民捐赠生活物资

境仍让大家发愁。有的老百姓为了避"风头",冬春季节风大时回到老家大山住,夏秋时再到移民村里打零工、谋生计,成了典型的"候鸟移民"。

"有木则兴,生态引发的问题就要从生态这个'根'上解决。"杨忠政委表示,"党和政府已经在政策上、物质上给了移民群众很大扶持,我们驻地官兵就有责任从生态上再给邻里乡亲一个最好的呵护。力争让老百姓在新家园安得下心、住得习惯、富得更快。"

从第一批移民群众来的那天起,部队党委就把植树造林、改善环境提上议事日程,做计划、筹资金、买树苗。然而荒漠戈壁区常年干旱少雨的自然环境,给植树造林带来了很大挑战。

2003 年,第一批 500 亩树苗栽下后,官兵们像呵护宝贝一样轮流浇水、培土,然而情况并不乐观,树苗的成活率不足 30%。

一时的挫败并没有让植树行动停滞,他们请旱地农业专家来讲课指导,组织人员利用业余时间学习林业知识,精选新疆杨、柳树、松树等耐旱树木进行试验种植,还投资给这片实验林铺设了滴灌。为了减少水分蒸发,官兵用塑料膜把树苗从根到腰包裹严实;为了防止树苗被风刮跑,每个树苗都被拉上了一道道固定绳;为了改良种植土壤,官兵们先把树坑挖大、挖深,再从几十公里外运来肥土回填栽树。

凭着这种愚公移山、燕子垒窝的奋斗精神，一年后，他们的辛劳终于有了回报：各类树木成活率高达85%，一片500亩的"军民共建林"出现在闽宁镇的西北角。

理想牵引着实践的脚步。不论基地的日常工作有多忙、训练任务有多重，每年植树造林都从来不落。部队累计投入2200余万元，种植的林木从最初的500亩发展到如今的4500亩，把荒芜的戈壁沙滩建成了银川的"后花园"。

在植树造林初具规模时，一些群众由于过去的生活习惯，发生了砍树做柴薪、牛羊吃树苗的事件。部队党委意识到，这些事件的发生，主要还是自身的保护措施和宣传力度不够。他们联合闽宁镇政府开展"保护母亲河、共育黄河林"活动，组织官兵发倡议书、进村入户宣讲，请村民代表观看部队艰苦创业植树造林的录像片，使环境保护意识、生态文明观念深入人心，违规放牧、乱砍滥伐现象近乎绝迹。

十年树木，绿林葱郁。成片的树木让闽宁镇这片水土滋润起来，生动起来。部队驻地周边土地沙化和水土流失得到有效控制，就地风沙起的现象明显减少，已基本形成以荒漠草原植被、草原化荒漠植被和新疆杨、榆树、沙枣、元宝枫、刺槐、红柳、臭椿、梨树等人工植被为主的三大植被体系。

"军民共建生态林给镇子筑起了一道坚固的生态屏障。"闽宁镇镇长钱东说，"这几年镇子里风小了、沙少了，老百姓们梦中的理想家园，如今变成了现实。"

目前，部队党委正在大力推进50万亩"围栏封育"工程，计划用15年时间，联合政府、企业和兄弟部队，在闽宁镇周边再搭建一条绿色生态长廊，并扩大经济林木种植面积，帮助群众实现增收致富。

壮骨——形成军民同心共圆梦的生动局面

"我志愿加入中国共产党，拥护党的纲领……"2016年8月13日上午，在习近平总书记曾视察过的闽宁镇原隆村党支部会议室，一场特殊的重温入党誓词活动正在举行，一同举起右手的，有头戴白帽的回族党员，有一身戎装的军人党员，也有来自村镇两级的党员干部。

68006 部队司令员耿振海介绍道，重温入党誓词是部队和驻地党组织开展"军地党员结对子，两学一做站排头"活动的一部分。他们组织部队党员参观农场企业和街容村貌，组织地方党员走进军营看装备、看队列、过军事生活，在互学互促中不断融洽军政军民关系。

"部队党员们学得认真、做得扎实，但我们也不会落后。"闽宁镇回族党员王晓燕说，"我们要和他们比一比、学一学、赛一赛。"

隆村党支部原副书记海国宝文化程度不高，但参加活动后收获很大："到军营看了看，和解放军聊了聊，我知道了怎么学，也知道了怎么做，我要努力向解放军学习，提高自己的党务工作水平。"

闽宁镇是一个回族人口占80%以上的少数民族集中村镇，像海国宝一样，各个村党支部中，初中文化程度的占大多数，有的还是小学文化程度甚至文盲，一定程度上影响了组织生活的开展、组织作用的发挥。

党员不分军地，学习不论你我。2017 年以来，部队党委主动与驻地党委和支部建立联系，通过军地组织对接、人员结对的方式，定期深入学习习近平总书记系列重要讲话精神，定期商讨"精准扶贫、精准脱贫"工作。

闽宁镇政府副镇长杨平德动情地说："如今闽宁镇建设站在新的历史起点上，不论部队党员还是地方党员，都要铭记初心、开始新的长征。"

"所有这一切，都是为了我们驻守的闽宁镇更和谐、更繁荣，这是驻地官兵义不容辞的责任。"杨忠感慨地说，"这些年，看着闽宁镇一天天繁华、壮大，发展变化的背后离不开官兵们的辛勤汗水与努力付出。我们坚信，闽宁镇的明天必将更加美好。"

"中国猪倌" 秦英林的扶贫情怀

文炜

在河南有一位这样的企业家，他在少年时代即胸怀远大理想，整个青、壮年时期，他通过艰苦奋斗，建立起庞大的商业"帝国"，创造出惊人的财富。他始终坚持"创造价值，服务社会"的核心价值理念，矢志不渝，初心不改，以一颗博大的爱心，一份强烈的社会责任感书写出一片"为富者大仁"的扶贫情怀。

他，就是连续三年蝉联河南省首富的"中国猪倌"秦英林。

少年壮志战贫困

秦英林的家乡在河南省内乡县马山口镇河西村。20 世纪 60 年代的中国农村普遍贫困，河西村自然也不例外。秦家 7 个孩子，几亩薄地，和那个时代的大多数农民一样，日子过得紧巴巴的。

80 年代，秦英林已上高中，他劝说父母拿出积蓄养猪，结果由于遭遇了疫病导致大部分猪死亡，不仅没赚到钱，反而赔上了老本。吃了亏的秦英林不仅不放弃，反而"一根筋"地认定了养猪脱贫致富这条路。1985 年，他主动放弃了保送上大学学习化学专业的机会，考进河南农业大学，主攻畜牧专业。1992 年，秦英林辞去公职回到家乡，和妻子一起垒起猪圈，从 22 头猪起步，开始了艰苦的创业。

第一个 10 年，秦英林历尽酸甜苦辣，他咬牙坚持，第二个 10 年，他的牧原集团生猪出栏量突破 100 万头，晋身行业龙头行列。2009 年，秦英林还被请进中南海向时任国务院总理温家宝建言献策，被温总理亲切地称为"学士猪倌"。

秦英林致富了，心里一天也没忘记过乡亲们。

2009 年，河南小麦收获季节遭遇阴雨连绵，麦子在地里发了芽，农民一年的辛劳眼见着要打水漂。就在政府为难、农民陷入绝望时，秦英林面对公司其他高管的迟疑与反对，毅然做出决定："我们按照好小麦的价格，向农民敞开收购！"他说，"农民最穷最苦，企业家整天讲社会责任，现在他们有难，我们该出手时就得出手！"

牧原以好小麦的价格收购了农民卖不出去的 6.96 万吨芽麦，使 6 个县（市）32 个乡镇近 150 万农民"受灾不受损"。收芽麦总计花费 3 个多亿，而 2008 年底牧原的总资产才 3.5 亿，这使牧原不仅掏空了腰包，还背上了沉重的银行贷款，甚至面临破产的可能。秦英林在董事会上坚定陈词："如果公司破产了，我死了，请你们在我的墓碑上写下'秦英林因收芽麦而死'！"

秦英林最初扶贫是从生他养他的村子开始的。河西村地少人多，人均仅 3 分地。村主任张国甫告诉记者："我们村从前吃粮靠返销，花钱靠贷款，不是一般的穷啊！"

秦英林不仅自己养猪致富，还号召大家一块儿养猪。几十年下来，河西村 300 多户，有 200 多户都是养猪专业户，其他几十户虽不直接养猪，也多半从事和养猪相关的生产活动。对于养殖户，牧原以优惠价格提供种猪，还全程免费提供养殖、防疫技术指导。村子里还有 200 多名劳力直接去牧原上班挣工资。张国甫告诉记者，2017 年，该村平均每户年收入可达 20 万元左右，家产上千万的有 5 户，上百万的有 100 多户，是远近闻名的小康村！这天上地下的差别全因有了秦英林啊！

村民的腰包鼓了，可村集体经济还是空白，2014 年，秦英林拿出 2800 万元，加上村里部分贷款，在河西村建起一排商铺。商铺每年收入的70多万元租金全部归村里。张国甫说，到2017年，村里即可还清贷款，从2018年起，村里就可以给村民们分红了。按照秦英林要求，村里每年将拿出50万元专款用于帮扶贫困户。

村里原有11户贫困户，其中有2户有劳力的去年被特招进牧原上班，已经脱贫。剩下的9户都属于年老残疾无劳力类，对此，村里规定80岁以上老人，每月补助300元，平时患病，可根据情况补贴1000—2000元。2018年，全部脱贫不成问题。

记者离开时，走在河西村巷道间，只见夕阳灿灿，炊烟袅袅，有收工归来的青壮劳力热络地相互招呼，有老媪老翁在聊天逗乐，有放学归来的孩童追逐打闹，加上鸡鸣狗吠，颇为热闹……

当下，北方一些村庄劳力外流，萧条衰败，沦为空心村，已成为社会共同忧虑，引起中央高度重视，而河西村却呈现出人气鼎盛、生机勃勃的局面，这一切，都与几十年前那个叫秦英林的少年最初的梦想密不可分。

培养一个孩子，脱贫一个家庭

当年，秦英林参加高考通过自身努力改变了命运，所以对"知识改变命运"有特别深刻的理解。扶贫先扶智，教育要先行，他的目光首先投向了母校河西小学。他下定决心，要让河西小学的孩子们享受到高品质教育，绝不让他们输在起跑线上！

2006年，秦英林在河西小学设立牧原教育基金，帮助其建设校舍，美化校园，完善各项教学设施。2008年起，秦英林又拿出专项资金给河西小学所有教师每月发放1000元补贴，年底还拿出真金白银表彰教学成绩突出的优秀教师。这些举措极大地激发了教师爱岗敬业的热情，也彻底扭转了长期以来优秀师资持续外流的局面。

截至 2017 年，牧原已累计资助河西小学 200 多万元。随着牧原教育基金的持续投入，学校教学质量持续提升，稳居全镇前列，2016 年河西小学综合成绩、学生总数均位居全镇第 1 名。同时，河西小学年可招收学生数量从早年的 100 余名攀升到 800 余名，成为马山口镇有名的窗口小学，连年被评为内乡教育教学工作先进学校。

内乡县第一高中也是秦英林的母校。2014 年起秦英林开始资助这所中学，连续 3 年分别捐资 200 万元、230 万元、320 万元，随着资金投入节节攀升，该校教学质量一路高歌猛进，2016 年有 6 人考取北大、清华，创下该县史上最好高考成绩，晋阶南阳市一流名校。

秦英林关注的不仅是母校，马山口镇老庄小学在牧原教育基金会持续资助下成功"逆袭"的故事更加让人震撼。过去，老庄小学综合成绩在镇上年年倒数垫底，2012 年，老庄小学牧原教育基金设立，当年，该小学整体成绩即由全镇第 18 名上升到第 11 名，2013 年上升到第 7 名，2014 年后其教学成绩稳居全镇前三名，并一度取得全镇第一的硕果。

如今，曾经灰头土脸的老庄小学也成为镇小学中的"明星校"，这让秦英林备受鼓舞，更坚定了他教育扶贫的决心。

"培养一名优秀学生，就能彻底脱贫一个家庭，播种一份希望，成就一个未来，繁荣整个社会。对教育事业的资助和支持要规范化和常态化，只有建立长效机制，才能不断提高教育工作者教育积极性，才能帮助更多的贫困生获得教育机会。"秦英林对如何持续支撑内乡县教育事业的发展考虑得愈发深远，2015 年 12 月，内乡县牧原教育基金会正式成立。作为发起人，秦英林个人捐资 500 万元作为原始基金。次年，又捐赠 1000 万元。内乡县也明确提出"打造内乡教育高地"的宏伟目标，强调要把教育打造成品牌，要通过教育发展拉动"三产"，拉动服务，拉动相关产业，拉动脱贫。

为实现这一宏伟目标，2016年，内乡县政府与北京师范大学签订区域教育合作项目协议，约定共同努力完成"3321计划"，即3年内培育打造30所名校、30位名校长、200位名师、100位名班主任。同时，开展"中国好老师"行动计划、教育发展战略咨询、北师大附校对接合作等8个项目。

本次合作将向北师大提供不少于1000万元的开展工作所需经费，同时依托牧原教育基金会全额支付"内乡好老师"奖金。2017年，第一笔费用334万元已支付完毕，其中内乡县政府出资100万元，牧原教育基金会出资234万元。

2013—2016年，秦英林累计向南阳市教育发展基金会捐资660万元。2016年8月23日，牧原集团向南阳市教育发展基金会捐资200万元，用于对包含66名建档立卡贫困户大学生在内的贫困生资助。8月25日，牧原再度向该基金会捐资161万元，全面惠及南阳区域12个县，湖北省钟祥等区域的570名贫困大学生。

2008—2017年，牧原已经连续捐资697.4万元，资助全国各地2341名贫困大学生圆了大学梦，以教育扶贫的方式为众多贫困家庭阻断了贫困的代际传递。

牧原产业扶贫模式：两个全覆盖

2016年12月24日，内乡县王店镇均张村贫困户张振侠领到了800元"入股分红"金。和他一样在当年8月加入聚爱农牧专业合作社的首批1735户贫困户这次共领到第一笔"入股分红"金138.8万元。该社每季度给贫困户分红一次，每次800元，全年共计3200元。同时，牧原集团无偿将养猪场猪舍屋顶及空地交给政府建设光伏发电设施，发电收入归贫困户，户均年收入3000元。两项算下来，贫困户一年收入可达6200元。这就是牧原针对内乡县贫困户养殖＋光伏的"两个全覆盖"扶贫模式。

张振侠一家三口，妻子智力有障碍，自己遭遇车祸留下残疾，多年贫困，曾对生活失去信心。他在代表贫困户发言时动情地说："过去贫困，让人笑话，今天拿到分红，心里踏实。感谢政府，感谢银行，感谢牧原，让我们看到了生活的希望！"

秦英林提出要让更多贫困户走向富裕，并且走得有价值、有意义、有自信。公司以生猪养殖产业为载体，发展养殖扶贫事业。

牧原公司与内乡县政府、南阳市人行、国开行和信用社一道，在实践中探索出的"政府＋金融机构＋合作社＋贫困户＋龙头企业"的"5+"扶贫模式，即：

建档立卡的贫困户在政府组织下组成专业合作社，贫困户取得扶贫贷款后将资金委托合作社统一管理，合作社按照牧原的标准与要求建设规模化生猪养殖体系及辅助设施，牧原向合作社租赁资产从事生猪养殖并支付租金，合作社收到租金后支付贷款本息并向社员分配收益，贫困户社员分得的收益可确保其脱贫。该模式仅内乡县就覆盖建档立卡贫困户 13020 户。

2016 年 12 月 24 日，内乡县贫困户首次领到聚爱农牧专业合作社的分红

2017 年，该模式已在南阳市社旗县、安阳市滑县、安徽颍上县等多个贫困县开始复制实施。

牧原集团乘风而进，陆续在全国 23 个国家级贫困县和 15 个省级贫困县投资发展，目前累计投资金额超过 50 亿元，提供就业岗位近万个。

内乡县余关乡黄楝村曾经是贫困村。牧原集团于2009年在该村投资建设了30万头规模的养殖场，吸纳贫困户进场就业，带动该村及周边贫困村民近百人，户年均增收5万元。同时，牧原又出资数百万元扶持该村建设新农村社区，全村集中居住，享受良好的公共服务。目前，该村已成为我国首批"最美乡村"，河南首批"最美乡村"。当地农民为感谢牧原公司，把社区命名为"牧原兴盛社区"。

牧原式"花样扶贫"

多年来，秦英林以扶贫为己任，千方百计帮助群众脱贫致富，可谓花样百出。

一是基金扶贫。2017年3月，在中国证监会的政策指导下，由牧原集团主导，并联合部分上市公司、金融机构、社会资本创新扶贫方式，设立中证焦桐扶贫产业基金。注册资本2亿元，基金规模不超过50亿元，首期拟为20亿元，该基金拟投向832个国家扶贫开发工作重点县和集中连片特殊困难地区县，专注于投资贫困地区企业以及能为贫困县提供产业协同的企业，通过产业引导和龙头企业发展带动扶贫，增强贫困地区的造血能力，带动地方经济发展。

目前中证焦桐已与内乡县、镇平县、桐柏县达成战略合作意向，并对各贫困县的10余家企业进行了走访和尽职调查，下一步将整合多方资源帮助企业快速发展。

二是合同种植扶贫。牧原集团与南阳想念食品合作，与贫困户签订小麦高价收购合同。牧原集团提供种子、肥料和保险等资源，"想念"向农户提供收割服务，解决贫困户粮食销售价格上不去的问题。现已带动2000个建档立卡贫困户，辐射小麦种植 10000 亩，户均年增收 1000 元左右。

三是高效农业扶贫。牧原集团投资 4200 多万元，引进以色列先进技术，建设现代化蔬菜温室大棚，出资金购买种苗、肥料等生产物资，聘请技术人员指导生产，对贫困户实行包棚生产，大棚获得收入实行五五分成。贫困户可在没有任何经营风险的情况下实现脱贫致富，现已带动建档立卡贫困户 200 余户，每户年增收 1.5 万元。

四是就业扶贫。牧原集团在贫困县投资建场，招聘员工时优先吸纳贫困人口，对贫困户没有学历、年龄要求，只要有一定劳力都接收。劳动力较好的经免费培训将其转化为现代养猪技术工人，劳动力弱的安排在门卫、卫生员等公益岗位上，集团尤其欢迎贫困户家的大学毕业生，对他们开启免面试绿色通道。这些贫困户的子女入职后每年可增收 5—7 万元，实现"一人工作全家脱贫"。此方式仅在内乡县就带动 500 户贫困户增收。

记者走访了内乡县瑞东镇董堂村贫困户董景颜。40 岁的董景颜和妻子都属于一级残疾，家中还有个两岁幼女，日子过得十分艰难。牧原集团接收他为场区卫生员，平时就负责维护场区卫生，试用期月工资 3000 元，转正后还有提升空间，并享有五险一金和节假日福利。考虑到其妻需要照顾，公司免费提供单间让他把妻子接来同住。董景颜对当下状态十分满意，"很轻松就把钱挣了。这么大的公司，有保障，以后就是我的靠山了！我现在正攒钱呢，准备把家里的房子收拾一下，也把日子过到人前去。"

五是对口帮扶。牧原集团在内乡县对口帮扶樊岗村、马沟村两个贫困村。两个村庄的贫困户已经全部加入聚爱合作社，通过金融扶贫实现脱贫。同时，公司优先为有劳动能力贫困户提供就业岗位，自愿到公司上班。并且，公司为方便父母接送孩子上下学，将马沟小学周边的土路硬化为水泥路，还为学生购买生活、学习用品，给贫困户家庭的学生提供助学金。2017 年，两村无一学生因贫辍学。

　　在一次电视演讲中，秦英林说："让企业强大发展、基业长青的DNA就是企业责任、国家责任和社会责任。"他还说："财富的积累聚合社会八方资源，财富不属于个人，也不属于企业，而是属于社会。"

　　多年来，秦英林及牧原集团用于扶贫的捐资累计达1.1亿元，他用实际行动诠释了他关于责任和财富的理念。人们坚信，有秦英林和他率领的牧原集团的助力攻坚，牧原所覆盖的全国12个省31个市67个县的1000多个村的脱贫致富工作定将硕果累累！

苗绣拓宽致富路

黄烈敏　黄前生　田相儒

在武陵山区的苗乡山寨，提到"松桃苗绣"，人们便自然而然地想起松桃苗绣公司董事长石丽平。在贵州松桃县，松桃苗绣公司名声远扬，是贵州省级扶贫龙头企业，而经石丽平女士帮助和扶持过的贫困群众连她自己也无法计算清楚。她是这样评价自己的："我是大海里的一滴水，非常渺小，我所做的事情都是我力所能及的"。

在保护和传承"松桃苗绣"的时间里，石丽平把"松桃苗绣"从边远的苗乡山寨推广到了全国，使其走向了世界，为苗乡姐妹闯出了一条脱贫致富的好路子。

建立苗绣公司　搭建致富平台

生为苗人，长在苗寨的石丽平，对自己的民族有着深厚的感情，特别是苗家妇女祖辈传承下来的刺绣技术，对她有着非常大的吸引力。从小耳濡目染，使她在三四岁时就学会了拿针配线。后来，石丽平对苗绣的技艺已不满足于家中老人所传，而是遍访名师，潜心学艺。通过反复专研和试验，她掌握了苗族传统刺绣的多种技法，并形成了自己独树一帜的艺术风格。

自公司成立以来，就把提升苗绣技艺、发展苗族手工刺绣作为开展脱贫攻坚的重要抓手，实施了苗绣培训项目。以就业增收为目的，在全县28个乡镇（街道）开展了苗绣技能培训。通过培训，使许多学员在培训的现场就与企业签订了合作协议，走上了致富的道路。

以牛郎镇松江村为例，该村拥有苗族刺绣、织布、纺纱等深厚的文化传统手艺，但一直以来以传统种植为主要收入，自苗绣公司成立以后，公司为了帮助边远贫困村寨尽早脱贫致富和在家留守妇女就业，派出技艺娴熟的苗绣大师现场授课，使该村50多名妇女足不出户实现家门口就业。

创业之初，石丽平的公司仅有3名绣娘。在贵州后发赶超的浪潮中，随着"绣娘"计划等一系列惠民利民工程的实施，2017年，石丽平的苗绣民族工艺产业已带动了4000多人就业，而这4000多绣娘中绝大多数都是返乡人员、留守妇女和贫困群众。

在众多返乡就业的绣娘中，有一位叫田应芝的贫困群众，石丽平对其印象特别深刻。她原是一个推三轮车卖水果的小商贩，连自己的房子都没有，属典型的贫困户，在返乡就业、培训学习刺绣后，自己勤奋努力成为一名刺绣能手。如今，田应芝已有了自己5层楼的小洋房，还开上了私家车。

深入贫困苗寨 培训刺绣人才

2009年初，为了加大对偏僻边远贫困村寨的帮扶力度，松桃苗绣公司对远离县城80公里的牛郎镇松江村留守妇女进行了为期3天的刺绣培训，妇女们学习热情很高，在一户农家小院里就挤了50多人。

经过培训，她们在家里一边刺绣一边照顾家庭，实现了农忙抓生产，农闲搞刺绣。

2017年，70岁的贫困群众龙小兰看着自己绣出的花鸟作品说："我以前只会平针，绣一些简单的图案，没想到现在老了，还能学到新的针法。"一旁的田应芝介绍，苗绣针法丰富多变，多数苗族妇女只会用平针绣一些简单图案，如果要用到回针、网针、滚针等复杂的针法绣一些精美复杂的图案，没有几个人能做到。

苗家姑娘刺绣忙

在苗乡随处都可以看到这样的刺绣场景

只有实现了经济效益，保护和传承才可能更好地继续。在公司生产房，只见纺车转动、飞针走绣，数十名苗家女正忙着刺绣。1985年出生的苗族姑娘田茂媛是公司招进来的第一批员工，属贫困户，而今她的技艺已达到民间大师级别。她说："小时候跟母亲学过，本来十分热爱这门手艺，由于上学不得不放弃，毕业后就外出打工挣钱去了。后来听说家乡成立了苗绣公司，我就回来加入到公司的苗绣队伍，除自己加工刺绣外，还承担公司培训新学员的任务。"

"在公司不仅把丢失10多年的手艺捡了回来，还能挣钱，一个月工资3000多元，比打工强多了，我要一直干下去。"田茂媛笑着说。

传承，是创造财富的基础。44岁的苗家女田应芝从15岁开始学苗绣，2010年成为该县唯一的省非物质文化传人。从公司组建至今已带了300多个学员。

田茂媛对笔者说："年轻人都出去打工了，没人愿学苗绣，眼看后继无人。是公司给我搭建了平台，能够让我为苗族文化的传承和弘扬做一些事情。"

几年的民族文化传承之路让石丽平意识到，开发苗族文化商品，不仅是传承民族文化，更是扶贫开发的大事业。

为了传承好祖先留下来的手工技艺，从 2008 年起，石丽平开始探索将传统工艺与市场相结合，将传统元素与现代时尚相结合。她自筹资金创建松桃技能培训学校，设置纺织、刺绣、研发（体验店）、产学研销一体化的传习基地。为搞好传承、培训，采取走出去、请进来的方式，先后为湖南花恒县十八洞村，湖南麻阳苗族自治县，云南屏边苗族自治县，重庆彭水县，贵州石阡县、万山区等地培训苗绣人才，无论是田间地头，还是农户村寨，处处都留下了她的身影，9 年来共培训 4000 余人，为苗乡姐妹闯出了一条脱贫致富的好路子。

打造苗绣品牌　开创脱贫新路

在地处武陵山腹地的松桃苗族自治县，苗绣以古老的巫楚文化、民间故事为内容，以精美的构图、夸张的色彩和多样的绣法著称，是苗族文化不可或缺的重要组成部分。

在采访中石丽平告诉笔者："其实我一开始没想通过苗绣赚多少钱，只是想尽自己的一点微薄之力把我们苗族的这项技艺传承下来。没想到现在会发展得这么好。"

贫困群众每当谈起石丽平就会竖起大拇指激动地说："如果没有石丽平当初带领我们进行苗绣加工，哪有今天的变化。"

从 2008 年开始，石丽平一心搞起了苗绣产业。在她看来，只有自己先富了，才有能力去帮助别人。通过近 9 年的努力，从一无所有，到千万资产，这其中包含着她的心血和汗水，虽然创业十分艰辛，但她从没有动摇过扶贫帮困的决心。公司成立以来，她先后捐资 60 多万元帮助贫困村修乡村公路，帮助 17 名贫困大学生完成学业，对品学兼优的贫困生给予了扶持。为了帮助家庭困难的妇女做苗绣，她上门送材料、教技术、回收产品。2016 年，石丽平

松桃梵净山苗族文化旅游产品开发有限公司培训刺绣人才现场

响应"千企帮千村"国家政策的号召，与该县九江乡地安村达成帮扶对子，以手工产业带动当地村民脱贫。

在别人眼里，石丽平的这种行为是无法理解的，但她却对别人说："我自己富了不算富，大家富了才是富"。是啊，怎样才能让大家都富起来呢？石丽平就大胆提出一个想法，为什么不能以公司的名义动员农村的广大妇女帮公司加工呢？他们不但可以依靠自己的劳动增收，还可以为社会创造价值，这不是一举两得吗？2010年她扩大了自己的苗绣种类。仅在2011年，她就吸纳了1200多名农村贫困妇女加入苗绣。

石丽平用自己的实际行动，树立了一个企业家"扶贫帮困"的光辉典范。

倾情帮扶三十载

——农业部^①定点帮扶湖北咸丰结硕果

卢亚　胡晓华

倾情帮扶三十载，花香自会迎风来。从 1986 年开始，农业部就定点帮扶湖北省咸丰县。三十年来，农业部立足咸丰"资源大县"的实际，提出了立足优势资源开发、走产业化发展的思路，先后为咸丰县注入帮扶资金近 3 亿元，落实发展项目近 100 个，让咸丰农村经济快速跨越解决温饱、调优结构、科技强农、产业互融"四个阶段"。

三十年　誓叫咸丰农村经济大发展

三十年来，农业部始终坚持基础设施先行，为产业化发展搭建平台，相继实施了一大批交通、通信、能源、电网、水利、生态建设项目，全县基础设施条件大幅改善。特别是恩黔高速公路建成通车，黔张常铁路开工建设，全县公路里程达 2691 公里，是 1986 年的 6.5 倍，从此咸丰山不再高、路不再远。农村公路通畅率、农村饮水安全普及率、光纤网络村村通覆盖率、城乡供电可靠率均达 100%，完成了从无到有再到全覆盖的"蜕变"。

三十年来，农业部始终坚持和践行"发展的最终目的是为了让人民过上

---

① 2018 年 3 月，农业部改为农业农村部。

好日子"的理念，先后投资近 1 亿元，在全县实施 17 批农村清洁能源建设项目，大力推进以"五改三建"（改路、改水、改厕、改厨、改房，建家、建园、建沼气池）为核心的生态家园建设，建成沼气池 5.7 万口。同时集中精力、集中投入，实施了"温饱工程""丰收计划""主导产业培植"等一系列项目，培育扶持农业产业化龙头企业。截至 2017 年，全县从事农产品加工企业达 200 多家，农民专业合作社达 851 家，农产品加工产值与农业产值比率达 1.2，农产品综合商品率达 50% 以上。全县贫困人口由 1985 年的 27 万人减少到 6.2 万人，年均减贫 6700 余人。

2016 年 2 月，农业部在湖北恩施市召开的定点扶贫工作座谈会上，部长韩长赋铿锵有力地作出了"不脱贫、不脱钩，不脱贫、也担责；一诺十年，五年助力攻坚，五年力度不减"的庄严承诺。为抓紧、抓实精准帮扶贫困对象，一年多来，农业部各级领导干部先后多次带队深入咸丰县，进村入户看望贫困群众，指导精准脱贫工作。农业部办公厅、人事司、计划司、科教司、加工局等 20 余个司局单位深入咸丰县一线，倾力帮助制定产业发展规划，指导和对接定点扶贫项目。农业部经管司、市场司、种植业司、畜牧业司党支部发挥各部门自身优势与咸丰县 4 个贫困村开展联学共建对口帮扶，并下派农业部优秀干部长期驻扎贫困村，为咸丰产业发展凝心聚力出主意、想办法、办实事，为脱贫工作作出了积极贡献。

聚焦特色产业　推动产业链提档升级

长期以来，咸丰县在农业部的指导下，坚持结构调优、规模调大、效益调高的原则，推进特色产业规模化、特色化、品牌化发展，形成了茶叶、畜牧、蔬菜、林果、烟叶为重点的农业产业格局，全县特色产业基地面积达 87.8 万亩，人均特色产业基地突破 3 亩。

县里因地制宜确定了发挥高海拔冷凉气候及良好生态优势，积极巩固湖北乌龙茶第一县、争创白茶第一县的发展目标，与社会资本合作建立白茶产业发展基金，打造"500亩良种繁育基地+5000亩核心示范基地+50000亩标准种植基地+5家现代化加工厂+50000平方米白茶交易市场+50万公斤订单+50000人长效脱贫"的发展模式。

2016年秋冬种期间新发展安吉白茶、黄金芽等为主的优质茶园2.4万亩，全县茶园无性系良种普及率达90%以上。在农业部畜牧司、种植业司的帮助下，引进上市公司金新农集团、一号食品集团以及安吉茶叶集团、启森集团，共同打造特色产业全产业链，意向投资额20亿元。

"衷心感谢政府和农业部对我们的支持和帮助。"咸丰县唐崖镇彭家沟建档立卡贫困户冉启维一直以来与妻子在外务工谋生，2013年的冬天，一场突如其来的车祸使冉启维的妻子再无劳动能力。从那以后，冉启维只好在家务农维持生活。

在被识别为贫困户后，冉启维通过县里补助2万元，自筹资金1万元，开始了生猪养殖。虽然起早贪黑，苦心经营，但不科学的养殖、防疫，导致猪大量死亡。了解到农业部畜牧司定点帮扶彭家沟村后，冉启维又燃起了希望。通过畜牧司提供的帮扶资金2万元，他又自筹资金2万元，在畜牧司干部的帮助设计下，冉启维科学地修建了配置沼气池、能繁母猪保暖床的环保型猪圈。通过参加镇里的养殖培训，他认真地学习畜牧站同志对生猪防疫的春防与秋防。在畜牧司的精确指导下，冉启维家出栏的生猪达到70头，现存栏生猪80头，还有10头能繁母猪，年收入达到6万元。

据了解，咸丰县因地施策确定了以黑猪保种开发为基础，以土法养土猪的生态养殖和特色猪肉制品为方向，引进龙头企业着力打造黑猪良种繁育+标准化养殖+精深加工+市场渠道开发的全产业链建设思路，依托山区资源禀赋，探索推广以"土法养土猪"为标志的黑猪养殖"16113"模式（每户建设一栋 100 平方米标准化猪舍，养殖 6 头恩施黑母猪，年出栏肥猪 100 头，配套 1 个小型沼气池和 30 亩种植消纳面积），整合投入资金 600 余万元，新建生猪"161"模式 200 户，户均带动增收约 10000 元。

打造农产品公共品牌　助力精准脱贫攻坚战

一直以来，全县特色农产品标准化建设滞后，缺乏精品名牌，资源优势难以有效发挥，许多农产品处于"一流质量、二流品牌、三流价格"的尴尬境地。近年来，在农业部的指导下，坚持品牌化建设与标准化生产相结合，特色农产品质量安全水平及市场竞争力同步提升。依托农产品优势资源，制定管理办法，扎实推进品牌整合，"唐崖"公共品牌打造有序推进。连续四年组织开展了唐崖茶开园节活动，2017 年 4 月 16 日"唐崖"农产品公共品牌发布会在河南郑州举行，并组织茶企参加第十届中国武汉茶业博览交易会、首届中国国际杭州茶叶博览会，通过这些活动推介扩大"唐崖"公共品牌认知度与美誉度，拓展"唐崖"农产品市场竞争力，全力打响"唐崖"农产品公共品牌。绿色食品加工产业集群加快发展，年产值突破 20 亿元，种植业产值实现 16 亿元，畜牧业产值达 15.18 亿元，特别是茶叶实现产值 11.7 亿元，带动茶农增收 6.5 亿元。

唐崖镇龙潭坝村 7 组村民覃建咸夫妇在广东打工，每年的采茶季节都会回家乡采茶。2012 年，唐崖镇钟塘一带发展白叶茶，覃建咸抱着试试看的心理种了两亩，没想到白叶茶价格昂贵，鲜叶价格每斤百元左右，2017 年茶叶鲜叶实现销售收入 2.38 万元。

无独有偶，看到家乡发展乌龙茶，34 岁的高乐山镇沙坝村贫困户齐桥也于 2008 年回乡打理 10 亩茶园。"这几年，这里农民种茶一点不难，有公司和政府帮做技术指导，还一起解决肥料和销售的问题，这收入可不比在外面打工差。"齐桥说，眼下县里正在推

高乐山镇官坝村贫困户正在采茶

行标准园建设，对提高茶叶的品质非常有帮助，他说，"我要积极参加相关培训，争取茶叶达到更好的品质。"

聚合各方力量 促进一二三产业深度融合

农业部一直注重抓项目落实，助力特色产业发展与脱贫攻坚。今年以来，积极对接各司局及省州农业主管部门，不断调整项目清单、细化产业项目、整合扶贫资金，在原有普惠项目的基础上，咸丰县新申报落实中央财政现代农业发展资金、现代良种工程、有机肥替代化肥、畜牧发展资金、茶树良种繁育基地建设、耕地保护与提升、农业生产救灾资金等农业项目 20 余个，资金总额近亿元。同时，积极探索特色产业发展与精准扶贫利益联接机制，指导聚龙合作联社挂牌并开始实质化运营，探索开展"政银企"合作担保模式（县财政出资 500 万元、合作社成员出资 500 万元成立农业信贷担保基金，按照 1∶10 放大比例，与邮储银行联合开展"精准扶贫贷"，目前邮储银行已给 35 家合作社发放贷款总额近 9000 万元），依托聚龙联合社开展新型经营主体培

农业部下派挂职咸丰县委常委、副县长祁睿（左二）指导贫困户种植茶叶

训 700 多人次，并成立"唐崖"农产品电商运营中心，带动贫困户 4777 户。

在农业部的帮扶指导下，咸丰县依托境内资源优势及生态优势，以特色产业基地为支撑，大力推进休闲观光农业建设。成为全国首个"有机农业示范基地县"、首批"休闲农业与乡村旅游示范县""绿色食品原料标准化生产基地县""全国重点产茶县"和"全国生猪调出大县"。

精准扶贫永远在路上，在农业部三十年多来的倾情帮扶下，咸丰人民实现了"三个跨越"：一是实现了由极度贫困到解决温饱的跨越；二是通过农业结构调整，实现了由解决温饱到部分富裕的跨越；三是助力决战深度贫困、打赢脱贫攻坚硬仗，实现从局部富裕到即将全面小康的跨越。

"彝海结盟"续新篇

——广东佛山对口四川凉山扶贫协作显真情

孙雨才

做好东西部扶贫协作和对口支援，是国家的重大战略，也是先发展地区帮助后发展地区的责任担当和光荣使命。广东省认真贯彻习近平总书记重要讲话精神，按照中央的决策部署，主动对接四川省凉山州，续写了脱贫攻坚战的新"彝海结盟"。

新"彝海结盟"

2016 年 8 月，广东省委书记胡春华赴四川省凉山州，出席粤川东西部扶贫协作工作联席会议，提出通过调整对口关系、扩大帮扶范围、派驻扶贫协作工作组、加大资金支持力度等措施，全力推进扶贫协作，确定由佛山市"接棒"珠海对口帮扶凉山州。

2017 年 5 月 12 日，胡春华书记又要求佛山引导社会力量广泛参与，助推凉山打赢精准扶贫、精准脱贫攻坚战。作为经济先发地区，佛山有责任、有义务做好对口凉山扶贫协作工作，决不让一个兄弟民族掉队。

佛山市接到对口帮扶任务后，立即按照人员、机制、资金"三落实"要求，迅速选调优秀人员组成工作组，2016 年 8 月底到达凉山，一次性划拨援助资金 1.1 亿元。2016 年 10 月 27 日，两市州签署《广东省佛山市、四川省凉山州东西部扶贫协作框架协议》（《"1+8"框架协议》），2017 年 6 月 28 日，佛山市 5 个区与凉山州 11 个县签订结对帮扶协议，携手推动对口扶贫协作迈向全面战略合作。

凉山处处"佛山村"

根据粤川两省确定的"让贫困群众住上好房子、过上好日子、养成好习惯、形成好风气"要求，佛山集中精力做好贫困群众安全住房建设，全力打造民生工程、民心工程和民族团结工程。2016 年 9 月，佛山驻凉山工作组进驻后，立即深入实地调研，现场勘察安置点，与当地政府部门研究确定 36 个安全住房安置点，明确 2016 年援建安全住房 1869 户，其中：易地扶贫搬迁 875 户，"彝家新寨"和藏区新居 882 户，临界贫困随迁 112 户。到 2016 年底，仅用半年时间就建成 30 个"广东佛山新村"。

申果乡达布村地处越西县东南部的高寒边远山区，距离县城 82 公里，平均海拔 2800 米，是个典型的彝族聚居村，辖区面积 8.9 平方公里，交通不便，环境恶劣。全村总户数 179 户 772 人，在国家及省、州易地扶贫搬迁政策支持及广东（佛山）对口凉山扶贫协作资金援助之下，申果乡达布村实施易地扶贫搬迁。集中搬迁安置点位于南箐乡新华村，集中安置 63 户（全部为建档立卡贫困户，共 314 人）。

从远离县城 80 多公里，生存条件恶劣、生态环境脆弱、资源承载能力差、基础设施薄弱的高山上搬到离县城不到 10 公里的南箐乡新华村，越西县政府坚持做实、做细群众基础工作，坚持群众自愿的原则，引导群众易地移民搬迁，科学规划选址。

为确保搬得出、稳得住、可发展、能致富。按照"户户有产业、人人有收入"的原则，结合居住地的资源条件，依托安置点的资源禀赋，结合农户自身实际，通过转租原居住地的土地重点发展经济作物、设施农业；设立村级发展基金，大力推进村级集体经济，培育生态观光农业、乡村旅游、家庭手工作坊等小产业集群。鼓励贫困农户以入股或参与就业的方式获取收益，拓展农户增收渠道。搬出大山，换个新环境，认识和接受新事物、新观念，彝

广东省佛山市帮扶四川省凉山州越西县申果乡达布村建设的易地扶贫搬迁"佛山村"

族贫困户也转变了"等、靠、要"和安于现状、听天由命的苦熬思想，开始自力更生、创建美好新家园的全新生活。

截至 2017 年 6 月底，2016 年的援建住房已完成投资 1.19 亿元，占总投资的 99.7%，已完工住房 1758 户，占总户数的 94.1%。2017 年 1.1 亿元年度援建资金已全部划拨到 11 个贫困县，1054 座援建住房全部开工建设，完成投资 5785 万元，占总投资的 52.6%。

"三策"发力稳定脱贫

要更好推进精准扶贫、精准脱贫，除了"建好房子"外，关键还要在产业合作、劳务协作、人才支援方面精准聚焦、精准发力，增强贫困地区自我发展能力。佛山市以现代农业为突破口加强产业对接。2016 年 10 月，两市州签署《农业部门农业产业合作框架协议》，佛山 5 家农业龙头企业与凉山农业企业签订合作意向书。当年 12 月，佛山积极协调凉山州作为特别区域加入"粤桂黔农业产业联盟"，参加第二届粤桂黔名优农产品食品展示博览会。2017 年

5月12日，"凉山—佛山现代花卉产业园"项目落地建设。6月28日，佛山农业考察团到凉山州考察，签约5个合作项目，协议金额2.1亿元。以"爱不停步·五彩凉山之旅"活动为载体，深化文化旅游协作。

2016年10月，两市州签署《对口扶持合作凉山州旅游发展框架协议》，共同打造精品旅游线路和品牌，并精心筹划凉山资源专场推介会。目前，佛山已组织2000多名游客到凉山旅游，多家旅行社正推出各具特色的凉山旅游产品。

以劳务协作助推贫困群众就业增收。2016年11月，两市州签订《劳务合作协议书》，组织30家企业到凉山开展劳务协作，1740名求职者与佛山企业达成了就业意向。2017年5月，佛山再次组织15家企业到凉山开展劳务协作，1196人现场达成就业意向。与此同时，佛山积极推动扶贫协作向教育、人才培训、医疗卫生等领域合作拓展。

手拉手奔小康

2017年6月28日，佛山11个村（社区）与凉山11个村集中签订结对帮扶协议，给予每个结对村帮扶资金3万元。在这批结对村中，就包括习近平总书记2012年12月考察的佛山市顺德区北滘镇黄龙村。黄龙村曾是一个发展较慢的村，近年来，黄龙村落实总书记关于加快发展的指示精神，经济社会得到较快发展，2016年全村工业产值约4.9亿元，村民人均纯收入达1.7万元。黄龙村积极加入到携手凉山贫困村共奔小康的行列中，结对帮扶凉山州雷波县箐口乡小海村，利用本村家电企业众多的优势，组织企业到凉山对接，把点对点精准扶贫做实做好。

禅城区紫南村给结对村送去"五大礼包"，包括：全部包销结对村生产的土豆，帮助村里20—45岁有意愿外出务工人员到紫南村的企业工作，每年定期选派两名地干部互派挂职，对村里考上大学的学生每人给予一次性5000元奖励，并对村里60岁以上老人给予补助。

全民帮扶

广东省与四川省、佛山市与凉山州积极互动，驻凉山工作组"前方指挥部"与佛山"大后方"紧密互动，形成了"前后方互动、全方位帮扶、多领域协作"的生动格局。

2017 年 4 月，佛山传媒集团派出调研组深入凉山实地调研，通过全媒体视角，再现历史上凉山人民为中国革命作出的不可磨灭的贡献，真实展现凉山群众的现实生活状况，并到市内各区开展系列推介活动，在全社会形成了对口帮扶凉山的行动自觉和社会氛围。出台《发动社会力量对口帮扶凉山州工作方案》，明确开展 5 大对口凉山扶贫协作"爱心项目"，主要包括圆梦行动、学前教育"三送"行动、"温爱到新家"行动、"心愿树"专项行动、旅游扶贫行动等，得到了社会各界的积极响应。据不完全统计，截至目前，民营企业家、公益机构代表及市民首批捐款捐物折合价值约 2280 万元，应前方指挥部所需捐赠小家电 2410 套（新迁户每户一套，每套含电磁炉、电热水壶、电饭煲各一个）。

2017 年 6 月 7 日至 8 日，国务院扶贫办党组书记、主任刘永富赴四川凉山州调研指导广东佛山东西部扶贫协作工作，对广东、四川两省对口扶贫协作工作给予充分肯定。

佛山市用"绣花功夫"推进精准扶贫，与凉山州携手打造全国样板。下一步，佛山市将加大村村结对帮扶力度，把佛山发达村的发展理念与凉山彝族村的思想观念对接，逐步扩大村村帮扶结对规模，推动佛山经济发达村与凉山贫困村"携手奔小康"。

快马加鞭不下鞍

——国家电网公司定点扶贫工作纪实

周艳

2017年9月14日，一场特殊的无偿捐赠仪式在湖北省宜昌市举行，国家电网公司价值4.37亿元的236个村级光伏扶贫电站在现场的热烈掌声中完成交接。自此，宜昌市长阳土家族自治县、秭归县、恩施土家族苗族自治州巴东县及神农架林区（简称"三县一区"）的236个建档立卡贫困村每年将会多一笔约19万元的固定收入。这是国家电网公司参与定点扶贫、积极实施"国网阳光扶贫行动"的又一力作。

2017年9月14日，国家电网公司向湖北"三县一区"的236个村集体捐赠光伏扶贫电站

22年，官田村的巨变

巴东三峡巫峡长，猿鸣三声泪沾裳。从巴东县城出发，沿着连会车都很困难的狭窄山路驱车2个小时，终于到达位于神农架山脚的沿渡河镇官田村。大山巍峨，连绵不绝，守住的是世间对淳朴品质的赞美，困不住的是山民对幸福日子的向往。在这个拥有8个村民小组、270户人家的山村里，仅贫困户就有134户。

寒来暑往，这条进村的路，这条扶贫的路，国网人一走就是22年。1995年，国家电网公司（原电力工业部）牵手"三县一区"开展定点扶贫工作。从此，一颗初心永不悔。2013年，帮扶对象新增青海省玛多县，国家的谆谆重托更甚，百姓的殷殷期盼更高，国网的社会责任更大、帮扶措施更多。其中最令人称道的，莫过于"国网阳光扶贫行动"之三大工程。

"村里我记得是1987年才通电的，通了电家里也没什么电器，一盏瓦数低的灯泡吊在房屋上方来回晃，找个东西还是灯下黑。""后来村里逐渐有了冰箱、洗衣机、空调，可是电压不足啊，同时使用的村民一多，就跳闸了，我们经常投诉。""2016年3月电网改造了，现在好了，想咋搞电力都供得起，老都老了，我们还享福了。"……官田村口上了年纪的老人，边晒着来自国网的"阳光"，边抽着烟卷，一缕缕升腾的烟雾后面，是一张张沧桑而幸福的笑脸。

老人们口中的"电网改造"，就是三大工程中由国网投资206.37亿元实施的村村通动力电工程。村组的变压器增加了，电缆线加固了，入户线更换了，普及了智能电表，村民再也不用担心用电问题。这个改善了村民基本生活条件的工程，在官田村落地并不容易。

"这个村是难度最大、投入最多的，我们投了大概七八百万。山高路远，电力设备只能靠人力运送，光电线杆就用了几百根，三轮车一次只能运一到两根，可想而知困难有多大，国网人顶住了压力，从春暖花开到秋高气爽，从骄阳似火到银装素裹，一年时间全部竣工。"说起当时的建设过程，沿渡河镇供电所副所长杨军连依然动容。

村村通动力电工程改变的，还有贫困村产业发展的可能和脱贫致富的希望。

夕阳红养殖专业合作社60岁的理事长谭志炯，前几年没睡过一个囫囵觉。200多头猪，需要大量饲料。受困于供电容量不足，仅能购买1500瓦的小型加工设备，还只能等到夜晚11点之后排班开工。"白天用电量大，一开工全村就跳闸了。晚上还得提心吊胆，在烧了四五个电动机后，我摸出规律了，往往是一边加工一边看灯泡，灯光只要一开始变暗，就赶紧关掉机器，要不肯定跳闸。机器功率小，每小时只能加工200来斤，晚上得忙活四五个小时。"

2017年3月，电网改造工程竣工。4月，谭志炯就去购买了一台13千瓦的新设备，720斤玉米18分钟能加工完，在睡上安稳觉的同时，养殖规模扩大到了500多头。此外，合作社以高于市场价2角的价格收购村民玉米，吸纳十几名村民就业……国家电网公司为产业发展插上了翅膀，带着更多贫困群众翱翔。

玉米加工机，烘干机，官田村的设备越来越多；凌峰生态养殖，木瓜产业，官田村的产业越来越多。村村通动力电，让农村市场的消费越来越广，更让贫困村的产业发展越来越旺。"我们的收入越来越高，算算账，今年脱贫一点问题没有！"村民们信心满满。

国网人的"大胆"与执着

"我们将在国家电网公司的扶持下，进一步激发内生动力，在脱贫致富奔小康的征程上，撸起袖子加油干，发愤图强，再接再厉，共筑我们的'中国梦'。"2017年，这封来自神农架林区落羊河村的感谢信，带着全村92户村民的心意，到了国家电网公司董事长、党组书记舒印彪面前。

2016年，国网公司在帮扶的五县（区）建成7座集中式光伏扶贫电站，每年产生扶贫收益约700万元，直接为5000多名贫困人口提供稳定、可持续的脱贫资金保障。2017年，国网更是大胆创新帮扶方式，为湖北"三县一区"的236个建档立卡贫困村各建设一座200千瓦光伏扶贫电站，并无偿捐赠给村集体。这便是三大工程之中的定点光伏扶贫工程。

村级电站成本低、占地少、并网易、贫困户受益比例高，这也是国网有此举措的初衷。4.37亿元、236个贫困村，点对点的精准帮扶，凝聚的是国网人的心血。在建设上，国网只有一个理念：确保交给村集体一个质量过硬的放心工程！在管理上，国网构建了运维单位、村集体、总包单位三级运维服务体系，确保电站发电具备25年以上稳定收益，确保扶贫收益精准到村、精准到事、精准到户、精准到人。

付出换来的，是每座电站每年大约19万元的收益，是村支书带领群众发展的勇气，是贫困群众脱贫致富的"获得感"。

国网人向秭归县贫困村集体代表移交电站钥匙

在长阳土家族自治县磨市镇多宝寺村，大伙儿都说村支书覃启艳的"胆子"越来越大，做事越来越有魄力了：号召大家发展瓜蒌种植，维修村内基础设施，关注贫困家庭，资助贫困学子上学……像是变了个人。覃启艳嘿嘿一笑，扬了扬手机，随后向记者展示"宝贝"：原来是"光e宝"手机客户端远程监测，国网系统可见，236个贫困村村支书也可见，每天的发电量和发电收益一目了然，运营情况实时掌握。"国网这么'大胆'直接捐给村里，这就是底气！"他补充说，"有了这笔钱，村里也好为村民做事；村民们也高兴，需求能得到及时回应。"

覃启艳的话已得到验证。4月电站并网发电以来，发电10万多度，按照湖北0.98元/度的电价，村集体收益已有10多万。收益由村委会按照民主程序进行分配。2016年，多宝寺村试种了100多亩瓜蒌，苦于缺少资金，一直搁置。有了这笔钱，今年，村里放手成立了民福瓜蒌专业合作社，扩大了种植规模。

贫困户杨明浩，正在认真地和国网人学习电站维护要领，村里设置了5个公益性岗位，他作为其中一员即将上岗。贫困户刘祖安，家里两个病人，还有一个学生，自己身体也不是很好。光伏收益让他实实在在有了"获得感"：前不久，家里种的两亩多瓜蒌支架倒了，村里用光伏收益每亩补贴1500元；女儿读大二，村里用光伏收益资助了5000元；还用光伏收益购买了一头母猪送过来……

236个贫困村、19万元年均收益、22个春秋，国家电网公司独辟蹊径，用爱和智慧走出了一条富有行业特色的扶贫开发之路，向定点帮扶的贫困地区送出了一份"大礼"，帮助3万多户、近10万名建档立卡贫困人口脱贫。

光伏电站接网工程是三大工程的最后一个，同样硕果累累：投资32亿元，完成国家光伏扶贫计划安排的2.8万个村级光伏电站接网工程；截至2017年8月底，国网经营区域内光伏扶贫项目累计接网容量9003兆瓦，项目收益惠及138.5万户家庭。

定点扶贫路上，国网人一直都在。1995—2016 年，国家电网公司在五县（区）共投入资金 1.944 亿元，实施项目 421 个；2015—2016 年，国网投入 1340 万元参与"百县万村"活动，在湖北"三县一区"实施安全饮水工程 34 个，解决 1.7 万人安全饮水问题；"十二五"期间，国网投入 4699 万元，2016 年投入 1905 万元，在五县（区）建设特色产业基地 88 个；2016 年，在神农架林区和青海玛多县投入 120 万元实施"救急难"行动，帮助因病致贫和突发意外的贫困家庭……

玛多的巍巍高原凝视着国网人的热诚，神农架的莽莽林海吹动着国网人的牵挂，三峡库区的滚滚浪花翻腾着国网人的决心，八百里清江的秀丽碧波映衬出国网人和贫困群众共同的希望。为了五县（区）2020 年圆梦小康，国家电网公司快马加鞭不下鞍！

碧桂园：一个民营企业的扶贫情怀

周艳

作为中国较大的城镇住宅开发商，碧桂园集团董事局主席杨国强绝对算个"另类"：他很神秘，不接受媒体采访，也不出席各种热闹场合，却从不缺席 2772 名贫困学子人生路上的重要节点；他总穿大一号的西装、不修边幅，却秉承赤子之心，成为民营企业家扶贫教育创新的典范；20 年来，他和女儿杨惠妍及碧桂园集团为全社会捐款累计超过 33 亿元，获得过 7 次"中华慈善奖"，却从不锣鼓喧天地宣传，一句"平常事，平常心，尽公民责任"足矣。

2017 年，已过花甲之年的杨国强更忙了，"冒傻气"的行为更多了，捐赠

5个亿参与"美丽乡村建设"项目、牵头捐赠1个亿支持"光明扶贫工程"……
碧桂园集团在扶贫领域的足迹踏得更深。镌刻在集团总部大楼外的企业文化
宣言"希望社会因我们的存在变得更加美好"，诠释着这位民营企业家不一样
的情怀。

一样的牵挂不一样的爱

　　杨国强出身贫寒，18岁之前没穿过鞋，因获得了政府几块钱的助学金才
免于高中失学。这段经历让他对回报社会、对教育扶贫情有独钟。

　　1997年初，杨国强带着100万元支票走进《羊城晚报》社，称要捐资设立
"仲明大学生助学金"，并委托报社负责发放这笔助学金。同时，他提出两个
要求：不能让任何人知道是他捐助的，与被资助者签下一份《道义契约》（注：
被资助者有能力后，一定要回报社会）。此后，每年都有100万元如约到账，
2006年开始每年增加到200万元。

　　直到10年后，《瞭望东方周刊》记者以"感动更多人投身慈善"为由说
服了杨国强，这个秘密才最终揭晓。如今，20年过去，9131名优秀贫困学子
获得了资助，他们走向了世界各地，更可贵的是学会了奉献爱心、回报社会。
至今，《道义契约》模式在慈善领域备受推崇。

　　从此，杨国强坚持教育扶贫的想法一发不可收。2002年，身家5个亿的他
捐出2.6亿元，创办了纯慈善、全免费的全日制寄宿中学——佛山市顺德区国
华纪念中学，集中优势教育资源，为全国各地"最优秀、最贫困"的少年提供
高中教育，学校承担学生在校所有费用，并提供助学金直至学生完成学业。

　　每年，杨国强个人投入国华纪念中学的资金超过4000万元。相对于金钱
投入，还有一样更难得：虽然集团员工连他的面都见不上，他却能常常抽出
时间与这些孩子们座谈，孩子们的毕业礼、婚礼等重要场合，他都会出席。
这些付出，让他成为孩子们口中令人尊敬的"杨爸爸"。

国华纪念中学

仲明助学金发放仪式

2002—2017 年，国华纪念中学共接收了 2772 名处于辍学边缘的学生。因为国华，他们得以追求梦想，成为各行各业的精英人才。而以奉献社会为终身追求，是他们在国华学到的最重要一课。

"我不忍看天地之间仍有可塑之才因贫穷而隐失于草莽，为胸有珠玑者不因贫穷而失学，不因贫穷而失志，方有办学事教之念。"这是国华纪念中学校内石碑上的一段刻文，随着碑文一同落下的还有杨国强贴地而行的谦卑——落款仅为"创办者"。为人低调的他，所作所为却都是大手笔，丝毫不低调：

2007 年，碧桂园集团出资 5500 万元创办了全免费的国良职业培训学校，10 年来，累计出资 1.3 亿元，资助 14466 名农村籍退役军人接受职业培训，并走上工作岗位；

2008 年，碧桂园集团让汶川桑坪中学 1700 多名师生妥善实现大转移，并成功异地复课，成为中国首例；

2013 年，碧桂园集团出资 4.5 亿元创办了全国唯一对贫困生全免费的大学——广东碧桂园职业学院，除教授技能外，对学生的人格培养也是学院的重点目标之一，首届 290 名毕业生就业率达到 99.66%；

2012 年 6 月，碧桂园集团开始探索将职业教育课堂搬到村子里，开展"送技术技能下乡培训项目"，派驻工作人员长期驻扎；

2017 年，杨国强捐款 1 亿元启动"惠妍教育助学基金"，为顺德区内因贫困而上不起学的孩子提供帮助；

......

跟随国家扶贫开发历程，杨国强创造了无数善举，同时让无数善举闪耀着智慧的光芒。从《道义契约》到国华纪念中学，从碧桂园职业学院到农村职业教育培训，几十年坚持教育扶贫创新的经验，让他在"扶贫必扶智"方面贡献卓著，被评价为"民营企业家教育扶贫创新的典范"。

"2015 中国消除贫困创新奖""2016 年全国脱贫攻坚奖奉献奖"是对杨国强及碧桂园集团充分的肯定。而对于这位集团掌舵者来说，未来的路更值得思考，正如他对碧桂园职业学院校长刘惠坚的要求："学校办得好不好，我只有一个检验标准，你是否愿意把自己的孩子送进去。"

"小村"故事多

在顺德区，碧桂园总部大楼格外显眼：无论楼外楼内都长满了茂盛植物，恍若置身在森林中。这是杨国强的大胆尝试，生态、绿色、环保，又充满奇思妙想。他对前沿和时代的敏锐嗅觉，对新事物的接受能力可见一斑。这种思维也深深渗透在他的产业扶贫实践中。

故事一：2009 年，广东省委、省政府创造性地提出"规划到户、责任到人"的扶贫双到政策。碧桂园集团积极贯彻落实，杨国强选定了交通闭塞、坡陡沟深、污水横流、条件恶劣的英德市树山村作为碧桂园帮扶的第一个点。"不想些特殊的办法，这个村不好脱贫。"于是，5900 万元来了，扶贫"五子登科法"解决了全村房、路、水、电、网问题；"借本你种，卖了还本，赚了归你，再借再还，勤劳致富"的先进产业扶贫理念来了，一年保、两年带、三年推的承诺让村民的心活了……如今，碧桂园改善民生与发展生产并举的

树山村绿色产业扶贫项目实景

"绿色产业扶贫模式"，让树山村完全变了模样，别墅成群、山清水秀，村民过上了让城里人羡慕的好日子。

故事二：碧桂园社会责任部现有20多人，可依旧觉得人不够用。从2010年开始，杨国强便带领这个扶贫团队在广东建成14个社会主义新农村，并派遣12名工作人员长期驻扎农村，与村民同吃同住。张进锐、孙科、刘刚、杨力、杨晓均、蓝兴华、梁时……一个个普通的碧桂园员工，用爱和毅力做着不普通的事情。2011年11月11日，孙科和刘刚在树山村双双迎娶了自己美丽善良的新娘，在热爱的扶贫事业面前，完成了自己的人生大事。"'授人以鱼不如授人以渔'，践行碧桂园扶贫理念，为广东3年精准脱贫打赢脱贫攻坚战，我们无怨无悔！"

故事三：在2017年6月30日广东扶贫济困日，碧桂园确认捐赠5亿元，按照广东省委省政府建议，全部用于帮扶省重点贫困村创建社会主义新农村示范村，将精准扶贫与美丽乡村建设结合起来，最终实现后队变前队。现已确定用于清远市英德市的贫困村，碧桂园扶贫团队又全部扎进了农村基层。

说起集团和主席的"扶贫故事"，社会责任部员工滔滔不绝，从落实"双到"政策到参与东西扶贫协作，广西田阳央律村、广东饶平幸福新村、佛冈县生水塘村、怀集县下帅乡、四川马边及甘洛等一个个村，都烙下了碧桂园的印记，在独特扶贫理念的引领下，走向充满希望的明天。

我的中国梦

让每个人都有人生出彩的机会，是杨国强最朴实的梦想。敢想，还要敢做，而他，真的做到了。

作为一家以房地产为主营业务，涵盖建筑、装修、物业管理、酒店开发及管理、教育等行业的国内著名综合性企业集团，碧桂园充分发挥优势，在就业扶贫上也不遑多让：20 年来，直接提供就业岗位 5 万多个，间接创造就业岗位逾 20 万个；对经过职业培训的贫困人口予以倾斜，首届碧桂园职业学院毕业生中，有 11 位月薪过万元；并对 40—50 年龄段人员给予特别关注。

2017 年全国"两会"，杨国强继续带来《关于推进职业教育发展助力扶贫攻坚的提案》。这是他连续第 4 个年头为职业教育呼吁。

······

对于碧桂园大量的持续不断的扶贫投入，最不喜欢被贴"富豪"标签的杨国强付之一笑：我只是社会财富的掌管者，把钱花在有价值的地方才能突出钱的价值。诚如他所说，碧桂园大部分公益项目都是长期且具策略性的，由扶贫干部亲自负责。2013 年，集团更是专门成立了国强基金会，进一步规范公益事业管理，确保投放资源得到有效利用。

投入金钱，投入人力，更投入感情，杨国强及碧桂园集团一刻不停歇地在投入、在思考。"我曾经一无所有，我知道贫困是怎么一回事。得益于国家的改革开放，我有了今天的事业，让我有能力帮助别人……希望更多社会同仁，在力所能及之时，参与到扶贫大业中，帮助贫苦的农民兄弟共同实现中国梦！"

这是属于杨国强及碧桂园集团的扶贫情怀，这是一个民营企业家的中国梦。

2018

"生命禁区"绽放的格桑花

——辽宁省推进"组团式"医疗援助西藏那曲工作纪实

张津津

那曲，地广人稀，高寒缺氧，被称为"生命禁区"。21位白衣天使从相隔4000公里的辽宁来到这里，用无私奉献与仁心仁术，融化了生活在这片雪域高原上饱受病痛折磨的患者心中的"坚冰"，成为他们心中最美的格桑花。

2016年"银川会议"以来，辽宁省在素有"世界屋脊的屋脊"之称的西藏那曲地区开展"组团式"医疗援助任务，紧紧围绕加快那曲地区卫生事业发展的目标，统筹规划、创新思路、突出重点，就妇科、儿科、普通外科、急诊等8个重点科室开展包科工作，并签订帮扶协议书，确定长期发展规划、年度任务目标和具体措施，在保障群众身体健康、提升那曲医疗卫生整体水平方面起到了积极推动作用。

倾情援助　成效显著

"要是没有陈大夫，我哪能像现在这样健健康康的。"说起辽宁来的陈英汉大夫，次仁依旧十分动情。几年前，处于更年期的次仁子宫大出血，情况非常危急，当地的医院不具备实施手术的条件，此时次仁的情况已经不允许转院到拉萨了。正当家人焦急万分时，陈英汉大夫为她进行了手术。"术后我恢复得很好，很快就能下地干活了，陈大夫真是我的救命恩人。"次仁激动地说。

在那曲县，对危重病人开展生命大"营救"的辽宁大夫还有很多。在那曲人民医院流传着一个为婴儿换血的"传说"，"传说"的主人公是中国医科大学附属盛京医院小儿急诊急救内科主任医师李玖军。

2016年8月15日，担任那曲县人民医院儿科副主任的援疆医生李玖军像往常一样带着医护人员例行查房，发现藏民米琼家刚刚出生12天的婴儿出现了意识状态不好、呼吸不规律的状况。他立刻对这个胎龄只有33周、体重不到4斤的早产儿进行详细诊断，凭着多年的儿科急诊急救经验，他初步断定，孩子患上了高胆红素脑病。这种病可能导致核黄疸，危及生命，即使存活下来，孩子发生脑瘫、癫痫、智障的可能性较高，唯一的办法就是对孩子进行全血置换，将孩子体内过多的胆红色素换出去。

时间就是生命，来不及片刻犹豫，李玖军立刻决定为孩子全身换血。他通过外周动脉抽血、外周静脉输血的方式，同步同量置换了200毫升血液，历时两个小时的换血手术，随着一声清脆的啼哭，孩子的手术宣告成功。整个手术过程中，李玖军大夫一直很平静。

但李玖军知道，这台手术有多大的风险，他身上担着多大的责任。"早产儿血流动力学不稳定，换血速度不能过快，否则很容易出现休克、心力衰竭、脑出血等并发症，还很容易出现感染。但是为了救孩子，我必须得冒这个风险。"李玖军表示。在李玖军的带领下，医院设立了新生儿重症监护病房，并先后开展了肺泡表面活性物质治疗早产儿呼吸窘迫综合征、硬膜下穿刺治疗婴幼儿

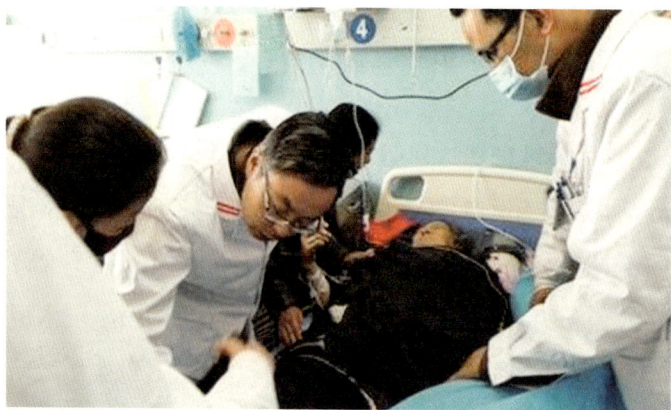
"组团式"援藏医疗队在那曲

化脓性脑膜炎等 11 项新技术，使那曲地区新生儿危急重症的急救能力达到自治区先进水平，住院患儿的总死亡率从 3.6% 下降到 2.8%。

截至 2018 年，辽宁省已经累计派出两期共计 49 名医疗骨干专家奔赴那曲人民医院开展"组团式"医疗援助工作。累计诊治急诊患者 5.6 万人次，下乡巡诊诊疗 527 人次，开展各项手术 671 台次，专题讲座 390 次，开展临床新技术 53 项，远程会诊 86 次，科研立项 8 项，发表论文 2 篇。积极打造的微创外科治疗平台达到国内先进水平，自治区首个分子病理实验室也已经启用。

倾囊相授　打造一支带不走的队伍

2016 年 8 月 9 日，在那曲地区人民医院，一场别开生面的"师徒见面会"正在召开，辽宁 21 位医疗专家与那曲地区的 30 名医护人员"结"成了师徒关系。

"想在那曲地区培养一支专业医疗队伍源于一次抢救失利。"李玖军说。在他来那曲的第二天便接到了抢救一名危重症病人的通知，可当他气喘吁吁地

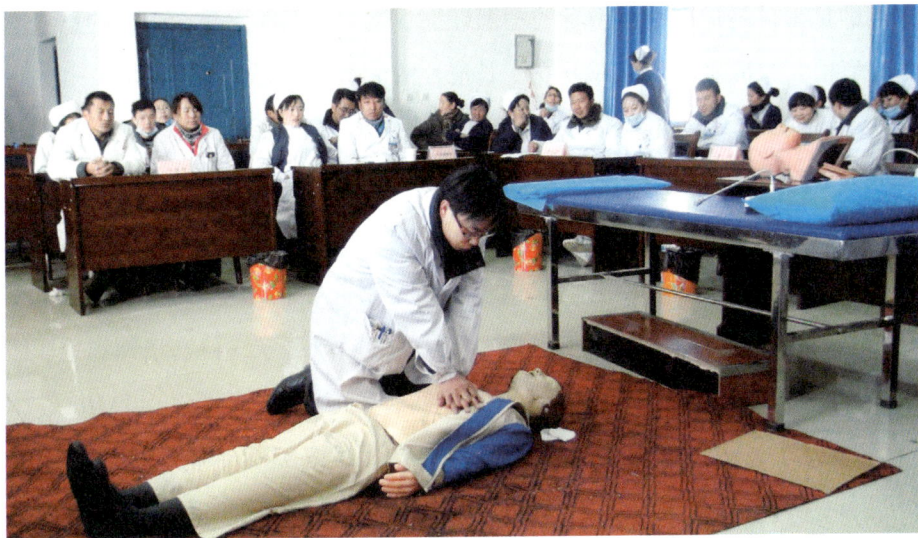

辽宁专家对那曲大夫进行培训

跑到抢救室时，病人已经抢救无效死亡了。"当地许多医护人员的心肺复苏技术不过关，气管插到胃管里，没有有效的心外按压，错过了急救的最佳时机。"说起这件事，李玖军依旧痛心疾首。从那时起，李玖军便决定和"组团式"援疆医疗团队为那曲地区打造一支合格、专业的医疗团队。

"以前我没有独立完成白内障全复明手术的经验，援藏医生唐孟苏来了之后，手把手地教我们，现在我也能独立完成这项手术了。"藏族医生米玛卓玛说，那曲属于藏北高原，紫外线强烈，白内障患者比例很高，但是在这之前那曲没有医生能够独立完成白内障手术，由于得不到及时有效的治疗，牧民因为白内障恶化失明的比例很高。"现在牧民们听说我们医院能做白内障手术后都很高兴，预约的手术已经排得满满的。现在白内障患者的致盲率大大降低了。"米玛卓玛高兴地说。

"给病人吸痰，第一次一定要放在气道里，千万不要放在嘴里，口腔里细菌多，很容易造成肺部感染……"在那曲地区人民医院的外科病房里，藏族护士们层层围住辽宁大夫陈晶玉，听她讲授如何对重症患者进行护理。

"危重症病人的护理工作一直是我们的弱项，陈老师手把手教我们，现在我们的护士都是护理重症患者的一把好手，这对我们医院建设自己的重症监护室有很大的帮助。"外科病房护士长尼片的话里充满对老师的感谢。

一年来，辽宁省"组团式"医疗队，始终秉承着"接地气、跟形势"的理念，以"教、学、会、用、传"为目标，因地制宜、因人而异开展多种形式培训。辽宁省的医疗专家与那曲地区人民医院45名业务骨干组成"一对一""一对多"的帮带关系，采取"师傅带徒弟""专家带骨干"的形式手把手进行重点培养。81名受援地区医疗卫生管理和技术人员赴辽宁进修、培训和挂职锻炼，帮助受援地区打造出一支带不走、留得下、能干事的医疗人才队伍。

"在辽宁援藏医疗队的支持下，那曲地区人民医院还要重点完成ICU、脑外科和心血管3个重点科室的建设，力争用4年左右时间将医院建成集医疗、教学、科研、预防、保健于一体的藏北三级甲等综合医院。"那曲地区人民医院副院长索朗央金说。

经过一年的"传帮带",麻醉科的洛桑旦能够独立完成小儿麻醉;骨科的尼玛能独立完成椎体骨折固定;外科的益西平措能独立进行腹腔镜手术……

"辽宁专家组克服困难,帮助那曲开展医疗援助工作,帮助那曲打造出一支能力过硬的队伍,我向同志们表示感谢。"那曲地委书记松吉扎西对辽宁"组团式"医疗援藏小组的工作给予高度评价。

阻断贫困的代际传递

——国机集团对口帮扶四川省广元市朝天区教育扶贫纪实

王斌

习近平总书记在党的十九大报告中明确提出要"注重扶贫同扶志、扶智相结合"。

四川省广元市朝天区，位于川、陕、甘三省交界处，扼秦陇入蜀咽喉，北依秦岭，南俯巴蜀，东枕米仓，西接陇地，素有"秦蜀锁钥""秦蜀重地"之称。然而古时的军事重地，却在今日的经济发展中略显尴尬，作为国家扶贫开发工作重点县，朝天区辖9镇、16乡、214个行政村，总人口21万，其中贫困村64个，贫困人口9222户、31627名，贫困发生率高达13.45%。

2015年，朝天区被国务院扶贫办确定为中国机械工业集团（简称国机集团）定点扶贫县区，国机集团董事长任洪斌在实地调研朝天区扶贫工作后指出"教育是阻断贫困代际传递的根本所在，我们要将'发展教育脱贫一批'作为国机集团面向朝天区扶贫开发工作的重点之一"。3年米，国机人脚踏实地，持之以恒，将扶贫与扶志、扶智紧密结合，用央企职工的热心、爱心和责任心来做教育扶贫，以务实行动推进造血式精准扶贫，结出了累累硕果。

麻柳刺绣出深山　针针绣出奔康梦

麻柳刺绣作为蜀绣的分支，发源并流传于秦巴山区一带，2008年列入"国家非物质文化遗产"。由国机集团出资，通过培训使当地留守贫困妇女掌握麻柳刺绣的基本技能，再将国机元素植入麻柳刺绣图案中，所有绣作由国机集团按市场价格统一收购，赠送给海内外的客户、嘉宾和友人。以这种方式，既帮助贫困人口通过劳动增加收入、脱贫致富，又宣传和弘扬了麻柳刺绣这一国家非物质文化遗产，展现了国机集团响应国家战略、创新扶贫工作、践行社会责任的央企本色。

"刺绣扶贫"已在重点帮扶贫困村鱼鳞村成功启动，集团总部面向贫困户首批采购价值近 10 万元的刺绣作品，所属企业相继下单采购，鱼鳞村成立了麻柳刺绣专业合作社，18 名贫困留守妇女参与刺绣产业，人均增收近 5000 元。

在 2017 年初世界达沃斯经济论坛期间，麻柳刺绣作品作为"国礼"由国资委主任肖亚庆亲手交给了论坛主席施瓦布先生，这种刺绣扶贫的模式得到了施瓦布主席的高度评价。

奖励基金圆梦想　顺利迈入大学门

王娟是朝天中学一位刚毕业的高三贫困学生，2017 年以 589 分考入陕西师范大学，在高兴之余却多了几分惆怅，高昂的学费让一个风雨飘摇的家庭，再染上了一层风霜。

2017 年 8 月 20 日清晨，班主任的一席电话，让王娟重燃了希望。国机集团设立"广元市朝天区国机教育扶贫奖励基金"，每年出资 50 万元，奖励全区品学兼优、家庭贫困的高中毕业生、在读高中生、初中毕业生以及投身教育扶贫事业、关爱贫困学生的优秀基层教职工。

基金设立以来，全区已有 251 名贫困学生和 20 名基层教职工受到奖励和表彰，奖励标准为全区有史以来最高，很大程度上减轻了贫困学子的经济负担，鼓舞广大教职工以更加高涨的热情投身教育扶贫事业。王娟以优异的成绩拿到了 1 万元奖金，顺利迈入了大学校门。

职教扶贫改命运　一技之长助脱贫

现实中，不少贫困家庭的子女因学习基础较差，初中毕业就进入社会务工，如果后续教育跟不上，没有一技之长的他们依旧摆脱不掉贫困的命运。而职业教育是解决这一问题的有效途径，通过学习掌握焊接、汽车维修、机械加工、建筑施工等专业技能，增强自我发展能力，这些未能接受高等教育的青年群体也能够实现稳定就业和增收致富。

国机集团借力所属德阳安装技师学院职业教育资源优势，每年面向朝天区定向招收贫困户子女（应往届初高中毕业生，中途辍学者视同具备相当文化水平）入学接受免费职业教育，学校为学生提前购置好崭新的被褥、床单及基本洗漱生活用品，让贫困新生实现"背包入住"；每名贫困生享受学费全免政策，在校期间住宿费、管理费、书本费、实训鉴定费等各类费用由国机集团承担；集团为每名贫困生发放助学金，连同国家助学金、"雨露计划"等各项补助，实现每人在校期间月均生活补贴近 800 元，极大减轻贫困家庭就学负担；贫困生毕业后学院负责安置就业，对优秀毕业生国机集团所属企业优先录用。

这一职教扶贫模式的特征概括为三个"零"：入学低门槛，力争"零遗漏"；在校全帮扶，实现"零负担"；毕业保就业，确保"零失业"。通过免费职教扶贫，实现"培养一名学生，掌握一门技能，脱贫一户家庭"的精准扶贫目标。截至 2018 年，全区近 150 名贫困学生到德阳安装技师学院免费就读，通过一年多的扎实学习，部分优秀贫困生已到国机集团所属企业开展实习。"原来我的家庭情况很不好，像我们这样的家庭经济状况，根本就没有机会出来学习。

来校学习一年以后，我对未来有了新的想法。学到一技之长后，不仅能解决就业，还能为家乡建设作贡献。"这是在德阳安装技师学院学习的周怀山的肺腑之言。

与此同时，国机集团通过资金支持，委托区人社局对近 500 名贫困劳动力完成种养殖技能培训；依托德阳安装技师学院培训中心，面向全区 25 个乡镇的贫困劳动力，采取送训上门的灵活方式，分批次开展免费创业技能培训，让贫困劳动力具备在家门口创业增收的能力，至今已连续举办创业技能培训班 12 期，培训近 800 名贫困劳动力。

硬件条件得改善　教学质量显提升

宽敞明亮的教学楼、塑胶防滑的体育场、干净整洁的食堂……过去，这些只能在电视中看到的画面，如今在朝天区鱼洞乡偏僻的小学变成了现实。"学校过去是土操场、破楼房、泥土路，条件简陋不说，尤其是下雨天，因为山路陡峭，道远路滑，学生基本就都停课了。通过'幸福国机小学'的建设，现在的校园环境堪称全区一流。"校长郑小林一脸的幸福和自豪。

由国机集团出资，集团所属中机中联工程有限公司规划设计，鱼洞乡小学得以系统修缮和改造。集团所属苏美达轻纺公司向全校学生

德阳安装技师学院的贫困新生在宽敞明亮的宿舍里

捐赠"伊顿纪德"国际品牌校服，集团所属重庆材料研究院等川渝企业党团组织发动党员职工到校开展支教关爱活动，国机集团引介启明星辰信息技术有限公司教育扶贫基金会资助学校建立网络视频教学课堂，让包括留守儿童在内的贫困山区学生充分感受到国机集团和社会各界的关心关爱，共同打造"幸福国机小学"。

此外，由国机集团牵头资助，与北京师范大学教师培训中心合作，每年面向朝天区基层教职工在北师大举办2—4期专题培训班，每期学员50人、学制7天，并从朝天区基层教师队伍中选拔优秀骨干人员赴北京中小学实地跟班学习，着力培养一批名师队伍。2017年7月已先后举办朝天区语文教师北师大培训班和校（园）长北师大培训班，培训教职工100人，显著提升朝天区基层教学管理水平。

劳务协作送来了"金饭碗"

——福州定西开展劳务协作工作纪实

张津津

2017 年 3 月，在甘肃省定西市临洮县上营乡包家山村生活了 30 多年的漆生禄，参加了人生中第一次招聘洽谈会，并与福建祥龙集团达成就业协议。经过培训，他成为一名刷胶工。"我以前在老家主要是干农活，看天吃饭，收入很不稳定。现在好多了，不用风吹日晒，每个月还有 3000 多元的固定收入。"说起现在的日子，漆生禄很是满足。

漆生禄的好日子，得益于福州与定西开展的劳务协作。

定西市位于甘肃省中部，属黄土高原丘陵沟壑区，常年干旱，农业基础薄弱，属于劳动力资源大市，全市 300 万人口中富余劳动力就有 133 万。

针对这一实际，2017 年 2 月 28 日，福州市与定西市签订《东西部扶贫框架协议》。《协议》签订以来，福州市委、市政府高度重视，人社部门积极参与，多家用人单位主动担当，给予来福州务工的定西群众良好的待遇和舒适的环境，招人有招，留人有道，让定西的务工人员把福州

定西籍来榕务工人员领到了交通补贴

当作了自己的第二故乡。

据统计，截至 2017 年底，定西市输转至福州市企业有效对接就业 3300 人，顺利完成了当年的对接就业任务。定西市驻福州劳务工作管理站 10 个站全部正式揭牌成立，定西市驻福州的务工人员有了"娘家人"服务。同时，积极吸引定西市高校毕业生到福州市就业，2017 年福州市 41 家事业单位面向定西市公开招聘 50 名工作人员，37 家国有企业面向定西市招聘 105 名工作人员。

招人有招

"培训一人、输转一人、就业一人、脱贫一户"是两市《东西部扶贫协作框架协议》确定的目标。按照协议要求，"十三五"期间两市启动实施劳务协作"十千百万计划"，即福州市在定西举办 10 次劳务招聘会和建立 10 个劳务基地，为定西市培训 100 名"双师型"教师和技能培训机构管理人员；推介定西市贫困家庭高校毕业生 1000 人到福州就业；向福州市输转定西市贫困劳动力 10000 人。

2017 年 2 月，福州市在定西市举办 2017 年福州·定西"福暖陇中"东西部扶贫协作人力资源招聘洽谈会，福州市组织京东方、东南汽车、飞毛腿、捷联电子、祥兴箱包、海欣食品、中国海峡人才市场等 86 家单位参加此次招聘会，提供 137 个工种 8470 个岗位，这是福州市赴省外举办的规模最大的招聘会。

潘转红是第一批到福州务工的定西人，"之前我跟丈夫在外地打工，赚到的钱几乎只够我们两个的日常开销。现在在福州仓山区腾龙鞋业打工，底薪 3500 元，工作也不累。每个月除去花销还能攒下一些钱，我们俩打算在这边多干几年。"潘转红说。

和潘转红夫妻一起来到福州的，还有他们的老乡张国彪。"原来在老家我主要是种党参，一年的收入最多也就 1 万多元，现在在厂里一个月有 4000 多元,一年下来能收入 40000 元左右。"张国彪表示,想要把他的家人和朋友都介绍到福州来工作。

与此同时,去年毕业季的到来,福州市又组织福耀玻璃、融裕行纺织织造、福建捷联电子、香港祥龙集团、海欣食品、福州高意科技等 47 家重点用工企业 1900 多个岗位(其中 222 个为大专以上专业技术和管理岗位)到定西市开展高校毕业生和"两后生"(未升学的初中、高中毕业生)招聘活动。除了为"两后生"提供适合他们的工作岗位,福州市的企业还为他们提供继续深造的机会。

来自定西的李园园现在是福州飞毛腿公司的员工,由于家庭生活困难,高中毕业后选择外出打工。"没有接受过高等教育一直是我心中的遗憾,幸运的是,来到飞毛腿公司上班后,公司为像我这样情况的员工申请了函授班。现在我在函授班学习,2018 年就可以拿到大专文凭。"说起这些李园园很是激动。

除了在定西市举办大型招聘会,人社部门和企业还组织招聘小分队到定西市各县区、学校、乡镇、村举办专场招聘会活动和重点企业就业扶贫宣传推荐会。据统计,此次招聘活动共举办高校毕业生、"两后生"招聘会 8 场,宣传推荐会 6 场,现场达成就业意向 704 次,其中:大中专毕业生 322 次,"两后生"237 人次,残疾人 6 人,其他人员 139 人次。

留人有"道"

食物能不能吃得惯、到了福州住在哪里、孩子上学怎么解决……来福州工作之前,漆生禄的心里一直在打鼓。

其实漆生禄担心的也是福州市委、市政府所关注的。人是招来了,能否将人留住才是关键。

为此,福州市专门出台了《关于鼓励企业创建吸纳定西贫困劳动力就业

定西籍学生来福建顶岗实习

扶贫示范基地的意见》，鼓励企业为定西务工者倾情"筑家"。

　　基地也不是随便就可以创建的，需要具备以下条件：能体现对定西贫困劳动力的特殊关怀，有专门针对定西劳动力的管理服务机制，配备专门人员负责定西就业人员管理、服务和就业稳定；企业食堂能烹制符合定西饮食习惯的食品，有西北口味的面食、面点窗口，能为定西员工提供多样化选择；有较好的住宿条件，企业能提供免费的集体宿舍，人均面积不小于4平方米，单间宿舍住宿人员不超过8人，配备有卫生间、热水器和空调；有较好的薪酬待遇，试用期工资每月3000元，试用期满后，企业实发工资3000元以上；招用定西员工稳定就业50人以上。

　　符合条件的企业，将由福州市政府认定为"吸纳定西贫困劳动力就业扶贫示范基地"。创建了"示范基地"的企业，招用定西员工稳定就业超过50人，将获得一次性奖励10万元，这项政策的出台，进一步推进了福州市与定西市劳务协作。

曹发安是包家山村的一名建档立卡贫困户，与漆生禄同一批来福建打工。"公司很是关心我们，专门给我和妻子安排了宿舍，还在餐厅专门为我们开了定西窗口，让我们可以在异地他乡吃上一口家乡菜。"曹发安表示，在福州工作、生活都很好，他准备长期干下去，还打算把孩子也接到福州来上学。

祥龙集团则专门腾出一座楼作为定西籍员工的宿舍，并出资100万元进行改造，为21对夫妻免费提供夫妻房，设置专门的定西餐厅，并配备乒乓球、台球等多种娱乐设施。

"祥龙集团是福州市确定的对定西实施就业扶贫的重点企业，这是我们要承担的社会责任，我们为此感到非常荣幸。"集团人资行政总监耿自选表示，希望通过目前现有的定西员工对企业的认可，吸引更多的定西员工来祥龙集团就业。

巾帼的力量

——全国妇联定点扶贫纪实

全国妇联妇女发展部

"小巧精灵追求美满，辛勤奉献酿造甘甜。"横批："王老二养蜂场"。这王老二，就是甘肃省漳县盐井乡立桥村王金成。这两年，在全国妇联选派的第一书记高宏亮的帮助下，王老二的土蜂养殖技术越来越厉害——他养殖了90箱蜂，通过销售蜂群和蜂蜜，一年的收入达到了14万元，并带动本村25户村民成立了"立桥山村土蜂生态养殖农民专业合作社"。前不久，当全国妇联把一块金灿灿的写有"全国妇联定西扶贫示范基地"的牌匾挂在他家网店门口时，王老二兴奋地找人写了这副对联，张贴在牌匾旁边。

王老二虽养蜂多年，可以前一直是小打小闹，年收入仅仅几千元。自打妇联把第一书记高宏亮选派到村里后，王老二土蜂洋养，妇联请来了养蜂专家教他技术，并帮助他注册了商标，开了网店，还鼓励他成立了专业合作社。现在的王老二，脸上的笑容和蜂箱中的蜂蜜一样甜，身上的干劲像不知疲倦的小蜜蜂一样充沛，对他来说，好日子，还在后头！

妇联牵手贫困县

1998年，国务院扶贫办确定甘肃漳县为全国妇联定点扶贫县，2015年，又新增了贫困程度在甘肃排第3的西和县。漳县、西和县地处六盘山和秦巴山集中连片特困地区，都是国家扶贫开发工作重点县，贫困面大，贫困程度深。全国妇联深入贯彻落实党中央、国务院决策部署，把定点扶贫作为一项重要政治任务，紧扣甘肃省脱贫攻坚部署和两县实际，发挥妇联优势，用真心用真情，下"绣花"功夫，举全会之力，助力两县精准脱贫。

全国人大常委会副委员长、全国妇联主席沈跃跃同志先后深入漳县、西和县调研指导。全国妇联党组书记、副主席、书记处第一书记宋秀岩同志亲自抓、带头干，一年内就3次赴两县进行实地调研，查看扶贫手册和帮扶台账，并提出要深入推进基层妇联组织改革，发挥乡村妇联执委的作用，广泛开展"姐妹手拉手、巾帼脱贫快步走"活动。目前，两县妇联基层执委已结对帮扶18308名贫困妇女。秀岩同志多次主持召开领导小组会议，帮扶任务亲自部署、关键环节亲自协调、落实情况亲自督办，发挥了关键作用。1998年以来，全国妇联共选派18批73人次挂职扶贫干部和驻村第一书记驻县开展帮扶，为当地脱贫攻坚出实策、办实事，推动落实中央脱贫攻坚政策措施。

全国妇联注重创新扶贫方式，认真贯彻落实习近平总书记在深度贫困地区脱贫攻坚座谈会上的重要讲话精神，从2017年9月起持续派出扶贫接力小分队，深入两县贫困乡村进行帮扶。目前已派出26名干部，走访了61个贫困村152户贫困户，推动两县出台了5个脱贫攻坚政策文件，举办了66场扶贫宣讲、培训活动，建立了1个"巾帼扶贫工厂"和4个"巾帼扶贫车间"，吸纳320名贫困妇女就近就地就业。

2016年以来，全国妇联帮助两县协调落实帮扶资金物资2086万元，培训基层干部群众4200余人次，创建脱贫基地28个，直接帮扶3412名建档立卡贫困妇女实现增收，对139户因病致贫、200户因学致贫家庭实施救助。2016年，被授予甘肃省双联行动暨精准扶贫省外帮扶单位"民心奖"。2017年在甘肃省中央单位定点扶贫考核中名列第一。

小小执委大作用

妇联的优势，就是团结妇女同志，携手并肩，巾帼建功创业。在定点帮扶中，全国妇联把漳县、西和县作为深化妇联改革、增强扶贫力量的试验基地，着力指导两县深化基层妇联改革，推动村妇代会改建妇联工作。使这两个贫困县由原来的一名妇代会主任增加到一名主席、一到两名副主席、13—15名执委，使得在一个村子上，从事妇联工作的力量由原来一个人变成了十几个人的团队，形成了"上面千条线、下面一张网"的新格局。目前，两县乡村两级妇联队伍由原来的500多人壮大到7671人，增加了10多倍，极大激发了基层妇联组织活力，大大增强了帮助贫困妇女脱贫致富的力量。

为进一步发挥妇联主席和执委的作用，全国妇联对660多乡村妇联主席和执委开展了履职能力培训，深入开展"姐妹手拉手，巾帼脱贫快步走"活动，要求每位执委要与3—5户建档立卡贫困妇女结对帮扶，重点做好引导妇女树立脱贫致富信心、教会妇女一门实用致富技能、帮助妇女发展生产创业增收、组织妇女进行美丽庭院创建、做好贫困妇女关心关爱工作等工作。一位位执委，就像一颗颗火种，点燃了贫困妇女的致富信心；又像一个个领跑者，将众多贫困姐妹领上了富裕路。

新寺镇青瓦寺村杨新巧，由于缺乏农家乐的经营意识和能力，放着家乡的青山绿水只能外出打工。随着村上基础设施的逐年变好，众多游客慕名到她们家乡的贵清山游玩，在县妇联的帮助下，杨新巧的农家乐开店不到一年的时间，营业额就达到7万余元，自己净赚3万余元。作为村上的致富能人，杨新巧很快当选为村妇联主席，负责带动周边乡邻共同致富。目前，全村共有40户农家乐挂牌营业，由新寺镇妇联组织成立了"漳县贵清峡农家乐协会"，镇里还统一为各个农家乐配备了价值2万元的桌椅、被褥、消毒碗柜等设备。青瓦寺的姐妹们，让家乡的青山绿水变成了金山银山。

何芳，西和县一名普普通通的农村妇女，在基层妇联改革中，被推荐选举为稍峪乡王山村妇联主席、稍峪乡妇联副主席。2016年，她创办了巧女文化旅游有限公司，一边收购着当地的农产品销往外面，增加乡亲们的收入；一边收购了周边9个村子的玉米皮，发动老人和贫困妇女做手工编织，手快的贫困姐妹依靠玉米皮编织，足不出户每月能增收2000元。

西和县玉信花椒专业合作社妇女正在辛勤劳动

西和县兰湾村妇联执委侯发娃，在妇联帮扶下创办了养蜂合作社，她丈夫成为技术员，女儿通过电商销售蜂蜜，由此结对帮扶全村20多名贫困妇女养蜂脱贫。目前两县已有6454名执委结对帮扶建档立卡贫困妇女达到18308人。

倾力帮扶助脱贫

定点帮扶漳县、西和县，是一份重大的政治责任。自打牵手以来，全国妇联发挥行业特色，注重从根上扶贫，助推两县脱贫攻坚事业。

产业是脱贫致富的根本，全国妇联非常重视产业帮扶。根据两县发展情况围绕妇女手工、农产品、中药材等特色产业，全国妇联创建28个定点扶贫巾帼示范基地，依托基地为1万多农村妇女开展技能培训，组织基地女负责人、女致富带头人采取"基地＋合作社＋贫困户""协会＋贫困户"，教技术、提供种苗、统一销售等方式，带着贫困妇女一起干，辐射带动2227名贫困妇女实现增收。西和县大桥乡巾帼脱贫花椒基地负责人刘彩云，帮助贫困妇女发展花椒种植业，给她们种苗，教她们技术，并集中收购产品，带动 38 个贫困户走上脱贫路。

着眼市场发展，推动灵活就业。全国妇联组织手工编织专家开展订单培训，包销贫困妇女的产品，实现妇女居家灵活就业，带动 1186 名贫困妇女每人每年增收 4000 多元；组织 3 批企业家开展精准帮扶对接，帮助漳县发展油用牡丹产业，以"基地＋农户"的扶贫模式，带动 164 户贫困户，年均收入达到 9000 元以上；推动两县发放妇女小额贷款 1.7 亿元，为 5858 名妇女解决了创业资金困难；协调将两县纳入京东电商扶贫试点县，推动阿里巴巴云客服项目在西和县落地，让深山里 100 多名建档立卡贫困妇女受益，不出家门就能成为阿里巴巴云客服的员工。

推动世界的手，就是推动摇篮的手。母亲的健康，关乎全家的幸福。全国妇联针对贫困妇女因病致贫、返贫问题，投入 139 万元救助"两癌"患病妇女；帮助建立宫颈癌前病变筛查实验室，为 3000 多名农村育龄妇女进行免费检查；争取中国人寿 60 多万元，为两县 6.9 万贫困妇女提供健康保险。

此外，全国妇联还注重公益帮扶，发挥中国妇女发展基金会和中国儿童基金会的作用，募集社会扶贫资金物资 900 多万元，实施"春蕾计划""母亲健康快车""儿童快乐家园"等项目，为两县贫困妇女儿童做好事、办实事、解难事。

扶志扶智育巾帼

习近平总书记谆谆教诲，扶贫要与扶志、扶智相结合。如何让广大农村妇女改变嫁鸡随鸡嫁狗随狗的惯性思维，自立自强，创建幸福生活？全国妇联始终重视发挥妇联组织的宣传优势和组织动员优势，当好脱贫攻坚的"宣传队""发动机"，组织妇联干部走村入户、开展"巾帼脱贫大讲堂""母亲讲堂"活动等，广泛宣传脱贫攻坚政策措施，培树脱贫典型，帮助贫困群众转变思想观念，克服"等靠要"思想，增强主动参与脱贫的意识和能力。

党的十九大胜利闭幕后，全国妇联通过开展"巾帼心向党·建功新时代"宣讲活动，组织两县妇女学习习近平新时代中国特色社会主义思想和十九大精神。同时，采取"请进来"与"走出去"方式，提高妇女同胞的致富能力。组织两县乡村妇联干部、妇女骨干、基层干部到北京、陕西杨凌等地进行培训。5年来培训基层干部、贫困群众1万余人次。通过各种宣传教育培训，激发贫困地区干部和贫困群众的内生动力。

甘肃陇南市西和县兴隆镇的农村妇女杨英童，2011年丈夫不幸因病去世。面对年迈多病的公公婆婆和一双尚未成人的儿女，以及为丈夫治病欠下的巨额债务，杨英童终日以泪洗面。2013年，她家被纳入建档立卡贫困户。在扶贫干部的帮助下，她重塑生活信心，开始和乡亲们发展黑猪养殖。

2015年，是杨英童的养殖事业发生转折的一年，这年，西和县被确定为全国妇联的帮扶县，全国妇联挂职干部和县妇联负责人一起来到她家，帮助她扩建了养殖场。2016年，又协助她和河南某大型养殖企业达成合作协议，在先期试养的基础上，一次进了700多头猪仔，开始了大规模的养殖。两年多的时间，杨英童偿还了不少债务，走路的步伐也轻快起来。在她的带动下，好几位姐妹和她一起发展黑猪养殖，她们在饲料中尝试添加天麻后，黑猪的抵抗力明显提高，肉质明显改善，售价显著提升，走出了一条独特的黑猪养殖之路。2018年初，为了解决销路问题，她又在县城内开了店铺，主营黑猪肉和土鸡，并代销陇南网店农特产品。

如今的杨英童，以自己敬老、爱幼、帮贫、救困的情操受到了社会各界的赞誉，她的养殖小产业成就巾帼大事业，成为西和脱贫攻坚中的榜样。

阿里"云朵"美西和

2017年9月5日，在全国妇联的精心协调下，阿里巴巴集团"云客服"项目落地西和，并举办了第一期电商培训班。在前期报名的300多名学员中，经过各乡镇妇联推荐、摸底、筛选出 100 名文化程度均在高中以上，且有网购经验的贫困妇女和贫困家庭的未就业女大学生进行集中培训。

培训后的 100 名学员中，有 13 人自己开办了淘宝网店，65 人通过"云客服"入门考试合格后上岗，每天工作 6 小时，月工资平均在 2200 元左右。其中一名学员陈兰说道："是妇联给了我创业的机会，让我对生活有了信心，让我的孩子不再是留守儿童，我一定会更加努力工作。在电商脱贫路上，我不会落后，相信以后，我的电商一定越来越好。"

陈兰在外打工时，查出患有癌症，动手术债台高筑不说，随之也失去了工作。当时的她十分绝望，觉得生命走到了尽头。无路可走的她，迷茫地回到了家乡。当听说妇联正在举办云客服的就业培训时，她抱着试一试的态度报了名。扎实的培训让这位不甘心的农村妹学会了开网店、运营、销售、服务等一系列技能，现在的她，已经通过了阿里云客服的入门考试，正式成为一名阿里"云朵"，开了一家售卖当地特产的网店，每天的营业业务让她忙得充实而自信，她说；"只要家里有电脑，足不出户，动动手指，就能赚钱，每天都过得很充实。关键是，我还能跟家人在一起，比起之前在外漂泊打工开心多了！"在做好网店的同时，她还叫上身边的姐妹一起来做云客服，共同奋斗。这些阿里的美丽"云朵"，正在靠一根根网线改变着自己的命运。

脱贫攻坚，任务紧迫。今后，全国妇联将以乡镇、村级妇联"会改联"为改革契机，把那些有梦想、有激情、有影响力的优秀农村女性吸纳到妇联组织中来，把过去"上面千根线、下面一根针"变为"上面千条线、下面一张网"，把妇联干部的"倒金字塔"变成"正金字塔"，调动基层妇女的积极性、创造性和战斗力，让"半边天"们通过努力奋斗，打拼出精彩人生，成为全面小康进程中一道亮丽的风景线！

"干沙滩"变成"金沙滩"

——福建省倾情帮扶宁夏永宁县工作纪实

张津津

宁夏永宁县闽宁镇是习近平总书记一直牵挂的地方，是东西部扶贫协作、闽宁对口扶贫协作的成功典范。

宁夏西海固地区山大沟深、生态脆弱、交通不便，很多地方都是"一方水土养活不了一方人"。1997年，时任福建省委副书记、对口支援宁夏领导小组组长习近平提议两省区共同建设一个以福建、宁夏两省区简称命名的移民村，前瞻性地指出"这里现在是干沙滩，今后将是金沙滩"，并提出了"两年建成，三年解决温饱，五年脱贫"的开发建设思路，从此开创了全国东西部扶贫协作有组织扶贫移民之先河，开启了闽宁镇大开发、大扶贫、大发展的新篇章。

经过20年的建设发展，最初8000多人的闽宁村发展成6万人的闽宁镇。昔日天上没飞鸟、地上不长草、十里无人烟、风吹沙粒跑的"干沙滩"，变成了绿树成荫、良田万顷、经济繁荣、百姓富裕的"金沙

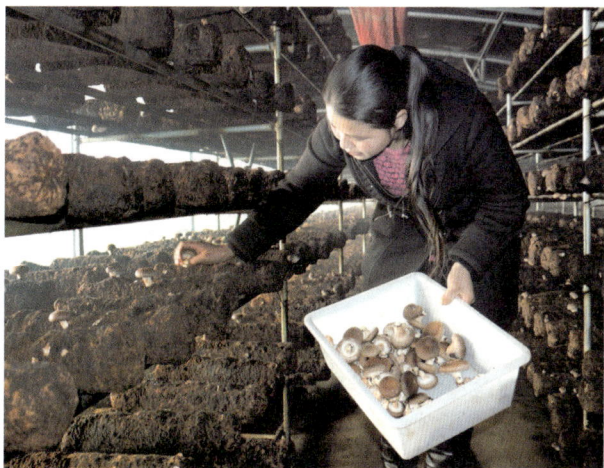

搬迁后，群众自建蘑菇大棚，作物长势喜人

滩"。全镇移民群众人均纯收入由搬迁之初的 500 元跃升到 11915 元，20 年增长了 20 多倍，从"赤贫"生活走向全面小康，过上了昔日想也不敢想的好日子。2016 年 7 月，习近平总书记再次来到闽宁镇视察，深有感触地说："闽宁镇探索出了一条康庄大道，是一个很好的经验，要总结一下向全国推广。"

产业发展是关键

1997 年开发建设初期，在福建农林大学支持下，闽宁镇培育发展起了第一个真正意义上的产业——菌草产业。如今闽宁镇已经形成了"种葡萄、养黄牛、抓劳务、建园区"的产业发展新格局，有力地支撑了农民增收。先后引进了德龙、立兰、中粮等 13 家龙头企业，种植葡萄面积 6.2 万亩，年产葡萄酒 2.6 万吨，拉动移民户均增收 3000 元以上，同时带动了文化旅游业的快速发展。目前已建成万亩草畜基地和万头肉牛养殖基地，肉牛存栏 1.6 万头，产品远销福建、广东等地，通过"政府＋龙头企业＋贫困户"肉牛托管养殖经营模式，每户每年分红 8000 元。

"以前在地里忙忙碌碌，全家年收入不过 4000 余元，现在靠种葡萄致了富。"张希贤高兴地对记者说。18 年前，张希贤一家从西吉县苏堡乡党家岔村搬到现在的闽宁镇武河村。后来村上提倡农民种葡萄，可村民对葡萄非常陌生，更别提种葡萄了。自从福建农林大学葡萄专家手把手地向山区移民传授葡萄种植技术之后，张希贤便与村里十几位村民开始带头种葡萄。第一年葡萄长出来后，一进入市场就得到认可，银川市商贩纷纷上门签订单。2017 年，张裕集团在当地收购酿酒葡萄，张希贤仅销售葡萄一项便获利 3 万余元。去年，张希贤在自家屋后又开发了半亩土地，打算扩大葡萄种植面积。小小的葡萄不仅改变了张希贤一家人的生活，也改变了闽宁镇近 5000 户葡萄种植户的生活。

同时，闽宁镇利用距离银川市仅有 60 公里、交通快捷便利的优势条件，

通过对年轻劳动力开展职业技能培训，培养出了一批高素质、高技能的产业工人，每年转移就业 8000 人，实现收入近 1 亿元，人均收入 1.2 万元。

目前闽宁产业城、闽宁扶贫产业园已完成投资 5.1 亿元，吸引一批企业入驻园区，为 3000 多名移民群众提供就业岗位。同时，闽宁镇坚持"一村一品"，发展起了红树莓、枸杞、花卉、药用蝎子等特色产业，移民增收的路子越走越宽。

激发动力是根本

20 年来，闽宁两省区坚持扶贫先扶志原则，有效地激发了移民群众内生动力，通过典型示范、宣传教育、技能培训、组织动员，引导贫困群众树立"宁愿苦干、不愿苦熬"的思想，增强战胜贫困的信心，实现了"富口袋"和"富脑袋"。

福建省每年向闽宁镇选派支教教师，培训致富带头人和组织富余劳动力开展各种职业技能培训，并安排漳州市台商投资区角美镇与闽宁镇、7 个经济强村与闽宁镇 6 个行政村建立"携手奔小康"关系。目前，闽宁镇的移民群众思想观念发生了很大变化，躺着靠国家、等着吃救济的人越来越少，涌现出了一批依靠自身努力发家致富的典型，全镇有 1000 多户家庭购买了汽车。

万军红就是其中之一。他是闽宁镇原隆村村民，2014 年开始在青岛昌盛的蘑菇种植光伏大棚里打工，几年下来积累了不少种植蘑菇的经验。2016 年万军红直接将一座大棚承包下来自己种。"之前住在旧村的时候，大家过惯了苦日子，'蹲在墙根晒太阳，等着政府送小康'是村里的常态。自从搬到闽宁镇之后，政府组织培训，教给我们技术，帮我们找工作，现在等靠要的人越来越少了，在周围群众的影响下，原来懒惰的人也开始走出家门，用双手去创造财富。"已经从当初的打工仔变成企业主的万红军兴奋地告诉记者，2017 年自己大棚的蘑菇长势很好，赚了 4 万多元。

建强组织是关键

习近平总书记指出，"致富不致富，关键看干部"。易地搬迁脱贫是一项复杂的系统性工程，政策性强、群众工作难度大，最需要党组织发挥核心作用，带领移民群众脱贫致富奔小康。20 年来，8 名乡镇党委书记都是从银川市干部中好中选优、优中选强，其中 2 名乡镇党委书记由永宁县委副书记、县委常委担任。

李双成就是其中的一位。2013 年 9 月，时任宁夏回族自治区党委书记的李建华发表在《光明日报》上题为《党员干部要以百姓之心为心》一文中讲道，"2004 年，时任永宁县委副书记的李双成主动请缨兼任闽宁镇党委书记，在任期间他带领干部群众完成了自来水管道改线工程，建设了养殖小区和菌菇基地。移民群众说，正是因为有一批像李双成这样的党员干部在困难面前撑着，带领他们干着，他们才挺过了难关。"

在村级组织建设方面，闽宁镇培养了一大批能力强、素质高、群众认可、有奉献精神的党员、大学生村官、致富带头人担任村党支部书记，一村一策整顿软弱涣散党组织，在优势特色产业集中地设置功能党小组，探索实施"支部＋公司＋农户""支部＋合作社＋农户"的党群共富联合体发展模式，建立"村两委＋互助社＋合作社＋新农村"的项目运行机制，有力带动了移民群众脱贫致富。与此同时，福建省也根据闽宁镇干部队伍建设的需要，先后选派两名干部到闽宁镇挂职，并有组织地帮助闽宁镇培训一批干部，基层党组织的战斗堡垒作用发挥明显。

闽宁镇的变迁，彰显了以习近平同志为核心的党中央对贫困地区的关心关怀，是宁夏推进脱贫攻坚的缩影，也是闽宁对口扶贫协作的有力见证。当前，闽宁镇正在全面建成小康社会的康庄大道奋力前行，在福建省的倾情帮扶下，经过各方面的共同努力，闽宁镇的明天一定会更加美好。

东西携手 江海情深

王靖生 和建伟

2018 年 3 月上旬，云南省怒江州上江乡的西红柿滞销，珠海农控集团主动伸出援手，把怒江州的西红柿运到珠海，一度引发市民抢购热潮，使得当地的西红柿收购价格从 0.1 元 / 斤上调至 0.9 元 / 斤，为当地农民挽回了一部分损失。这是珠海市支持怒江州的一个小小善举，却成为珠海市与怒江州携手开展东西扶贫协作的一个缩影。

2016 年 8 月，广东与云南两省确定由珠海对口帮扶怒江。自此双方积极对接联络，搭建平台机制，积极探索创新，全方位多领域推进扶贫协作工作，取得了良好成效。

高位推进促发展

"没想到我们这么偏僻的小穷村也会受到重视。"泸水市六库镇双米地村书记何跃激动地说。位于大山深处的双米地村，山高谷深，自然条件极差，滑坡、泥石流等自然灾害时有发生，极大制约村庄的发展，村民们祖祖辈辈过着贫穷的生活。"自从珠海帮扶怒江以来，我们村里发生了很大的变化。"何跃介绍道，2017 年珠海香洲正方公司积极与村内对接，给村民送来了产业帮扶和资金支持。

据了解，根据《珠海对口怒江州扶贫协作携手奔小康行动镇村结对方案》的要求，从 2016 年 8 月起，珠海 8 个区与怒江 4 个县（市）采取"二帮一"的方式进行结对。目前珠海市 16 个乡镇（街道）和部分国企与怒江州 16 个贫困乡（镇）

对接，珠海市 9 个村（居委会）和部分国企与怒江州 9 个贫困村实现对接。

同时，在"携手奔小康行动"中，珠海动员企业入驻怒江州，加大社会帮扶力量。目前已促成珠海农控集团在怒江州投资，引导珠海华发集团、九洲集团、免税集团、水控集团、珠海港集团等 5 家国有企业对怒江州开展产业帮扶。已落地、动工或发生实际投资的项目 8 个，总投资 1607 万元，带动建档立卡贫困人口 4551 人。泸水、福贡、兰坪羊肚菌栽培示范项目，投资 352 万元，带动建档立卡贫困群众 1411 人发展；福贡县天麻种植示范项目，投资 105 万元，带动建档立卡贫困群众 440 人发展；上江镇冬早蔬菜种植项目，投资 300 万元，冷链物流和农产品购销项目，投资 300 万元，带动建档立卡贫困群众 1200 人发展；高黎贡山猪种繁育项目，投资 50 万元；泸水市土鸡脱温室建设项目，投资 100 万元；贡山县中华独龙蜂养殖项目，投资 100 万元，带动建档立卡贫困群众 500 人发展；贡山县羊肚菌种植项目，投资 300 万元，带动建档立卡贫困群众 1000 人发展。

易地搬迁展成效

在距兰坪县通甸镇不到 2 公里的易门箐易地扶贫搬迁示范点，蓝瓦白墙的建筑整齐排列，外墙上简单勾勒着具有普米族特色的彩绘装饰，古色古香的原木大门和窗花颇具民族风情。

笔者走进贫困户熊德全家时，他正在厨房里忙着垒灶台，泥浆沙桶堆满了房间。"先垒好灶台，过几天搬进来就可以点火做饭了。"说起这些熊德全笑了起来。

而在整个怒江州像熊德全这样搬进新家的贫困户还有很多。在怒江州 1.47 万平方公里的土地上，由珠海市负责的兰坪县易门箐易地扶贫搬迁示范点、泸水市维拉坝易地扶贫搬迁示范点、贡山县腊咱易地扶贫搬迁示范点、福贡县达普洛就地改造点已经全面动工，且部分已完工并入住。1010 户 3679 名怒江人将从世代居住的高山峡谷里搬迁到适宜生存和发展的便利区域。

珠海市帮扶怒江州实施的易地扶贫搬迁项目正在建设中

从 2016 年起，珠海市对怒江州 4 县（市）每年各帮扶 1000 万元，主要用于解决贫困户的住房问题。目前珠海市负责的 3 个示范点已全面动工，其中兰坪县易门箐示范点已完成入住 51 户，另有 155 户的房屋将于上半年交付使用；贡山县腊咱村示范点正在进行基础施工；计划安置 240 户的泸水市维拉坝示范点今年年中将陆续交付使用，为该示范点配套、由珠海格力集团出资 5000 多万元建设的泸水市格力小学和格力幼儿园进展顺利，于 2018 年 9 月开学。此外，福贡县达普洛示范点按照危房改造方式解决安全住房问题，总户数为 390 户，已完成 90 余户。

劳务输出促脱贫

在 2017 年以前，每个月能收入 4000 元，对六库镇新田村苏杨杰、杨春慧夫妇来说，是个想都不敢想的数字，但却成了现实。"以前也想出去打工挣些钱，可是我和妻子都没上过学，没有技术，只能在村里种玉米，入不敷出。后来政府组织我们参加技能培训，并通过珠海市对我们的劳务帮扶，成功进入珠海香洲区一家企业工作。"苏杨杰说，现在他们夫妻俩用在珠海务工挣的钱，在泸水市买了房，女儿也转到了市里的幼儿园读书，一家人搬出了小山村，日子过得越来越好。

据了解，截至目前，两地共开展实用技术培训及创业带动就业培训 32 期，累计培训 1478 人次，其中建档立卡贫困人口 743 人；在香洲区和泸水市设立劳动力转移就业实训基地，实施订单培训、定向输送和校企合作。金湾区和贡山县联合开展"六个一百"技能人才培养，2020年前帮助贡山培养600名符合当地产业发展需求的各类技能人才。

同时针对"两后生"，即初、高中毕业未能继续升学的贫困家庭中的富余劳动力，珠海实施"双百工程"，鼓励校企合作，开展订单培养和定向输送，编制《珠海市帮扶怒江州技能人才"双百工程"培养实施方案》，对有意愿且符合条件的怒江州"两后生"，实行百分之百接收入读，百分之百推荐就业。怒江学生在珠海学习期间，免除学费、住宿费、杂费，并给予每年6000元生活补助和每年4次往返合计3200元交通补助。筹备设立对口怒江智力帮扶基金，对有意愿去珠海工贸技工学校接受维修电工和会计考证等短期培训的怒江州社会青年（建档立卡贫困户优先），免除学费、考试费、住宿费、伙食费，免费送学习用品、校服、床上用品，报销路费，安排就业。

截至目前，怒江州向珠海转移劳动力实现从无到有，2183名怒江农村劳动力到珠海就业，其中建档立卡贫困人口1106人。

为了做好劳务对接工作，珠海市和怒江州建立及完善劳动力协作和信息共享机制、实名制动态跟踪就业服务机制，签订劳动力转移就业和技能培训工作协议。怒江州成立珠海市对口帮扶怒江州劳动力转移就业工作站，并由怒江派7名干部长期驻珠海提供动态跟踪服务。在珠海建立怒江员工之家和驻珠海市劳务服务工作站、云南娘家人服务分站，珠海定向提供关爱大礼包，"圆梦计划"学历提升、"跨越山海的相会"留守儿童夏令营活动等一系列关爱服务，吸引怒江州劳动力稳定就业，主动融入珠海。

医技提升防返贫

2017年3月，48岁的管延萍来到丙中洛镇卫生院。初到丙中洛镇，这里落后的医疗环境让管延萍震惊。"这里的老百姓没有体检意识，有了病挨不住才到医院看。"管延萍说，丙中洛位置偏远，交通不便、信息闭塞，医疗条件落后，看病难的问题还没有得到彻底解决。能为当地的老百姓做些什么成为管延萍来到丙中洛镇一直思考的问题。

为了解居住在深山里的群众的身体状况，自 2017 年以来，她背着背篓、跋山涉水，送医进山已达 200 多次。散落在丙中洛高山峡谷间共有 46 个村民小组，她整整走了 4 轮，当地群众亲切地喊她"背篓医生"。经过长时间走访，管延萍协助镇卫生院逐步完善全镇村民的健康档案，对各户人家的家族病史和身体状况进行统计并录入系统。

"这几年，丙中洛卫生院配置了彩超、心电护理仪等设备，但会操作的医生非常少，临床经验丰富的医生更是匮乏。"丙中洛镇卫生院院长杨江梅说，管延萍大夫了解到这一情况后，主动与单位联系，购买书籍，对镇里的医护人员进行集中授课、重点示范、病例讨论等形式的培训。"管医生很敬业，我们都争着向她学习医疗技术。"杨江梅笑着说。

"背篓医生"管延萍是珠海对口帮扶怒江的一个缩影，自珠海与怒江开展对口帮扶以来，一年多的时间里，"怒江大夫"在"珠江大夫"的帮助下，完成了全州首例妇科腹腔镜手术、首例冠脉造影手术、贡山县首例腹腔镜阑尾切除手术；推广新技术 52 项，完成下乡义诊 10 余次，诊治和筛查患者群众10000 余人。

同时，珠海鼓励社会力量参与健康帮扶。蓝海之略医疗股份有限公司、和佳医疗股份有限公司共投入 5938.7 万元，帮助怒江州人民医院进行学科建设；制订全州结核病防治计划，开展结核病防治培训及排筛工作，举办两期"结核病防治技术培训班"，共培训 126 人，排筛 4706 人次；珠海和佳医疗股份有限公司还向怒江州人民医院无偿捐赠了一批价值 1100 万元的医疗设备。

珠江情，怒水长，一份深厚的情谊从南海之滨传递到了怒江深山，结下一份深厚的"山海情"。

证券行业的扶贫县长

韩世雄

当资本市场为贫困地区企业开了一条绿色通道后，很多企业都跃跃欲试。截至目前，有 4 家在贫困县注册的企业成功上市。

2016 年 9 月 9 日，中国证监会出台了《关于发挥资本市场作用服务国家脱贫攻坚战略的意见》，对贫困地区企业首次公开发行股票、新三板挂牌、发行债券、并购重组等开辟了扶贫"绿色通道"。

位于安徽安庆市太湖县经济开发区的安徽集友新材料股份有限公司（以下称集友公司）在 2016 年仅用 6 个半月的时间过会，8 个月就成功上市，累计募投资金达 3.4 亿多元，成为全国范围内首家受益于贫困地区 IPO 绿色通道的企业，也是安徽省截至 2018 年 8 月的唯一一家。

上海证券交易所发行上市中心总监助理、业务副总监、宿松县副县长王松青对这家上市企业很关注，也对企业短时间就上市背后的原因很清楚："太湖县集友公司的例子是不具有可复制性的，这家公司用的 2014 年、2015 年上会过审材料，只不过是正好赶上了政策刚出台，缩短了排队时间。如果按照现在的报会标准，根本达不到条件。"

身份不同，初心相同

北京、上海、安徽宿松，这是王松青这两年跑得最多的地方，北京有证监会、上海有他所在的上海证券交易所，安徽宿松则是他现在工作的地方。

现在无论去哪里，见什么人，王松青都带着两张名片，一张上海证券交易所的，一张宿松县人民政府的——安徽省安庆市宿松县挂职副县长。在别人看来，他就是证券行业的扶贫县长，是在扶贫行业中比较懂证券的，证券行业中比较懂扶贫的。

"现在宿松有两家企业报备，明年还会有一家报备，此外还会有一家创业板。"作为宿松县副县长，王松青对本地的企业上市进度了如指掌。他现在一心就想一件事，让自己所挂职的宿松县尽快能有企业享受到贫困地区企业IPO"绿色通道"政策。

"宿松是国家扶贫开发工作重点县，因此人才质量、经济基础、资源禀赋同发达地区比较差很多。"对于贫困地区企业IPO，王松青渐渐有了一种困惑——政策含金量高，但门槛也高，好政策要想落地，有点难。这也是除宿松以外所有贫困地区面临的尴尬现实。

"最多的时候，等待过会的企业有700多家，形成了'堰塞湖'，所以这个绿色通道对于所有等待过会的企业都具有很大的吸引力。"王松青告诉记者，当时打的是时间牌，只要企业注册地在国家扶贫开发工作重点县，就可以缩短排队时间，尽早募集企业发展所需资金，不错过企业发展的黄金期。

记者了解到，集友公司上市后，企业有了很大的发展，融资难度下降，融资规模扩大，融资成本降低。公司上市共募集资金净额2.28亿元，这些资金将全部投资于太湖新项目，通过产业发展支持当地扶贫工作。目前募集资金投入已经完成80%。集友公司在太湖县集友产业园建设烟标、电化铝、研发中心项目，项目总投资3.4亿元。项目建成后，通过税收增长，为当地经济发展贡献自己的力量。公司在募投项目建设期间，已间接带动太湖当地大量人员就业。截至2018年5月20日，烟标及电化铝项目新增就业242人。项目全部达到设计生产能力的产量后，可增加就业450人以上。2017年，该公司还与太湖县政府签订支持太湖县脱贫攻坚合作备忘录，2017年至2019年期间，每年提供不超过100万元资金支持5个贫困村出列。2017年度，该公司已提供

副县长王松青在安徽省黄雀畈现代农业开发公司调研特色产业基地建设情况

100万元资金助力5个贫困村出列。

"但现在不同往日，现在最快的一家企业也用了10个月。这样一来，打时间牌换来的优势就没了。王松青告诉记者，贫困地区企业上市还存在其他劣势，比如说2016年就规定注册地在贫困县的企业的申报资料要100%现场核查，且企业年度利润总额要达到一定的标准，这就又加了一道绊脚索。如果集友公司当时没有提前做准备，按照现在的标准准备的话同样不会这么快上市。"

努力找准方向，只为企业服务

为了让宿松有企业能够享受到这一政策，王松青也在四处想办法，做工作。在他的帮助下，有一家企业已经将注册地变更到了宿松县。

　　中安智创环保科技有限公司创建于 2015 年，是一家生产、销售用于环保、建筑、市政等领域设备的企业，在安徽芜湖经济技术开发区和安庆宿松经济开发区拥有两个制造基地。企业注册地原本在芜湖，为了能够享受政策，将注册地变更到了宿松县，但现在企业却向王松青抱怨遇到了一点麻烦。"我们县里的生产要素集中度不够，企业招聘不到人，只能追加五六百万元的投资，全部换成机器人生产线，且物流成本也增加一些。"王松青表示，这些都是企业享受政策红利前正在经历的阵痛。

　　王松青认为，只有支持企业做大做强，全县贫困人口稳定脱贫摘帽才有希望。

　　"要想培育一批上市企业，就要把营商环境搞好。"王松青表示，尽管很累，但看得到希望。

谱写东西部扶贫协作首都华章

孙伶伶

习近平总书记强调，东西部扶贫协作是推动区域协调发展、协同发展、共同发展的大战略，是加强区域合作、优化产业布局、拓展对内对外开放新空间的大布局，是实现先富帮后富、最终实现共同富裕目标的大举措。

北京作为首都，始终把东西部扶贫协作当作光荣的政治任务、义不容辞的责任和分内之事，树立首要意识，坚持首善标准，发扬首创精神，发挥首都优势，争创首位效益，持续强化顶层设计，持续加大帮扶力度，持续动员社会参与，持续拓宽帮扶领域，持续扩大帮扶成效，形成全方位、多层次、宽领域的大扶贫格局，为东西部扶贫协作做出了卓有成效的贡献。

顶层设计谋全局

领导机制是扶贫协作的火车头。为加强统筹领导，北京市将"北京市对口支援和经济合作领导小组"改为"北京市扶贫协作和支援合作领导小组"，把扶贫协作放到首要地位，优先安排推动工作；建立了市委书记、市长亲自挂帅，市委、市政府、市人大、市政协 8 名领导作为组长、副组长的领导小组，形成五级书记一起抓、四套班子共同抓、各级各部门协调抓的领导机制；市委市政府先后召开 20 多次会议研究部署工作，蔡奇、陈吉宁、李伟、吉林等主要领导每年带队到扶贫支援地区主动对接工作，有力推动工作落地生根。同时，成员单位从22家增加到55家，强化10个前方指挥部和挂职干部团队的扶贫协作职能，形成前方有抓手、后方有保障、前后方协同的工作格局。

政策制度是扶贫协作的四梁八柱。北京市制定实施了《北京市全面深化扶贫协作的实施意见》等30多个文件，编发《北京市扶贫协作工作手册》《东西部扶贫协作北京样本》《北京援派干部读本》，有力指导推动扶贫协作工作富有成效开展。

扶贫协作关键在于精准。北京市召开10多个座谈会，在广泛征求意见、反复讨论、形成共识基础上，制定"131"工作编制实施（工作计划，职责清单、问题清单、任务清单，动态项目库），明确责任单位、责任领导、责任部门、责任人员、计划进度和完成时限，确保将帮扶资金80%以上用于扶贫特别是建档立卡贫困人口，确保项目计划符合中央要求和脱贫需求。

为确保高效推动各项工作落实，北京市结合扶贫协作领域作风建设，开展转观念、转作风、转思路、转方法讨论，推动提认识、提速度、提质量、提效益。构建纪检监察、扶贫、审计、财政、人社等部门与受援地区协同机制，建立每月调度、每季会商、每年统筹等工作机制。积极与受援地区协商，简化程序，规范工作，确保各项工作高效运行。

全面动员聚合力

习近平总书记在党的十九大报告中指出，动员全党全国全社会力量，坚决打赢脱贫攻坚战。动员全社会力量参与，是事关扶贫协作成败的关键之举。

北京充分利用丰富的科技、人才、医疗、教育、金融、市场等资源优势，通过多形式、多渠道、多层次广泛发动，引导社会力量积极参与扶贫协作，将资源优势转换为扶贫协作的现实力量，取得了显著的成效。

为全面动员社会力量，北京市先后组织推动健康扶贫、教育扶贫、产业扶贫、就业扶贫、社会组织扶贫、文化扶贫、消费扶贫、"万企帮万村"、"互联网＋精准扶贫"等领域精准扶贫，制定了10多个指导意见，利用全媒体向社会发出了倡议书，实现最广泛组织动员，开辟最有效的参与渠道，健全最优质的服务机制，最大限度激发社会力量参与扶贫协作。

搭建社会力量广泛参与的平台和载体至关重要。北京市加快推进六大中心建设，即教育培训中心、扶贫协作研究中心、社会动员中心、文化交流中心、扶贫产品双创中心、高原适应康复中心。目前，培训中心在干部人才和致富带头人培训中发挥了积极作用；研究中心积极推进北京精准扶贫模式、区域合作等课题研究；社会动员中心、文化交流中心深入开展社会动员和文化交流工作；双创中心建立1+3+7+16的消费扶贫体系，全市消费扶贫总额超过153亿；高原适应研究康复中心投入使用，为健康扶贫和援派干部做好服务。

北京市16个区和各部门也积极行动，深入推进携手奔小康行动，实现90个贫困旗县、700多个乡镇、800多贫困村结对帮扶全覆盖。同时，推动结对帮扶向基层、各领域延伸，动员机关、医院、学校、企业、群团开展务实广泛的帮扶活动，形成了政府、企业、社会等各界积极参与的大扶贫格局。目前，北京市8000家国有、民营企业与河北、内蒙古506个村开展结对帮扶，已有3000多家社会组织直接参与扶贫协作；16个区增加帮扶资金超过10亿元，社会帮扶资金超过20亿元。

干部人才齐努力

打赢脱贫攻坚这场硬仗，就要派最能打的人。党的十八大以来，北京市选派政治素质硬、业务能力强、有奉献精神的优秀干部人才5000多人次，实现了结对帮扶旗县挂职干部全覆盖，赴受援地区助力脱贫攻坚。2018年以来，西藏、青海、新疆、内蒙古、河北多数干部人才实现有序轮换，选派干部超过2000多人次，压到扶贫一线发挥作用，成为推动扶贫攻坚重要力量。

北京市通过明任务、压责任、强考核，激发援派干部建功立业。先后印发《北京市援派干部聚焦扶贫协作的通知》《关于提高援派干部待遇的通知》《关于加强援派干部经常换培训的通知》，明确干部人才在扶贫协作中担负的8项重要职责，每年对援派干部进行全员培训，充分体现了严管与厚爱相结合的原则。同时，通过实施最严格的考核、最严格的审计、最严格的督查、最严格的监督执纪问责，确保各项扶贫协作任务高质高效落实到位。

北京市始终把作风建设摆在首位，制定《北京市关于加强扶贫协作领域监督执纪问责的工作方案》和《北京市关于加强扶贫协作领域作风建设方案》；组织扶贫协作干部观看警示片、典型案例讨论、领导干部讲党课，持续开展党风廉政教育；举办系列作风建设座谈会，查找并改进22个存在的问题；召开扶贫协作专题民主生活会，蔡奇书记批示"民主生活会开得好"。开展"庆祝祖国70周年华诞，凝心聚力打赢脱贫攻坚战"主题活动，夯实打赢脱贫攻坚的基础和作风。

为增强内生动力，北京市围绕提升技能、增强能力主旨，为受援地在京举办党政干部、专业技术人员、贫困村致富带头人培训班。2018年以来，共完成63000多人次培训。实施"四个一批"工程，在北京设立一批培训基地，在当地和北京设立一批实训基地，培育一批贫困村创业致富带头人，实施一批训后服务支持举措。在北京建立了智库，组织32位深入受援地区把脉问诊，为企事业单位转型发展解决难题。

注重典型示范引领。结合全国脱贫攻坚奖评选活动，广泛宣传挖掘我市扶贫协作和支援合作的先进事迹，涌现出了新发地、京东等扶贫先锋企业，推出张玉玺、赵金祥、张福锁、潘和永等一批先进典型，激励广大干部群众进一步投身脱贫攻坚，形成强大合力，为打好精准脱贫攻坚战营造良好氛围。如北京第8批援藏干部赵金祥，团结带领支部全体成员，克服高原反应，深入调研，谋思对策，提出了"3213"产业发展和"一带一核心"产业融合发展规划，引进大桃产业，发展藏鸡和特色高原种植，引进龙头企业，培育本地经营主体。2017年项目所在地卡如乡建档立卡贫困户专业合作社及卡如村集体共计收入368.59万元，全乡建档立卡贫困户户均增收近3000元，达到脱贫线标准。2018年与8家旅行社签订合同，带动全县农业产业调整，惠及3.1万农牧民。

资金项目强基础

资金项目是脱贫攻坚的基础。北京持续加大东西部扶贫协作资金支持力度，"十三五"期间，仅财政帮扶资金就超过260亿元。2018年至2020年，在原计划基础上新增近50亿元帮扶资金。内蒙古、河北54个贫困县，每年县均帮扶资金达到4800万元。

为提高资金使用效率，北京改变资金拨付方式，实行先行拨付。2018年第一季度，北京市2019年帮扶资金64亿元全部拨付到位，用于扶贫脱贫项目资金占比92.7%。

　　每个项目建立带贫机制，是精准扶贫、精准脱贫的核心和难点。北京市与受援地区进行了有益的探索：一是明确精准要义，即有贫困户、有联系机制、有保障措施、有资金效益、有检查评估。二是完善制度程序，制定实施了《北京市扶贫协作资金项目管理办法》等办法，明确项目生成、报批、实施、监督、验收、审计等实体性与程序性规范。三是尊重受益主体，每个项目充分尊重贫困群众和基层组织的意愿，由受援地区反复筛选、公示公告、层层把关确定。四是聚焦精准扶贫，坚持财政援助资金 80% 以上聚焦建档立卡贫困户，新增资金全部投向扶贫领域，重点向深度贫困地区倾斜，资金项目向基层和贫困村聚力。

产业就业扶根本

　　产业就业是脱贫攻坚根本之策。为推进受援地产业发展，扩大贫困人口就业，北京通过支持当地优势产业、引导企业开展产业扶贫、支持就地就近就业、拓宽扶贫产品进京渠道等方式，广泛动员引导各类企业积极参与扶贫协作。

　　2018 年以来，结合京津冀协同发展、非首都功能疏解，挖掘企业自身优势，组织数百批次产业精准对接活动，引导 1000 多家企业通过"公司＋合作社＋贫困户"等方式，开展产业扶贫、吸纳就业，积极践行社会责任。借鉴北京园区建设经验，开展园区结对共建，支持受援地农业园、工业园、科技园建设，扶持培育当地特色战略支撑产业。如民营企业家扶贫联盟先后举办了 5次村企帮扶的对接活动，河北省张家口市共计 300 余个贫困村代表与 700 余名民营企业家进行交流对接，与贫困村签订帮扶协议，聚焦建档立卡贫困户开展精准扶贫。

北京实施"扶贫优先"举措，深入推进消费扶贫。构建全民参与的消费扶贫新模式。建立了政府引导推动、市场主体运作、社会广泛参与、受援双方协同的机制，率先建成北京消费扶贫双创中心、发布《北京市消费扶贫产品名录》（1600 多个品种）、发行第一张消费扶贫爱心银行卡等，形成了 2+3+7+9+16+X，即扶贫产品双创中心和扶贫产品目录带动引领 + 线上销售、线下销售、大宗交易共建 + 扶贫产品"七进"拉动 + 政策、质量、带贫、宣传、动员、考核等 9 大体系保障 + 16 个区级分中心支撑 +2000 多个网点布局，探索具有北京特色的消费扶贫新模式。双创中心市民现场参观采购人数超过 30 万人次，北京消费扶贫爱心卡办卡量超过 50 万张，各种网络平台直播量超千万次，消费扶贫总额 140 亿元，取得了较好成效。

一人就业，全家脱贫。为促进贫困人口就业，北京建立了援受双方劳务协作机制，持续开展"春风行动"，建立就业扶贫超市。为受援地区组织 100 多场大型扶贫协作招聘会，提供 30 万多个就业岗位，促进 18.5 万人就业。鼓励引导北京快递、保安、建筑、家政、服务等行业主动对接贫困人口，优先吸纳贫困人口。如组织北京 10 多家大中型家政服务企业与贫困县签订了劳务合作协议，重点吸引建档立卡贫困人口就业。设立转移就业专项资金，对劳务输出中介机构和经纪人进行奖励补贴，助推受援地区转移就业。在结对帮扶县建立就业扶贫服务站，在龙头企业挂牌建立劳务实训基地，提升劳务协作组织化程度。

医教扶贫计长远

缺技术、大病是致贫的主要原因。要阻断贫困代际传递，就必须在教育扶贫上下足功夫。要有效防治返贫，就要从健康扶贫上着手。

　　北京拥有丰富优质的医疗资源。2018 年以来，北京市卫生医疗系统就健康扶贫积极与受援地区帮扶对接，推动与结对地区医院建立"医联体"，在远程会诊、专科建设、设备捐赠、技术培训等方面开展合作，组织 300 余批专家赴受援地区义诊。市卫健委深入开展"组团式"医疗行动，帮扶拉萨市人民医院成功创"三甲"，并建立医疗扶贫机制；支持和田基层卫生院建设，帮助 23 所乡镇卫生院达标，培训 60 名乡镇卫生院长；青海玉树州医院管理、医疗水平整体提升。在内蒙古、河北等地区推行精准医疗扶贫模式，加强筛查诊治防等系统工作，开通重大疾病转诊绿色通道，提高医疗报销比例，有效防止因病致贫、因病返贫。

　　北京市扶贫援合办会同北京人寿等单位共同推进"保险＋健康扶贫"助力脱贫攻坚行动。以青海省玉树州作为试点，为建档立卡贫困家庭的共计 12 万青少年儿童（0—16 周岁）进行免费投保，人均保额为 30 万元。北京市扶贫援合办与北京人寿、北京青少年基金会签署了战略合作框架协议，为青海玉树、新疆和田、西藏拉萨、内蒙古 7 个盟市，河北省张承保的青少年投保"大病医保"、青少年意外保险、青少年健康险、助学年金险、健康成长险等专项保险，创新健康扶贫模式，为贫困群众编织健康扶贫保障网。

　　教育扶贫是北京协作的亮丽的名片。2018 年以来，北京市近百所学校与受援地签订了结对帮扶协议，支持受援地学校硬件设施建设。组织"精准式"送教，帮助受援地搭建远程教育平台。开展覆盖小学、中学、职业教育等阶段的"组团式"教育援助，持续多年开展西藏、新疆中小学游学北京夏令营活动。继续选派优秀教师、管理团队开展"组团式"教育帮扶，开展"内涵式"跟岗培训。拉萨北京中学高考上线率再创新高，实现高考上线率 100%；玉树教育领域实现 20 余项"零的突破"；安排 1 亿元资金，支持 1 万名大学生赴和田开展支教活动，填补国家通用语言教师缺口。在北京青少年中开展图书捐赠活动，为和田中小学捐赠500万册图书。东城、西城、海淀、朝阳等利用优质教育资源，在贫困地区举办分校、加强贫困地区教师培训、选派干部组建新的管理团队，促进教师交流、学生交流等多种方式，多措并举提升贫困地区教育水平提升。

习近平总书记在十九大报告中提出"让贫困人口和贫困地区同全国一道进入全面小康社会，这是我们党的庄严承诺"。这充分体现了我们党的政治优势，体现了社会主义制度的优越性，体现了守望相助的中华传统美德，体现了先富帮后富的制度安排路径。北京将继续按照首善标准，携手受援地区，共同奔向小康，为打赢打好脱贫攻坚战增添华彩篇章。

大别山腹地的铭记

——中国石化集团公司在安徽省岳西县的扶贫实践

胡戴平

走进安徽省岳西县头陀镇虎形村，层层叠叠的梯田，依着山势，从山脚一直延伸到山顶，梯田中高山茭白吐翠，宛如一幅巨大的山水画。以前，这里的高山茭白难以运出大山，2014 年，中国石化集团公司出资 120 万元，在该村修建了一条直通县道的长 4.3 公里、宽 4 米的村级水泥路，1050 亩高山茭白对外销售的道路豁然畅通了。

"群众都称这条路是致富路。中石化集团给我们插上了腾飞的翅膀。"虎形村党支部书记王贻福说。

老区盼来"好亲戚"

巍巍大别山，绵延千余里。革命老区岳西县位于大别山腹地，江淮在此分水，皖鄂两省在此交界，是安徽省唯一集革命老区、贫困地区、纯山区、国家级生态示范区、生态功能区"五区"于一体的县份。

"松当灯，椒当盐，养猪为过年，鸡蛋换油盐"，一句民谚道出了当时老区群众生活的艰辛。岳西县在 1985 年被列为首批国家级贫困县，2000 年被列为国家扶贫开发工作重点县，2012 年被列为大别山区连片扶贫开发重点县。2014 年全县建档立卡贫困户 36367 户，110473 人，贫困村 65 个，脱贫任务十分艰巨。

从 2002 年开始，中国石化总部定点帮扶岳西县，成立扶贫机构，董事长任扶贫工作领导小组组长，制定帮扶规划。中国石化先后有 17 名干部来到岳西驻点帮扶，他们把岳西当作家乡，把老区人民当作亲人，与岳西人民建立了深厚的感情。截至 2017 年底，中国石化累计投入资金 9145 万元，在岳西县基础设施、产业发展、培训教育等重点项目上取得了突出成效。

2016 年 10 月 28 日，家住岳西县冶溪镇桃阳村金玉组的黄焰松在开车带妻儿到太湖县走访亲戚的途中意外发生车祸，一家三口被送往安徽省立医院抢救。短短几天时间花光家中全部积蓄，可是黄焰松还一直处于昏迷状态，亲属陷入筹资困境。11 月 3 日，时任中石化岳西挂职副县长黄长水在冶溪镇督查工作时得知这一消息后，立即同镇、村负责人一起与其亲属核实情况，第二天就将 5 万元救急资金打到黄焰松的银行账户。

"在我家最困难的时候，多亏中石化'同舟工程'送来了 5 万元救命钱，挽救了我一家三口的命！"黄焰松感激地说。

时任中石化岳西县挂职副县长黄长水（右）考察桑枝木耳基地

2016 年，为了响应国家民政部"同舟工程——中央企业参与救急难"号召，结合岳西新农合医疗报销和近 3 年农民生大病情况，中石化制定了《同舟工程——中国石化参与"救急难"行动实施细则（试行）》。"同舟工程"救助工作注重与国家现行救助政策相结合，以弥补救助力量不足、程序多、资金到位迟的短板，注重与脱贫攻坚政策相融合，使有产业发展意愿的贫困家庭有启动资金，着重与社会救助力量相互动，尽力放大兜底保障的及时性和有效性。截至 2018 年，中石化"同舟工程"共救助 197 户，累计发出救急资金 368 万元。

从冶溪镇到大山村，有 13 公里山路，笔者多年前曾经从冶溪去过大山，那时还未通公路，走了将近 3 小时山路，交通的短板严重制约了大山的发展。

"我们大山村在皖鄂两省交界处，是全县最偏远的村，原来交通不便，生产生活极不方便。现在路通了，出行、购物、销货都非常方便，我还养殖了 400 只番鸭，这放在以前是不敢想的。"岳西县冶溪镇大山村贫困户黄光明说。

大山村要发展，必须改变落后的交通状况，但资金缺口难以解决。中石化在得知该情况后，立即帮助解决了 50 万元缺口资金，将冶溪镇至大山村公路原路基拓宽到 6.5 米。昔日交通闭塞的大山村，如今已是外通内畅。

定点帮扶以来，中石化从改善基础设施条件入手，累计投入帮扶资金 4500 余万元，新修和改造岳西县乡村公路 435 公里，建造桥梁 7 座、水利工程 5 个，设置移民搬迁点 3 个，解决了 17 万人行路难、1.2 万人吃水难、6250 亩农田灌溉难、430 户 1600 人居住难的问题。

"授人以渔"促发展

发展产业是脱贫攻坚的根本出路，更是贫困群众长期稳定脱贫的保证。因此，产业扶贫是中石化帮扶岳西县的"重头戏"。

中石化支持建设的岳西县头陀镇梓树村红心猕猴桃基地

　　岳西县来榜镇是安徽省蚕桑第一镇，桑枝资源丰富。该镇零星分布着培植桑枝木耳食用菌的家庭小作坊，但由于资金短缺、技术陈旧等原因，生产效率普遍偏低。2016年，为了加强对废弃桑枝的利用，做大做强来榜镇的桑枝木耳产业，黄长水找到来榜镇关河村回乡创业的大学生吴松青，鼓励他带头建立桑枝木耳基地、扩建厂房、改进技术，成立了岳西思远生态农业有限公司。该公司以中石化扶贫资金为主要资金来源，采取"公司+村委会+贫困户"的模式，公司统一制棒、接种，由贫困户按成本价种植、管理，公司提供技术培训与指导，按保底价回收产品。旨在以产业发展有效带动贫困户脱贫致富。

　　为了发展思远公司，黄长水从公司起名注册、厂房建设、广告宣传等，都亲自参与。他以中国石化管理理念为蓝本，加快工程进度，保证工作质量，仅用半年时间，就达到了试生产的要求。

　　功夫不负有心人，思远公司逐渐走上正轨。"现在，我们每年可生产菌棒200万棒（每棒利润1.5—2元），年利润300万至400万元，可带动贫困户户均创收6000—20000元。"思远公司总经理吴松青说。

　　同样的模式，中石化支持岳西县五河镇成立了岳西县思民生态农业有限公司。

　　脱贫攻坚，资金投入是保障。中石化投入 870 万元，在响肠、来榜、冶溪等乡镇扶持贫困户发展茶叶基地 2400 亩、瓜蒌基地 1000 亩、钢架大棚蔬菜基地 180 亩，通过大棚种植蔬菜，每亩比水稻增加收益 4000—5000 元。在古坊、姚河、头陀等乡镇，发展 350 亩红心猕猴桃，挂果后亩均收入超万元。

　　在扩大岳西产品内销渠道方面，中国石化提供了宝贵的平台。老区群众一针一线缝制的工艺被和车载系列产品已经进驻中国石化易捷便利店，岳西红心猕猴桃也被引入到中国石化易捷体验馆进行销售。

　　今天，行走在岳西，山环水绕，屋舍俨然，道路通畅，产业兴旺，黄发垂髫怡然自乐。当初贫困窘状已不复存在。

　　多年真情帮扶，14 任挂职县长接力。如今，岳西县贫困发生率已降至 1% 以下，成为 2017 年宣布退出的 40 个贫困县之一，实现了历史性的跨越。

一"网"情深

——国家电网有限公司定点扶贫玛多县纪实

张志银

　　玛多，藏语意为"黄河源头"。玛多县地处青海省南部，是果洛藏族自治州下辖县，属高寒草原气候。

　　自 2011 年以来，国家电网有限公司（以下简称国家电网）积极开展对青海省玛多县的扶贫援助工作，通过开展扶贫光伏电站建设、扶持产业发展、加强基础设施建设、改善医疗教育条件，有力地推动了玛多县经济社会的发展。

国家电网在玛多县建设的 10 兆瓦扶贫光伏电站

建"阳光"产业，送"光明"前景

根据当地实际情况，国家电网发挥行业优势，实施"国网阳光扶贫行动"，投资9282万元在玛多县建设10兆瓦光伏扶贫电站。项目于2016年3月21日开工建设，仅用两个月就完工；当年累计上网电量1124万千瓦时，电站运行一周年累计上网电量1820万千瓦时。

光伏电站建成了，收益如何分配是另一个关键问题。电站建成后，为保障电站收益资金使用公开透明，国网青海省电力公司与青海省扶贫开发局共同制定光伏扶贫电站收益资金分配管理办法，所得收益全部用于玛多县贫困人口脱贫。2016年用于扶贫的收益380万元，使该县1144户建档立卡贫困户户均增收3322元。

2018年国家电网加大对玛多县扶贫工作的支持力度，捐赠3200万元用于支持11个贫困村4.4兆瓦村级光伏电站建设。电站计划9月份建成。光伏产业扶贫为玛多县打赢脱贫攻坚战奠定了坚实的基础。

玛多县贫困人口数量较多，居住分散，文化程度普遍偏低，加上高寒缺氧，脱贫致富的办法不多。国家电网来到玛多县结合当地实际情况，因地制宜扶持地方产业发展。国家电网先后投入资金2974万元，实施产业扶贫项目12个，增加了牧民的收入和就业机会，提高了贫困群众自我发展能力。

玛多县玛查理镇赫拉、尕拉村藏系羊养殖项目

玛多县的主要产业是养殖业。2015 年国家电网投资 170 万元帮助玛查理镇尕拉、赫拉村分别购进适龄藏系羊生产母羊 600 只，种公羊 5 只；为每村购买 2 万元畜疫防治药品并购进饲料 10 吨。藏系羊养殖项目的建成，进一步提高了藏民的养殖技术，减轻了草场压力，推动当地畜牧业向规模化、集约化、标准化、现代化方向发展。

2015 年尕拉、赫拉村人均纯收入不足 900 元，2016 年增至 1827 元。在国家电网的帮扶下，国网青海省电力公司果洛供电公司联系当地的雪州畜牧业产品加工有限公司对牧民养殖藏系羊进行收购，解决了销售难题。

国家电网因地制宜、科学规划大力发展光伏产业和藏系羊养殖产业，用"阳光之心"，送"光明前景"。

脱贫攻坚与生态保护并行

2016 年 8 月 23 日，习近平总书记在青海视察时指出："'中华水塔'是国家的生命之源，保护好三江源，对中华民族发展至关重要。"

玛多县地处"三江源"国家级自然保护区核心腹地，生态地位突出，是青藏高原的重要生态屏障。县域平均海拔 4500 米以上，年均气温 -4℃，全年供暖时长达到 11 个月。当地取暖方式均为燃煤取暖，因煤炭运输距离长、燃烧不充分造成群众取暖成本高、效果差。同时，每年燃煤产生大量的二氧化碳、二氧化硫以及氮氧化物，严重污染三江源生态环境。

2017 年 3 月，国家电网董事长、党组书记舒印彪与时任青海省委副书记、省长王建军在北京举行会谈。双方商定加快推进青海清洁能源取暖，助力全省生态扶贫攻坚，率先在玛多县建设清洁取暖示范项目。

2017 年 6 月，"煤改电"清洁取暖项目奠基启动仪式在玛多县举行。为不影响学生正常学习，国网青海公司发扬"人一之，我十之"的实干精神，利用学生暑假，优化施工组织，抢抓工程进度。一是公司成立了玛多清洁取暖示

玛多民族示范中学煤改电后教室温度达到 20 度以上，学生在温暖的教室内读书

范工程领导小组，办公室设在营销部，建立了协调、例会工作机制，实行日跟踪、周总结，严格按照工程关键节点进行管控。二是创新成立联合业主项目部。国网青海省电力公司果洛供电公司、玛多县政府、建设单位联合进驻施工现场，及时协调、解决工程问题，共同推进，确保工程质量和进度。

"煤改电"的效果立竿见影。未实施清洁取暖前，玛多县集中取暖分两个片区进行供暖，因采购的煤炭品质不高，供暖末端房间温度低，如玛多寄宿制学校平均采暖温度只有14℃。玛多"煤改电"示范项目运营后，学校供暖温度均衡，室内温度均达到20℃以上，学生学习条件明显改善。

绿色是玛多的底色，生态是玛多的本色。在脱贫攻坚战中，国家电网将"绿水青山就是金山银山"的理念融入脱贫攻坚与生态保护并行的实践行动中，实现了脱贫攻坚与生态保护双赢。

敢于担当，带头试点

国家电网严格落实民政部、国资委关于开展"同舟工程——中央企业参与'救急难'行动"的要求，投入 105 万元，对因遭遇突发紧急事件或意外事故导致生活陷入困境的农、牧民家庭实施救助。

青海玛多县玛查理镇玛查理村学生保洛就是受益者之一。

保洛，今年14岁，就读于玛多县藏文中学初二1班，家中7口人，移民搬迁户，全家经济来源主要靠政府草山补助资金，为低保户。一年前保洛被诊断为特发性脊柱侧凸畸形，2016年1月15日在青海省人民医院骨三科入院治疗，手术治疗费用共计154003.84元。因病情复杂，光从北京邀请知名专家赶赴青海操刀做手术这一项花费就有12000元。经民政等部门救助后，还剩58024.5元需自付。

为支付保洛昂贵的医疗费用，家里向亲戚朋友借款3万多元，加重了家庭负担。玛多县民政、扶贫部门得知此事后，主动上门走访，用"救急难"资金救助保洛自费费用34814.7元，资助保洛家人还清了借款，解了燃眉之急。目前，保洛手术成功，身体康复，已正常入校。

仅2016年，就有4户因病致贫的贫困户得到国家电网"救急难"资金救助，实现对因病致贫、返贫人口兜底作用。2016—2017年，共使用救助资金28万元，对45户因病致贫家庭实施救助，户均救助金额0.62万元，协助玛多县进一步完善社会救助体系，为社会力量广泛参与"救急难"工作积累了经验。

真扶贫，扶真贫。国家电网帮扶玛多县以来，敢于突破，开拓创新。以电网之情，打脱贫之战；以电网之力，迎脱贫攻坚。正是因为国家电网整合了社会各方面力量，形成了强大合力，使玛多实现了飞跃式发展。

守护贫困乡村医疗底线

——山东力明科技职业学院扶智扶志纪实

王建华

脱贫攻坚战打响以来，各项政策向贫困地区倾斜，农村合作医疗参合率稳定在95%以上，农村三级医疗卫生服务网络基本健全。但贫困地区卫生资源短缺问题突出，贫困地区卫生计生服务能力不足，看病难、看病贵问题仍然存在。

在山东，有这样一所学校，自创建以来便以济贫扶弱为宗旨，培训乡村医生，资助贫困学子求医。近年来更是举全校之力投入到扶贫中，为社会力量参与健康扶贫增添了一道亮丽的色彩。

给乡村医生一身过硬的本领

2001年，经山东省人民政府批准，依托山东中西医结合大学，山东力明科技职业学院建立。在贫困村脱贫出列的诸多评估项中，一个合乎规定的村卫生室是条件之一，而医生则是村卫生室的灵魂。多年的资源上行让乡村医生成为医者中的弱势群体，长期缺技术、少培训，使他们难以承担起农民健康守护者的职责使命。山东力明科技职业学院看到了问题，也找到了答案。早在2007年，山东力明科技职业学院与山东省政协科教文卫体委员会共同举办乡村医生技能培训，共培训5800余名医生。这项培训，政府不用掏一分钱，乡医不用掏一分钱，涉及费用356万元全部由学院承担。

山东力明科技职业学院是中国改革开放后第一所民办特色医科大学。董事长兼校长王力一家中世代行医，作为医生的后代，王力一喜欢下乡，他了解农村，乡间缺医少药是村民们小病拖成大病的主要原因，作为一名医学

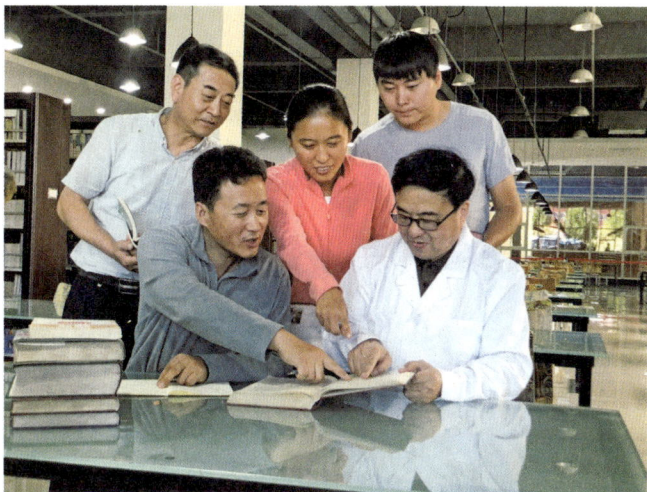

王力一（右一）培训指导乡村医生

教育者，王力一苦思冥想为这些因病致贫的乡亲们做点什么。

脱贫攻坚战的打响给王力一带来了灵感。自2014年开始，在王力一主导下，山东力明科技职业学院承办的"全省乡村医生中医药基本知识暨适宜技术推广培训班"紧锣密鼓地开班了。

与2007年的乡医培训比，这次工程规模更大，整个培训持续5—8年。学院把这项工程摆到了第一议事日程，成立了培训工作小组，王力一挂帅组长，教材编写、课程安排、学员食宿……事无巨细逐项过问。

针对来自山东省8654个贫困村的乡医们，学院更是体贴入微。每天专为他们多安排4个学时，从早到晚全天候学习。为保证教学效果，学院不惜高薪聘请名医、专家为学员授课。拿王力一的话说："不惜血本，把全部家当拿出来，一定要让乡医们学到实用过硬的本领！让他们真正担负起为贫困农民健康保驾护航的重任，把因病致贫消灭在一线。"

来自淄博博山的一名学员说，他当了大半辈子乡医，很少有机会参加高质量的培训，遇到疑难杂症，更多就靠老经验土办法，效果常常不能令人满意，行医半生，多有遗憾。力明学院的培训让他学到了真本事，如今，经他

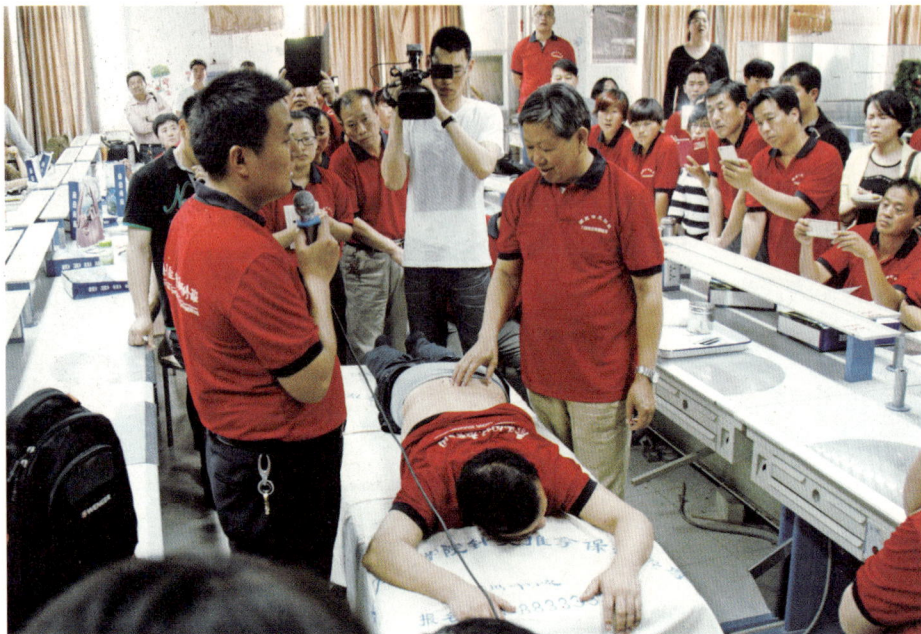

乡村医生们在山东力明科技职业学院乡医培训现场学习切磋医术

用针灸推拿治疗病情好转的病人已不下 20 人。

另一位家住菏泽巨野县的学员讲，他们村农民普遍贫困，根本不敢到大城市就医，一般的病都在村卫生所解决。大多数医科大学毕业生不愿到农村工作，而乡村医生又很难得到业务进修提高的机会，这严重制约了村级卫生事业的发展。学校为他们提供的培训机会弥足珍贵。

目前，这个面向山东省 13 万名乡村医生开放的培训班，已举办 93 期，约 31000 名乡医受到系统性培训，惠及几十万农民。

给贫困学子一个扎实的未来

王力一担任山东力明学院院长 30 年里，培养了 25 万余名毕业生，使学院实现跨越式发展。可是，漂亮的成绩单似乎并不为王力一所看重，他最引以

王力一（前左三）和学院资助的贫困学子在一起

为傲的是学院这些年帮助了 4 万多名贫困学子，使几万个贫困家庭从中获益。

马建新打小生活在青海湖边的一个贫困村庄。他自幼丧母，父亲就此沉沦，每日借酒浇愁，基本丧失劳动力。虽然家徒四壁，马建新却好学上进，成绩优秀。2011 年，他参加高考，愁的不是自己考不上大学，而是考上了大学也没钱上。恰在此时，他听说山东力明学院对贫困地区倾斜招生，对贫困学生可减免学费，这让他萌生了继续求学的信心。学院老师告诉他："学校啥也不图，就图你学到了本事能立足社会，能改变自己和家庭的命运。"

4 年学上下来，学校不仅没收他一分钱学费，还根据他的成绩表现，每学期给他发放奖学金。当小马把红灿灿的毕业证交到父亲手里时，父亲老泪纵横："咱一分钱没花就得了这个红本本，儿啊，你一定要记着学校记着老师记着王校长的恩呢！"

其实，帮贫困学子圆大学梦并不是王力一的终极目的，他的终极目的是要让这些贫困学子学有所长，一技傍身解决就业，即可全家脱贫。在马建新身上，王力一的目标一步步实现着。毕业后马建新很快进入一家诊所，目前，坐诊仅三年的他已成为当地颇有名气的医生，每天找他看病的患者络绎不绝，月收入也已过万，马家已实现脱贫。

对家境贫寒的学生，学院不仅在经济上给予帮助，还在精神上予以扶持。王力一认为造成家庭贫困的原因千差万别，但贫困对孩子的影响大致相同，比如缺乏自信心和安全感，个别学生甚至有人格缺陷。学校针对贫困学子设立辅导员制度，定期给他们上课、跟他们谈心，进行心理疏导，鼓励他们用知识改变命运，用奋斗战胜贫困。王力一还利用寒暑假去贫困学生家走访，宣传党的扶贫政策，尽可能解决贫困家庭所需。30年来，王力一设立的"力明基金"专门帮扶贫困学生，在这所学校，从未发生过一例因贫辍学的悲剧。

2015年，随着脱贫攻坚战的深入，学院的教育扶贫工程更加系统化。学院开始有计划扩大规模对口帮扶山东、河北、新疆、西藏、青海等地贫困县、贫困乡和贫困村，通过贫困地区重点招生计划、贫困生奖学金政策、贫困家庭职业技能培训等措施加大帮扶力度。这让许许多多贫困家庭看到了脱贫的希望。

在未来，力明学院将投入更多资源到脱贫攻坚中，为健康扶贫事业贡献自己的一份力量。

2019

扶贫路上的恒大担当

——记恒大精准帮扶贵州省毕节市脱贫攻坚这三年

王万亮

　　贵州省毕节市位于乌蒙山腹地，山高路险、沟壑纵横、产业单一。截至2015年底，毕节全市总人口927.52万人，贫困人口多达115.45万人，脱贫形势十分严峻。

　　2015年12月，恒大集团积极响应党中央号召，在全国政协鼓励支持下，向毕节市大方县发起精准帮扶，承诺无偿投入30亿元，助力大方县坚决打好打赢脱贫攻坚战；之后，恒大集团又由整县帮扶大方扩展到帮扶毕节全市10

恒大集团整市帮扶毕节扶贫计划会

个县区。3 年间，精准扶贫的"恒大旋律"响彻毕节大地，恒大人以心系百姓的情怀、精益求精的态度在乌蒙山深处奋力书写出了一份民企助力扶贫的"恒大答卷"。

3 年来，经恒大帮扶，黔西县已于 2018 年 9 月脱贫摘帽，大方县贫困发生率由 2015 年底的 20.64% 下降到 2018 年底的 1.82%，经大方县自查评估、县级申请、市级审查符合国家贫困县退出标准，正按程序向上级申请评估验收。

决胜：三年蝶变满眼春

深冬，乌蒙山深处的大方县空气清新、山环林绕。登高纵目，只见城乡道路纵横交错、宛若玉带；乡村新居白墙黛瓦、依山傍田；蔬菜大棚成片排列、蔚为壮观……处处皆是充满现代田园气息的崭新景象。

"生活的变化太大喽！新房子住得好安逸哟！"在恒大幸福二村宽敞的新民居内，84 岁的张正英满脸笑容、感慨万千。现在，张正英的新家位于凤山乡栖凤社区，二层小楼南北通透，沙发、电视等家用电器一应俱全。自入住新居后，张正英逢人便笑，笑容一天比一天灿烂，那是从她心窝里溢出的幸福与欢乐。

时光回溯至 2015 年冬，张正英一家三代挤在深山中一间不足 20 平方米的小屋内，房子破旧、山路崎岖、生活清贫。2015 年 12 月 18 日，这个饱受贫困折磨的家庭迎来一群特殊的客人，他们左看右看，个个脸色凝重。

"明年就让你们搬到新房子住！"来客中，一位中年男人拉着张正英和她老伴的手亲切地说道。明年？住新房？听闻此言，张正英脸上挤出了些许尴尬的笑容，只当是来访者对自己的一种心理安慰罢了。彼时，张正英尚不知道这位中年人即是恒大集团的掌舵者——许家印，更不知道接下来的 3 年恒大将在大方县奏响一曲曲美妙的精准扶贫乐曲。

2016 年 9 月 28 日，张正英一家告别穷窝喜搬新居。此时，距离许家印向张正英许下一年搬新房的承诺之日仅仅过去 9 个月多一点。

这仅是一个缩影。近年来，恒大帮助毕节市扎实推进易地扶贫搬迁扶贫工程，全部无偿投入达 44 亿元，在毕节 10 个县区建设 12 个移民搬迁社区及 50 个新农村，将帮助 22.18 万贫困群众告别穷窝奔福路。目前，恒大已帮助毕节完成搬迁人口 10.7 万人。其中，援建大方县的 50 个恒大新农村和县城奢香古镇安置区已交付使用，惠及全县 5000 户 20000 人。

3 年间，毕节农村因恒大而改变的不仅是基础设施，还有产业发展、群众干劲、福利保障……

深冬的毕节十分清冷，但毕节百姓的内心却无比温暖。这个冬季，一场场"恒大扶贫牛"分红仪式在大方县各安格斯牛育种场陆续举行，相继向当地 4 万余名贫困群众发放了"年终奖"。

"这已经是我第二年参加这样的分红仪式了，真是激动，兴奋，感谢'恒大扶贫牛'！"安乐乡岩脚村的黄青平告诉记者，"'恒大扶贫牛'每年都会给贫困户按人分红，每人 500 元，我家每年年底都能领到 1500 元，就像领工资一样稳定！"

脱贫攻坚，发展产业是基础。针对毕节农村致富产业缺乏的现状，恒大在发展肉牛产业上下足了"绣花功"。3 年来，恒大已帮扶毕节建成 447 个肉牛养殖基地、调配近 7 万头优质基础母牛、改良 27 万头土种牛，并引进中禾恒瑞等 18 家肉牛产业上下游龙头企业，形成"龙头企业＋合作社＋贫困户＋基地"的帮扶模式，带动贫困群众通过青贮玉米种植、养殖基地务工、入股分红等方式

张正英的新居生活

恒大援建的金沙县东光村蔬菜基地

增收脱贫。目前，安格斯肉牛产业已覆盖大方县4万余名贫困群众，并间接带动5万余户家庭实现增收，已成为当地脱贫致富的支柱产业。

同时，恒大还帮助毕节建设了6万余栋蔬菜大棚、23万亩经果林基地和13.9万亩中药材、食用菌基地，并引入61家蔬菜、中药材和经果林上下游企业。同时，还组织贫困群众进行了系列职业技能培训，目前已完成培训109039人，推荐就业73127人，人均年收入达4.2万元，实现了"一人就业，全家脱贫"。

如今，行走在大方县乡村田间、县城社区，一张张洋溢着幸福的笑脸随处可见。随着贫困地区生活生产条件日益改善，当地贫困群众的精神面貌也焕然一新，个个信心满满、干劲十足。

"以前就盼着一家人能吃饱肚子就好，没希望，没奔头，啥也不待想！"安乐乡青松村的龙国权右手先天残疾，曾尝试外出务工，却屡次被工地退回，只能靠务农为生，一家四口的日子过得十分清苦，妻子看病、孩子上学等开销更让整个家庭入不敷出，累计欠债逾3万元。自2017年7月搬入奢香古镇后，龙国权一家的日子也迎来新的变化。经过系列培训，龙国权掌握了加工烟草的一技之长，现在已成为大方县达溪烟草站的一名技术指导员，月收入可达 3000 元。说起今后打算，龙国权满怀憧憬："一定要想办法多挣钱，把日子过得更好，供孩子好好上学！"

"之前全家靠田吃饭，收成好坏全看'老天爷脸色'，越干越没信心。"今年搬入恒大幸福二村的陈家胜告诉记者，"现在，大棚有分红，打工能挣工钱，吃得好了，穿得好了，日子越过越带劲，感觉全身都是使不完的劲。"

……

3 年间，大方县贫困群众在思想认识、脱贫内生动力方面的提升是显而易见的。正如该县副县长秦勇所说："现在的大方县，贫困群众正在逐步摒弃消极思想、观望心态、依赖心理，越来越多的贫困群众开始铆足了劲加油干！"

决策："恒大速度"吹响帮扶大方集结号

攻坚拔寨，兵贵神速。在助力大方县脱贫攻坚的决策之际，恒大将这一理念发挥到了极致。

2015 年 11 月 27 日至 28 日，中央扶贫开发工作会议在北京召开。习近平总书记强调，消除贫困、改善民生、逐步实现共同富裕，是社会主义的本质要求，是中国共产党的重要使命。全面建成小康社会，是中国共产党对中国人民的庄严承诺。脱贫攻坚战的冲锋号已经吹响。立下愚公移山志，咬定目标、苦干实干，坚决打赢脱贫攻坚战，确保到 2020 年所有贫困地区和贫困人口一道迈入全面小康社会。

会议结束当晚，许家印通过《新闻联播》看到这则消息后，内心澎湃不已。"总书记说，'没有比人更高的山，没有比脚更长的路。要重视发挥广大基层干部群众的首创精神，让他们的心热起来、行动起来，靠辛勤劳动改变贫困落后面貌。要动员全社会力量广泛参与扶贫事业'，这番话让我的心瞬间热了起来，我觉得我和恒大必须行动起来，必须参与到这场决定我们国家能否实现全面小康的关键一仗之中。"回忆起当初的决定，许家印字字铿锵。

雷厉风行是恒大的一贯作风。

——2015年11月28日晚的《新闻联播》节目一结束，恒大集团便连夜召开高管会议，学习中央刚刚结束的扶贫开发工作会议精神和习近平总书记在会议上的重要讲话，研究恒大如何参与脱贫攻坚战，并决定由恒大集团副总裁柯鹏带队去贵州了解情况，寻找脱贫攻坚中的贫中之贫；

——2015年11月29日，柯鹏一行先飞贵阳又乘车3个多小时抵达毕节，开始实地了解情况；

——2015年12月1日，恒大将大方县确定为结对帮扶对象，并立即着手组建团队，制定方案。

彼时，大方全县贫困人口约18万，农村致富产业几为空白，甚至有贫困群众平日里以土豆、米汤充饥，贫困程度极深。

2015年12月18日，许家印抵达大方，并根据实地调研情况对恒大结对帮扶大方县的具体方案进行了修改完善；2015年12月19日，恒大集团与大方县正式签订结对帮扶协议，一场恒大精准帮扶大方县的脱贫攻坚之战随即打响；2017年5月3日，恒大集团由整县帮扶大方扩展到帮扶毕节全市10县区。

回望决策之际，从中央扶贫开发工作会议结束，到恒大与大方县正式签约，仅仅时隔21天，可谓"神速"。

"早一天帮扶就早一天让贫困百姓过上好日子，每天都能吃饱穿暖的人，怎知那些吃了上顿没下顿的贫苦人的心情？"现在，这句话已被融入恒大扶贫的每一个环节，如风驰电掣般的"恒大速度"已成为恒大决战贫困的显明特色。

决战：用"非常之力"成"非常之功"

"这是大方县扶贫信息大数据中心，鼠标轻轻一点，全县每户贫困户的收入情况、生活困难、脱贫进展、帮扶举措等信息一目了然。"恒大扶贫大数据部负责人郑健成告诉记者，这一大数据中心的建立，饱含着恒大集团 2108 名青年的心血和汗水，他们用了半年的时间，靠着"铁脚板"走村入户，深入了解需求、困难，登记入册，累计总行程 200 多万公里，采集了毕节全部 34 万多户、100 多万贫困老百姓的详细资料。大数据的构建和使用，能够帮助扶贫干部充分找准扶贫对象和贫困原因，进而因户施策、因人施策，引导扶贫项目、资金、措施、力量做到精准"滴灌"，从而避免了"大水漫灌"导致扶贫无法深入彻底进行的弊端。

回望恒大帮扶毕节决战贫困的这 3 年，"非常之力"处处尽显。

"恒大帮扶，不只是大手笔的资金投入，还有大批的人力支持。"当地扶贫干部表示，相比扶贫资金的投入，一支能吃苦、能奉献，有思路、懂管理的优秀扶贫团队同样重要。

过去 3 年间，为认真履行结对帮扶协议，严格落实帮扶计划，恒大从全集团各系统选拔出 2108 人组成"恒大扶贫铁军"，派驻到县、乡、村，与当地干部群众并肩作战，工作到村、包干到户、责任到人，不脱贫、不收兵。

扶贫工作离不开当地政府的支持。恒大在帮扶毕节的过程中创新性地实现了政企合力模式。在机制上，恒大成立扶贫办，在大方县成立了恒大大方扶贫管理有限公司，同时成立各县区恒大扶贫工作指挥部，建立政企联席会议制度，每月定期通报进展、协商规划、解决问题；人员配备上，恒大选派的管理骨干与毕节市委、市政府从全市抽调的优秀干部一起办公、加强对接；在分工方面，政府发挥政治优势和制度优势，负责项目审批、土地协调、基础配套、数据统计，确保帮扶资源精准对接建档立卡贫困户，企业管理团队，发挥决策执行效率高的特点，负责项目执行管理，确保按计划快速推进。

大山里最苦的，莫过于孩子。其中，焦兵便是这样一个可怜的孩子。焦兵自幼丧父，母亲不知去向，他和两个姐姐一直跟随爷爷生活。然而，不幸的是在他 3 岁时爷爷也撒手人寰。之后，焦兵和姐姐们便成了"流浪儿"。流浪的日子，他们的"家"有牛棚，有狗窝，有工地上的水泥管，有路边的草垛，也有能与星星一起眨眼的野地……

其实，在贫困的大山深处，焦兵姐弟的悲惨命运并非个例。为彻底解决这一问题，恒大专门开展了"一助一"帮扶活动，精准帮扶身处生活困境的农村儿童。目前，恒大已对4993名农村贫困家庭留守儿童、生活困境儿童和孤儿进行"一助一"结对帮扶，并在大方县城建起了一座儿童福利院、一座慈善医院。现在，成为许家印"一助一"帮扶对象的焦兵已经住进了充满温暖与关爱的儿童福利院。

决战贫困，教育扶贫不能缺位。为帮助当地阻断贫困的代际传递，恒大专门成立发展教育扶贫部，下大力气建学校、强师资、设基金，全方位补足当地教育资源缺口。3年间，恒大已帮助大方建成并投入使用小学11所、幼儿园13所、完全中学1所、职业技术学院1所。

在一座座充满温情的校园内，食堂、体育场等应有尽有，微课堂、云平台等新科技教学平台缩小了城乡教学差别；课堂上书声琅琅、操场上身姿矫健，校园内每一张可爱的笑脸都宛若朝阳，正在乌蒙山深处冉冉升起！

用初心践行"上海温度"

姚海

2019 年全国"两会"期间，习近平总书记在参加甘肃代表团审议时，就精准脱贫工作发表重要讲话，为打赢脱贫攻坚战明方向、鼓干劲、正风气，明确要求不获全胜，决不收兵。

上海作为参与东西部扶贫协作和对口支援的东部省市，按照党中央决策部署，对口中西部 7 个省区 20 个州市 101 个县（市、区），当前还有部分县没有脱贫摘帽，特别还有一些革命老区尚未实现脱贫，任务艰巨，责任重大。作为肩负帮扶责任的工作部门，我们要坚决落实好习近平总书记指示要求，做好东西部扶贫协作和对口支援工作，助力对口地区打赢脱贫攻坚战。

习近平总书记强调，全面建成小康社会、实现第一个百年奋斗目标，最艰巨的任务是脱贫攻坚，这是一个最大的短板，也是一个标志性指标。上海市将抓好扶贫工作，打赢脱贫攻坚战，解决好贫困群众生产生活问题，满足贫困群众追求幸福的基本要求，作为现阶段的重要目标，也是我们对党和人民的庄严承诺，必须说到做到。上海的东西部扶贫协作和对口支援工作一定要服从服务好全国全面建成小康社会、坚决打赢脱贫攻坚战这个大局。

根据党中央、国务院的决策部署，我们要助推东西部扶贫协作的云南省和贵州省遵义市在 2020 前实现现行标准下贫困人口脱贫、贫困县摘帽，解决区域性整体贫困，同时要顺利完成对口支援新疆、西藏、青海、三峡（库坝区）工作任务，推动对口地区同步建成小康社会，这是一项光荣的政治任务，是硬任务。上海东西部扶贫协作和对口支援工作的所有力量和举措都在聚焦

上海支持云南省红河州泸西县培育致富带头人成养殖大户

这项任务，尽全力支持配合当地党委政府确保到 2020 年对口帮扶地区贫困人口如期脱贫。

脱贫攻坚越往后难度越大，遇到的都是硬骨头，需要更大的决心，更顽强的作风，更精准的举措。上海的对口帮扶工作起步较早，20 多年来，上海探索形成了递进式帮扶、组团式教育医疗帮扶、产业扶贫、金融扶贫等一系列经验和做法，其中有些做法也得到了中央的肯定。但我们也清醒地看到，在脱贫攻坚进入攻坚克难之际，面对的多数是贫中之贫、困中之困，仅仅依靠过去的经验按部就班是没有办法解决的。距离 2020 年完成精准脱贫总目标还有 20 个月，越往后的难度也就越来越大。面对这种情况，上海要严格按照习近平总书记关于扶贫工作的重要论述和重要指示，进一步完善体制机制、压实责任、提高标准，以更好的精神状态、更精准的政策举措，扎扎实实做好对口帮扶的各项工作，助推对口地区如期打赢脱贫攻坚战。

2019 年是打赢脱贫攻坚战，全面建成小康社会的关键之年。根据党中央和习近平总书记关于脱贫攻坚工作的新要求，上海将坚持全市统筹、尽锐出战，焦点不散、靶心不变，质量为先、持续见效，系统集成、综合施策的原则，努力做好精准扶贫七大行动。

产业扶贫

上海将重点围绕对口地区的土地和农业做文章，用好上海市场优势，推进产销对接，搭建商贸、电商、社区、批发四大平台，推进"三个一百"（协助对口地区农特产品进驻上海 100 个标准菜场、100 个社区店，组织 100 个名优特产品参加上海购物旅游节）"百县百品""百草百村"等活动；落实《国务院办公厅关于深入开展消费扶贫助力打赢脱贫攻坚战的指导意见》，制定上海实施办法，完善政策体系和对接机制，激发全社会参与消费扶贫的积极性。同时，压实本市国企的责任，动员引导民企参与，借鉴央企定点扶贫经验，启动本市百家国企、百家民企分别结对帮扶云南、遵义百个贫困村的"双一百"村企结对精准扶贫行动，并鼓励外企有序参与。

劳务协作

上海将通过制定出台相关奖励政策，重点鼓励当地开展就近就地就业，有序引导异地转移就业，适当组织来沪就业。同时，不断提升贫困劳动力内生动力和就业技能，通过用好本市专项资金资助的相关政策，结合当地开展的产业合作项目，与当地人社部门一起因地制宜制订专项方案，指定有资质的机构按程序、标准开展贫困劳动力就业创业技能培训，并加强对当地职业技术学校建设的支持力度，不断提升当地职校的教育培训水平。

教育扶贫

上海将按照"两不愁、三保障"的标准，发挥人才资源优势，加强规划衔接和工作对接，支持对口地区开展好基础教育、双语教育、职业技术教育，在专业建设、师资培训、课程教材开发、实训基地建设等方面精准对接；开展"影子校长"培训、"金种子校长"来沪挂职跟岗培训、高校滇西扶贫定点帮扶培训等人力资源培训项目，积极探索开展远程教育和互联网教学；进一步发挥职教联盟作用，推进"一市四地"职教帮扶协作，帮助对口地区打造一批职业教育示范基地，打通上海支持云南省红河州泸西县培育致富带头人成养殖大户职业教育、实习锻炼、上岗就业的职教扶贫通道。

健康扶贫

上海将继续做好本市三级医院与云南 28 家贫困县医院、遵义 8 家医院结对工作，根据需要安排医生驻点挂职，帮助提升学科水平和临床能力；进一步巩固"组团式"卫生帮扶成果，加强对结对医院的重点学科建设支持力度，开展远程医疗及专家服务，鼓励离退休专家参加"银晖行动"；每年定期开展万名贫困群众健康管理和地方病常见病筛查行动；积极动员社会组织和企业参与贫困群众健康关爱行动，引导乡村医生帮扶行动向对口地区倾斜。

贫困村提升

上海将借鉴闽宁示范村模式，围绕乡村人居环境整治目标，因地制宜帮助当地建成一批小微基础设施、公共服务设施、生产性基础设施，继续推进新纲要示范村、边境小康示范村、农牧民定居点和"四在农家、美丽乡村"

建设，着重帮助群众解决饮水安全，改善生产生活条件；结合村企结对"双一百"工程，选择若干贫困村，集中进行基层党建领路人、创业致富带头人培育，探索"产业＋就业＋公益圆梦"等综合帮扶，建成一批依山傍水、景色秀美、民风淳朴、民族文化元素鲜明、村庄基础条件改善、特色产业形成规模、贫困群众精神面貌为之一新的示范样板。

携手奔小康

目前，上海16个区全部参与携手奔小康行动，实现所有对口贫困县结对全覆盖。下一步，将根据形势和任务，优化结对协作关系，在贫困县全覆盖的基础上，进一步实化细化区县之间、乡镇之间、行政村之间结对帮扶措施，不断创新工作模式和做法，按照"有协议、有规划、有资金、有项目、有干部、有人才、有互访、有联席会议、有措施、有成效"的要求，建立强有力推进机制，加强各层级交流往来，实现共商共建共享目标，确保每个携手奔小康贫困县至少有一名处级援派干部、一名教师、一名医生、一个企业项目落地、一批社会组织参与帮扶、培训100名农村创业致富带头人。

打好新时代扶贫协作历史之战

张庆恩

习近平总书记在 2019 年"两会"期间到甘肃代表团就脱贫攻坚发表的重要讲话，再次发出了打赢脱贫攻坚战的动员令、冲锋号。做好东西部扶贫协作和支援合作工作是党中央交给我们的重大政治任务，是对天津极大的信任，也是我们莫大的荣光。

天津市委市政府高度重视东西部扶贫协作和对口支援工作，市委书记李鸿忠同志强调，深化扶贫协作既是政治任务更是政治责任，提出了"升级加力、多层全覆盖、有限无限相结合"思路要求。下一步，我们将坚持以习近平总书记关于扶贫工作的重要论述为指引，始终坚持精准扶贫、精准脱贫基本方略，坚决贯彻《关于打赢脱贫攻坚战三年行动的指导意见》精神，全面落实《天津市推进东西部扶贫协作和对口支援三年行动方案》《天津市高质量推

进东西部扶贫协作和支援合作打好脱贫攻坚战 2019 年工作方案》，全面提高政治站位，增强紧迫感、使命感、责任感，紧盯建档立卡贫困人口，带着真心、真情、真意、真爱，激情干事业、真诚为百姓，以只争朝夕、尽锐出战、攻城拔寨的信心和力度，以不获全胜、决不收兵、坚韧执着的锐气和担当，奋进新时代、树立新形象、展现新作为，坚决打赢打好这场历史之战、时代之战！

发挥"优势项"，以一盘棋谋划硬任务

突出特色优势产业扶持，立足受援地区资源禀赋和产业基础，发挥天津优势，围绕种养殖、农产品加工、特色手工业、电子商务等产业因地制宜开展扶贫，确保东西部扶贫协作到县财政帮扶资金 50% 以上用于产业扶贫项目，放大扶贫资金撬动效应，大力推广我市"三级五统"肉羊繁殖加工、"以药养绿"中药材培育等可复制可推广的产业帮扶经验。会同每个结对县（市、区）至少确定 1 个重点扶持产业、打造 1 个特色产品，通过股份合作、订单帮扶、生产托管等方式，建立与建档立卡贫困户的利益联结机制，实现产业发展与贫困户脱贫有机衔接；加大受援地区人才支援力度，深化干部交流和专业人才培养，坚持"鱼渔兼授、智志双扶"的原则，建立健全干部人才来津挂职培养机制，重点培养受援地区党政干部、基层党支部书记、专业技术人才。加大专业技术人才选派，其中 1 年期以上专业技术人才不少于 30%。组织到受援地区开展"医疗服务支援行"等各类活动；加大劳务协作力度，提升受援地区劳动力技能和水平，就近就地就业助力脱贫，支持受援地区开发各类公益岗位，通过发放岗位补贴等形式，安置建档立卡贫困人口就近就地就业。鼓励建立就业扶贫基地和扶贫车间，分别给予 10 万元、5 万元一次性奖补激励。以建设扶贫基地和扶贫车间为重点，依托产业扶贫、项目扶贫，助力东西部扶贫协作地区建档立卡贫困人口就近就地就业脱贫。

打好"组合拳"，以实举措攻克硬堡垒

突出推动产销渠道拓展，坚持线上线下一体展卖、经贸平台与旗舰店面一体推进、社会发动与销售策划一体安排，建设援受双方产销一体化平台，会同受援地区参照"地理标志产品"打造链接贫困户的统一标识扶贫产品，帮助受援地区打开农产品国际国内市场，在津设立农超扶贫爱心专柜不少于100个。扶持贫困县（市、区）贫困村建设不少于100个电商扶贫站点，培训电商人才1000人以上，助力受援地区因电商扶贫"活"起来，产业因电商扶贫"兴"起来。动员党政机关、企事业单位、大专院校等集中采购受援地区农特产品，鼓励我市餐饮服务企业、批发零售企业等各类市场主体与受援地区建立长期稳定的产销关系；突出精品文旅设计推广，大力宣传推介受援地区文化底蕴和旅游特色，鼓励和引导社会资本开发具有民族特色的受援地区文创产品。因地制宜带动受援地区旅游产业发展，吸纳更多贫困户通过旅游产业实现脱贫。引导我市与受援地区旅游企业联合开发市场，加强精品线路设计开发和产品对接，积极动员引导旅游企业组织游客到受援地区旅游扶贫。鼓励开通天津至受援地区的直飞航线，开展面向受援地区的包机旅游、专列旅游等；打造扶贫服务平台，全面升级改造我市东西部扶贫协作与支援合作信息化系统，本着统一维护、多点录入、前后共享的原则，最大限度提升我市扶贫工作的精细化水平。推动建立扶贫志愿服务平台，鼓励引导志愿服务组织、高职高校等赴受援地区开展扶贫志愿活动。支持受援地区贫困村加快住房安全、饮水安全等民生领域基础保障项目建设，改善建档立卡贫困人口生活条件。

找准"着力点"，以铁担当扛起硬责任

突出金融服务精准有效，发挥金融服务实体经济作用，重点发挥国开行天津市分行、农发行天津市分行等政策性金融机构导向作用，创新金融扶贫机制，对天津市到受援地区开展扶贫的企业予以信贷支持。利用全市性金融类展会资源，为受援地区金融部门及企业搭建交流合作平台，开展项目投融资对接。提高劳务就业组织化程度，主动加强与受援地区结对县（市、区）对接联络，建立统一的劳务供需信息平台，多渠道收集符合贫困劳动力需求的岗位信息，形成"岗位供给清单"，实现供需精准对接，提高输转就业成功率。特别要在贫困劳动力外出就业意愿强的结对县（市、区），建立劳务协作服务工作站，提高劳务组织化程度。鼓励东西部扶贫协作地区贫困劳动力外出就业，全年组织我市企业到东西部扶贫协作地区召开 30 场以上专场招聘会。鼓励受援地区贫困劳动力到养老服务行业就业，对与我市养老服务企业签订一年以上劳动合同的养老护理人员，按规定给予岗位补贴和社保补贴。实施技能脱贫千校行动计划。依托中国（天津）公共实训中心的先进设施设备和师资力量，支持受援地区学生来我市参加技能培训。组织天津 21 所技工院校面向受援地区定向招生、免除学费、扩大名额、增设专业。输出培训资源，支持受援地区办好技工院校、职业培训机构和公共实训基地，组织有就业意愿的贫困劳动力参加岗位技能培训，指导扶持受援地区职业培训学校开展订单、定向就业技能培训。组织开展致富带头人专培工程，培训 5000 人次村级带头人和致富能人，带动建档立卡贫困人口就业脱贫。

夯实"基本功"，以严作风啃下"硬骨头"

落实主体责任，各级党委（党组）要提高政治站位，以高度政治责任感和历史使命感，把学习好宣传好贯彻好习近平新时代中国特色社会主义思想

和习近平总书记关于扶贫工作的重要论述，作为树牢"四个意识"、坚决做到"两个维护"的具体体现和实践检验。落实"战区制、主官上"，党委（党组）主要负责同志要切实扛起第一责任人责任，既挂帅又出征，一线指挥、一线督战，带队到受援地区对接工作，经常研究谋划推动落实本单位扶贫协作工作，细化任务分解，压实工作责任，对落实结果负首责、负总责、负全责，真抓实干，确保完成各项目标任务；营造浓厚舆论氛围，大力宣传党中央、国务院的决策部署，加大脱贫攻坚成就宣传力度。构建全方位、立体化、矩阵式宣传报道体系，实现央媒与津媒、主流媒体与都市类媒体、传统媒体与新媒体有机融合，形成脱贫攻坚宣传强大声势。大力弘扬"走转改"精神，积极践行"四力"要求，开辟利用专栏专题，通过消息通讯、评论言论、理论文章、典型宣传等丰富形式，深入一线、挖掘亮点、提炼经验，讲好天津扶贫故事，打造天津扶贫品牌。加强舆情管控，坚持主流发声，弘扬正能量。开展"10·17"国家扶贫日系列宣传活动，围绕全国脱贫攻坚奖评选表彰活动，开展先进事迹巡回报告、录播特别节目等，唱响天津声音，营造良好舆论氛围；加强督察督办，强化日常督导推动，健全周报告、月总结、季调度、年考核工作体系。完善考核评价机制，考核结果纳入各区和相关市级部门年度绩效考核内容。聚焦重点任务、关键环节和突出问题，加大督察督办力度，督任务、督进度、督成效，察认识、察责任、察作风，形成长效机制。深化形式主义、官僚主义和不作为不担当专项治理，对不作为不担当、做表面文章、敷衍塞责等行为，严肃追责问责，确保各项目标任务落地见效。

弹奏协作"三部曲"

——浙江省杭州市对口帮扶新疆阿克苏市纪实

孔一　凌云　吴双

围绕新疆社会稳定和长治久安总目标，第九批杭州市援疆指挥部全体人员用细致扎实的工作制作出助力脱贫攻坚的和弦，用高度的政治责任感和使命感，在新疆阿克苏市弹出从扶贫、扶智到扶志的"三部曲"。

扶贫："两不愁三保障"，一个都不能少

阿克苏市依干其乡伊尔玛村是杭州市援疆指挥部"民族团结一家亲"结对村。2018 年，71 岁的低保户拉麦提·毛拉萨吾提一家搬进新居。厨房接自来水、卫生间装抽水马桶、洗澡用电热水器……6 万多元成本，毛拉大叔掏了不到 2 万元。这一年，杭州市援疆指挥部将富民安居工程补助从每户 1 万元增加到 2 万元，帮助阿克苏市 1807 户建档立卡贫困户、低保户、农村分散供养特困人员和贫困残疾人家庭迎来乔迁之喜。

近年来，阿克苏市脱贫攻坚成绩显著，贫困村已经全部脱贫。像毛拉大叔这样的低保户，随着富民安居工程的推进，住房也不成问题。但要想提高对贫困群众的保障能力，仅仅依靠地方财政资金确实有些"吃紧"。

2018 年入冬不久，毛拉大叔从电动车上摔下来，左腿粉碎性骨折。在家卧床一个多星期后，他给杭州市援疆指挥部指挥长杨国正打了个电话。"我没有选择住院，因为医生说，做手术要花将近 2 万块，还不能全额报销。建新房

新疆富余劳动力集体赴杭州就业期间学习包饺子

后，我家里确实拿不出这么多钱。"毛拉大叔委屈地说。

接到电话后，杨国正赶紧将毛拉大叔送到杭州富阳中医骨伤科工作室就诊，最后总共只花了 1300 元，这让毛拉大叔心里很高兴。

增收保障也是杭州市援疆指挥部的一项重点工作。贫困户艾则孜·亚森一家的主要收入来源是全家仅有的 3 亩苹果地。由于种植技术落后，果子的个头不大，销路也不好。2018 年，杭州市援疆指挥部大力推进电商扶贫，牵线龙头电商企业对伊尔玛村 64 亩劣质果园进行土地流转，集中管理。农户每年每亩租金提升到 1800 元。霜降过后，首批采摘的苹果亮相 2018 首届中国（杭州）农业丰收节。每箱 9 个 138 元，精美的手提包装受到杭州市民的追捧。阿克苏产品的这次亮相其实是杭州市援疆指挥部策划的一场义卖，目的是给老乡们吃上一颗苹果销售的"定心丸"。同时义卖所得全部拨付给阿克苏市作为脱贫攻坚专项资金。随后，阿克苏的这块土地又被阿里巴巴集团看中，确立为其在新疆的首个"未来农场"。农业智慧化加互联网销售渠道，力图重塑阿克苏苹果的品牌价值。

扶智："打造一条十五年美好教育示范线"

"我想要一辆自行车，这样就不用每天走 5 公里来上学了""我想要一个点读机，这样就可以随时随地学汉语"……孩子们把自己的心愿写在"微心愿"卡片上，由援疆干部带回杭州，让爱心人士前去"点亮"。这是"多浪公益行动"的一次全新尝试。

教育是阻断贫困代际传递的最好方式。2017 年，浙江省委书记车俊出席杭州援建的阿克苏市多浪幼儿园交接仪式，标志着多浪片区没有公办幼儿园的历史彻底结束。虽然幼儿园学费全额减免，但在实际招生中却发现，许多贫困家庭的孩子因为家境贫寒而缺衣少穿、买不起学习用品。为此，杭州市援疆指挥部发起了"多浪公益行动"，当年便募集社会资金、物资价值 200 余万元。

阿克苏市中小学生把"微心愿"投入信箱，信箱运抵杭州后，将会得到杭州市民的积极认领

2018年，杭州市援疆指挥部在多浪片区又新建一所阿克苏市富阳幼儿园，彻底解决了多浪片区少数民族儿童的学前教育问题。开园第一天，幼儿园老师装扮成各种卡通人物热情地迎接孩子们到来。"我本来是把孩子送到私立幼儿园的，后来听说杭州援建的幼儿园好，又把那边退掉来这里，现在看来是正确的。"一位维吾尔族学生家长激动地说。

杭州的教育好，好在哪里？从5年前杭州援建的杭州师范大学附属阿克苏市高级中学到现在的多浪、富阳幼儿园，还有正在建设的九年一贯制阿克苏市天杭实验学校、明德幼儿园和西湖幼儿园，硬件建设上形成从幼儿园到小学、初中、高中的基础教育体系。杭州盖的学校美观大方、设计合理，但更多的是一种口碑、一种理念。因为有援疆教师顶岗教学，阿克苏群众把杭州师范大学附属阿克苏市高级中学亲切地称为"杭高"。在阿克苏市第十五中学，杭州支教老师承接的以"养成习惯＋快乐学习＋个性发展"为培养目标的"杭州班"受到阿克苏市各民族家长点赞。多浪幼儿园开园不到一年时间，已经成为全市学前教育培训基地。不仅有杭州支教教师兼任副园长，更会定期安排杭州专家前来授课。

上有天堂、下有苏杭。杭州本就是"美好"的象征。到第九批杭州市援疆工作结束，杭州援疆将在阿克苏市形成一条从幼儿园到高中的"杭派十五年美好教育示范线"。

扶志："我们对未来的美好生活充满向往"

2018年5月12日，首批52名来自阿克苏市贫困家庭的少数民族青年告别故土，来到杭州市实现转移就业。他们平均年龄20岁，具有一定的学习能力和强烈的脱贫意愿。在经过为期半个月的职业技能和国家通用语言培训后，他们来到杭州富阳区日月电器股份有限公司从事半导体加工工作。

25岁的艾尼瓦尔江·肉孜和23岁的如克亚木·艾合买提是来自阿克苏市

拜什吐格曼乡尤喀克兰干村的一对夫妻。艾尼瓦尔江被推选为班长，如克亚木则当选为团支部书记。

"以前我在阿克苏市一个商场做过导购，每月3000元，这些工资达不到我们的要求。趁着年轻，我们想学好语言，学好技术，学好文化，到大城市里开阔眼界。"不到半年时间，艾尼瓦尔江夫妇已经能够独立顶岗，月收入近万元。同时，小两口还利用业余时间游览了杭州及周边城市。"今后我们想留在杭州工作，如果家乡有需求，我也愿意回到家乡用学到的技术创业。"艾尼瓦尔江·肉孜说。

扶贫先扶志，杭州市援疆指挥部始终将激发少数民族群众对美好生活的向往作为助力脱贫攻坚的最终目标。只有不断激发脱贫的内生动力和造血机制，才能够最终打赢脱贫攻坚战。在指挥部的牵线搭桥下，今年13家杭州企业、商会与阿克苏市8个贫困村、一所幼儿园和兵团一师4个困难连队签订脱贫攻坚结对帮扶协议，累计捐赠帮扶资金2700万元。指挥部专门制定了《关于深入开展"助力脱贫攻坚211行动计划"的实施意见》，结对帮扶工作包含进行一次交流互访、发起一次爱心捐助、结亲一批贫困户、助力建设一个项目、助力发展一个产业、解决一批就业等内容。就如何使用这笔资金，阿克苏市委和杭州市援疆指挥部达成共识，成立扶贫基金，变输血为造血，不等不靠、自力更生做到"外扶而内强"。

阿依库勒镇克什勒克艾日克村是阿克苏市的美丽乡村示范点。这几天，杭州市全额援建的"团结巴扎"正式开业。与以往每周一次的集会不同，团结巴扎提供了28间门面房，商业面积使用率达到百分之百。招商信息一经发布，很快就预订一空。"我老爹老娘给我打电话，说村里搞了一个巴扎，我回来一看真漂亮，就赶快租下来，搞个火锅店。除了我跟媳妇，还能再招十几个贫困户来当服务员。"海力力·吉力力是地地道道的本村人，前几年到阿克苏市区打工赚了一些钱，但是这两年城里生意并不好做，所以他决心返乡创业。跟他做邻居的，还有一些过去零散摆摊的商户。他们主动"升级"，扩大规模，看中的就是"团结巴扎"的美好环境。靠繁荣市场带动就业，增强人们开阔眼界、勤劳致富的干劲，这在内地已不新鲜，但是在新疆，尤其是在少数民族聚居区仍然能够释放出巨大的活力。

除了巴扎繁荣市场，杭州市援疆指挥部还全程参与了这个美丽乡村示范点的规划。产业要振兴，生态要宜居。"团结巴扎"采用的是白墙黛瓦江南建筑风格，配套建设一个3000平方米的中心广场，依托原有古树和建筑，打造一个夏能乘凉、冬能防寒的全村公共活动中心和文化组织阵地。

从扶贫到扶智再到扶志，杭州市援疆指挥部不断激励贫困群众提高认识、更新观念、自立自强，唤起贫困群众自我脱贫的斗志和决心。

被帮扶改变命运的永平人

——复旦大学定点帮扶云南永平县侧记

张志银

2019 年 4 月，云南省永平县喜迎捷报——经云南省州市审核、审计核查和第三方实地评估检查，达到贫困县退出标准，拟退出贫困县序列。千里之外的复旦大学全体师生同样欢欣鼓舞。6 年来，凭借自身独特优势，复旦大学立足实际、精准施策，积极贡献了高校助力脱贫的智慧和力量，从教育和医疗等方面帮扶，组成了脱贫同心圆、攻坚朋友圈，合力助推永平打赢脱贫攻坚战。

打开知识窗，做因学而变的好运人

周末，阳光明媚，春风和煦，阮玉佳手捧书本，坐在复旦大学的校内草坪地，戴着耳机，一边听着音乐，一边翻着书本，享受她美好的校园生活。

说起复旦大学，阮玉佳的心中充满感激之情。"我的命运就是因为它才得以改变。"初春的复旦校园，绿意盎然。"刚来到上海的时候，我的心里像是一棵刚刚破土的小树苗，充满希望。"阮玉佳笑着说。

阮玉佳是从永平县的贫困山区走出来的。因为贫困，那里有很多孩子辍学，她也曾经是其中之一。初三那年，由于家中无力供阮玉佳上学，她只能选择辍学回家。对口帮扶永平县的复旦大学了解到相关情况后，积极采取帮扶措施，把她安排到复旦大学后勤公司继续完成职业高中学习。从此，阮玉佳的命运悄然发生改变。

在明亮宽敞的阅览室读书，在柔软的草坪上谈论理想……那段时间，是阮玉佳最快乐的一段时光。在日记里，她写下这样一段话："在复旦的草坪上，我第一次明白，还有那么多机会等待着有心、有准备的人。生命中的灿烂，人生中的美好，往往不期而遇，我能做的就是尽心尽力，学习最好的服务技巧，汲取更多知识。"

如今，阮玉佳在上海一家食品公司担任客服主管，成了名副其实的工薪阶层。喝咖啡、看电影、逛商场……和众多上海女孩一样，阮玉佳在这里找到了新的生活。

2016年5月9日，《人民日报》刊登了阮玉佳的文章——《最好的年华应与时代共鸣》，文中这样写道："因为简单、贫瘠，这里的生活像一本单薄的流水账……直到复旦大学同永平县建立精准脱贫实训基地，为我推开了那扇无形的铁门。"

2018年5月30日，复旦大学党委书记焦扬带队来到永平县博南镇胜泉村小学看望当地小学生，她带去的是阮玉佳的励志故事。

与阮玉佳一样得到复旦大学帮扶，改变命运来到上海拼搏的还有秦川露。

秦川露，90后姑娘，阮玉佳的同学。2016年3月到上海后，从实习到正式参加工作一直留在复旦大学后勤公司，从事着餐饮服务工作，工作简单而充实，生活多彩而平稳。

阮玉佳和秦川露人生轨迹的改变并非偶然，而是复旦大学对永平县教育扶贫工作中精准施策的缩影。自2012年对永平县开展定点帮扶以来，针对当地教育条件薄弱、教育观念落后、部分学生求学动力不强等问题，复旦大学相继推出提供助学资金、搭建两地学生共同成长平台、签订实习协议、培养教师等多项帮扶举措，惠及当地师生500余人。其中，复旦大学后勤服务发展公司与永平县职业高级中学签订协议，每年接收10名永平县职业高级中学毕业生到公司实习或工作，帮助解决就业问题；复旦附属中小学共接收永平派

2018 年 5 月 30 日，复旦大学党委书记焦扬带队来到胜泉村小学看望学生

出的 5 轮 24 名中小学校长和骨干教师挂职学习和进修培训；复旦大学烛心社连续四年到永平开展学生夏令营，前后有 700 余名学生受益。

另外，复旦大学还与永平县教育局、永平县职业中学达成初步协议，计划建立复旦后勤定向班，预计招生规模 50 人，复旦后勤公司每年为定向班提供 5 万元资金，用于资助贫困生、奖励优秀学生、添置实训设备，学生毕业后可到复旦后勤公司实习、上班。

在复旦大学的帮扶下，永平县师资力量日益增强，教学质量和学生素质逐年提高，高质量的教学正在帮助更多贫困家庭阻断贫困的代际传递。

千里行医者，圆因"医"而来的健康梦

用天真无邪的眼睛去发现生活中的美好，用一颗炽热的童心去感受生命中的温暖，用一脸童真的笑容去感染身边的人，这就是杨佳佳乐观面对生活

的样子。

杨佳佳是个患有马蹄内翻足畸形的孩子，外婆给她买的鞋子，她都穿不了。其他小朋友也会嘲笑她，不愿意跟她玩，这给她的童年蒙上了一层灰色。

2017年12月29日，是杨佳佳命运改变的日子。复旦大学选派到永平县博南镇曲硐村的第一书记张志强，带领一支复旦大学医疗队到了曲硐村。

"孩子的脚这样，怎么不早点去治？"

"她爸说要再攒点钱。"

在张志强的协调沟通下，复旦大学附属儿科医院小儿骨外科主任王达辉确认了手术可行性，复旦大学附属儿科医院骨科医生宁波为杨佳佳进行手术，复旦大学校友章滨云为他们一家承担了往返上海的交通费和食宿费。

2018年1月24日，手术获得圆满成功。杨佳佳迎来了新的生活。由于年龄小，恢复快，做完手术后仅半年时间就康复了。康复后的她变得更加乐观，也更加爱笑了。

现在杨佳佳有了好朋友。除了上学，她还会和妈妈手拉手去地里干活，卷起衣袖帮妈妈洗衣服，拿起扫帚打扫家里的卫生，走进厨房当起洗碗小能手。

2018年2月，复旦大学选派到永平县博南镇曲硐村的第一书记张志强看望出院回家的杨佳佳

同样得到帮助的还有6岁的杨康琳丹，在复旦大学"陈灏珠院士医学人才培养基金"的帮助下，杨康琳丹的先天性心脏病被成功治愈。

目前，永平县建档立卡贫困人口共有6055户21681人，其中，因病致贫 654 户 2324 人，因病致贫占比 10.8%。

如何对症下药？复旦大学将目光瞄准了培养优秀医务工作者，截至目前已累计培训 6000 多人次。

田大全，永平县人民医院内一科主任，复旦大学在永平开展健康帮扶，他是见证者。

"以前我们为病人诊断时主要依靠 X 光片，一些细微的病灶看不出。就算看到了，也不敢断定是什么病，诊断报告上只好写上'某某病可疑'。"田大全介绍道。

复旦大学为这名医生开出了"药方"。作为 102 名赴沪进修人员之一，田大全曾两次去上海学习，2014 年在华山医院神经内科，他学会了诊断许多常见却难以分辨的疾病；2017 年在中山医院学习心脏介入手术，他参与了数百台心脏手术，独立操作冠脉造影超过 1000 次，对临时起搏器植入、放支架等操作了然于心。

"对于复旦大学的帮扶，让我感到最受用的是在上海进修期间养成了规范的诊疗行为，这是做一名合格医务工作者的基础。"田大全表示。

为了有效完成对永平县的健康帮扶，复旦大学多次派出优秀团队和专业医务人员前往永平。金山医院影像科主治医师刘文是第二批援助医疗队成员之一，在他的专业指导下，永平县人民医院放射科医生施显军和同事们通过 X 线图像就能快速判定疾病，一些原本在大理州医院都无法查明的疾病，如今在县级医院就能很快确诊。同时，永平县医务工作者的工作态度愈发积极，面对工作和生活充满了信心。

此外，复旦大学还牵线医疗资源，架起了连心桥。2019 年 3 月 26 日，香港大学李嘉诚医学院"医学扶贫社会服务基地"在永平县挂牌。2019 年 4 月 9 日，复旦大学附属医院心血管病李高平专家工作站、神经内科邬剑军工作站、儿科影像乔中伟专家工作站、妇产科吴志勇专家工作站、重症医学钟志越专家工作站，5个工作站集中"落户"永平县。这为永平县医疗卫生事业发展带来了新机遇。

帮扶时间有限，帮扶情谊无限。复旦大学为永平县贫困人群送去的是改变人生、把握命运的机会，是努力奋斗就能脱贫致富的希望。双方用6年的持续接力，燃起复旦大学与永平县的炽热之情，紧握同频共振的时代脉搏，唱响铿锵有力的永平明天。

"直过民族"的幸福跨越

——华能澜沧江公司帮扶云南省拉祜族、佤族贫困村脱贫纪实

史玉梅

"感谢党、感谢华能澜沧江公司，让我们'直过民族'实现了'大跨越'，脱贫致富奔小康，能过上现在这么好的生活，我们有福气啊！"云南省普洱市澜沧县富邦乡党委书记张艳花真情溢于言表。

随着云南脱贫攻坚迈入关键时期，华能澜沧江公司用实际行动投身精准扶贫，誓让帮扶地区的云南"直过民族"从刀耕火种、木板房、石棉瓦、土坯房，过上独门独院、果蔬绿意、水泥路面、太阳能路灯、青山环绕、天然氧吧的生活，树立企业与地方互相支持、互相促进、共同发展的良好典范，践行"建设一座电站、带动一方经济、保护一片环境、造福一方百姓、共建一方和谐"的社会责任理念。

乐安居："土窝窝"变成"福窝窝"

"感谢华能，帮扶5万元让我家新建了这宽敞明亮的住房，又补贴19500元帮忙改造了猪牛圈、建了生态茶园、购买了3头能繁母猪、3头能繁母牛，我们不但住上新房，还有钱挣，真是从'土窝窝'变成了'福窝窝'！"澜沧县富邦乡佛房脚村贫困户扎克开心地说。

华能集团帮扶"直过民族"佤族和拉祜族脱贫攻坚，仅在澜沧县富邦乡佛房脚村，就投入资金304.965万元用于安居房建设。帮扶资金每户5万元，依

据每户人口及各自经济承受能力，建筑面积 70 到 120 平方米不等的安居房。至 2017 年底，全村 30 户 107 人建档立卡贫困人口全部实现脱贫。如今，寨子整洁漂亮、交通便利，民间交易往来逐渐频繁，农民收入渠道不断拓宽，佛房脚村已成为华能帮扶澜沧江"直过民族"精准扶贫整村（自然村）脱贫的示范样板。

普洱市澜沧县和临沧市双江、耿马、沧源县居住的拉祜族、佤族是典型的"直过民族"，经济社会起步晚，社会发育程度低，发展基础薄弱，是脱贫攻坚中的"硬骨头"。沧源县是全国仅有的两个佤族自治县之一，也是最大的佤族聚居县，当地贫困户较多，共有建档立卡贫困人口 5569 户 1.8967 万人，很多人家还居住在破败的小屋里。

"忙活了大半辈子，终于有了像样的房子。"沧源县怕结村赵国进 2018 年通过华能集团帮扶 3 万元，自己贷款 3 万元，盖起了新房，现在家里养猪、养鸡，种佛手柑、核桃等，一年收入 1 万多元，终于摘掉了"贫困户"的帽子。同赵国进一样，全村 22 户建档立卡贫困户均搬进依山而建、独门独院的房子，自来水管和储水池一应俱全，每户门前院内都有菜地，全部实现脱贫。现在，全村水泥路面环绕，太阳能路灯林立，水、电、路、4G 网络全通，成了让人羡慕的宜居天堂。

拓产业：促进农业供给侧改革

"产业兴则农民富，农民富则经济活"，农村产业化扶贫是精准扶贫和农业供给侧结构性改革的重要内容和抓手。

在耿马傣族佤族自治县翁达村，一种当地特有的"省藤"格外引人注目。"翁达鼓凳"就是用省藤编制出的具有当地特色的民间传统手工艺品。结合产业发展实际，华能集团自 2016 年起，每年投入 40 万元在翁达村培育特色产业，"翁达鼓凳"也搭上互联网的快车，走出了佤山，走向全国。

临沧市沧源县农户编制鼓凳凳辫

"一对大点的鼓凳能卖到700块钱，还供不应求，要提前预订。"村上一位老人说，去年仅"鼓凳"圈辫她就挣了8000元。在华能集团的帮扶下，村里成立了"翁达藤篾鼓凳编制专业合作社"，全村3300亩"省藤"产值达300多万元，今后不但要扩大种植规模，还能把这一传统手工艺传承下去。

澜沧县是全国唯一的拉祜族自治县，全县贫困人口数量位列云南第四、普洱市第一。华能公司计划4年投入13.5亿元集中帮扶澜沧县20个乡镇的22.88万拉祜族、佤族贫困人口。

在澜沧竹塘哈咧哈嘎肉牛养殖农民专业合作社厂区，成群毛色润泽的牛群在山坡上悠闲吃草，生态农庄内少数民族特色商品应有尽有。这个集养殖放牧、休闲观光、民族文化特色度假区为一体的万亩草山就是澜沧县依托龙头企业带动贫困户脱贫的项目之一，华能公司帮扶建档立卡贫困户每家1.5万元，由当地企业统一购买基础母牛，并对群众入股的适龄繁殖母牛群进行统一管理，形成了规模化养殖和一条龙的产销模式，其肉牛及制品在当地供不应求。

以培养贫困地区可持续发展能力为目标，资助贫困地区发展特色农业、旅游业、养殖业和手工艺品制作，为贫困地区打开通往致富之路，是华能公司的追求。临沧市双江县忙糯乡小坝子村，共居住拉祜族81户258人。华能澜沧江公司与小坝子村党支部因地制宜，投入资金20万元，成立蔬菜种植专业合作社，带领村民种植马铃薯＋套种经济作物，2018年小坝子村委会蔬菜产业总产值为840万元，总利润676万元，人均纯收入达4320元。这种"突出特色选产业、突出市场选产业、突出绿色选产业"的总体思路，既抓好传统产业发展，又着力培育新兴产业和发展"短平快"项目，建立"企业＋合作社（村集体）＋基地＋贫困户"的多元化农业产业发展模式，把"输血"变为"造血"，有力促进了产业可持续发展。

打赢脱贫攻坚战是国有企业的政治使命，也是国企义不容辞的担当。从2016年起，4年内华能澜沧江公司共计将投入资金20亿元，帮扶澜沧拉祜族自治县、沧源佤族自治县、耿马傣族佤族自治县、双江拉祜族佤族布朗族傣族自治县4县拉祜族、佤族聚居区，建档立卡贫困人口16.05万，实施精准扶贫、精准脱贫。

牌坊村：望向十年之后

高永伟

2019 年 4 月 20 日清晨，牌坊村贫困户杨远成吃过早饭，就往村部赶。老人今年 81 岁，身体还算硬朗，从山坳的家里出发，沿着青翠的山路，走路半小时就到。8 点钟抵达村部前小广场的时候，已经有几个乡亲在那里了。他赶紧找村委会的小伙子领了个号，11 号。"还算很靠前的。"杨远成在准备好的凳子上坐下来。

"老了，我这胃吃了饭就不舒服。""你这身体怎么样？""走路好好的，就是喘粗气。""没事，一会儿让专家望向望向（看看）。"……乡亲们陆续都到了，在小广场上你一言我一语边聊边等。

这一天是北京专家到牌坊村坐诊看病的日子。牌坊村是安徽省六安市金寨县 71 个重点贫困村之一，2018 年 4 月由人社部全国人才流动中心（下称"人才中心"）定点帮扶。抓党建促脱贫、长远规划产业、选优配强村"两委"、请专家大夫进村义诊……一系列措施，给这个建档立卡初期贫困发生率高达 26% 的山村注入了新的活力。

专家号进村

看着乡亲们越来越多，驻村扶贫工作队队员潘亮亮把小广场大屏幕上蓝底黄字的"全国人才流动中心党委赴牌坊村送医送药义诊活动"界面换成了戏曲选段。自 2017 年 4 月由六安市人社局派驻到村里以来，两年过去了，他逐渐成为村里的一分子。去年人才中心捐赠的这块露天屏幕，也成了他与村民

中日友好医院大夫现场义诊

交流的方式之一。

9点，一辆中巴车在村民的期待下拐到了小广场上。坐在前面的杨远成不禁站了起来。人才中心主任王建华和工作人员带着北京专家团和村里需要的药品到了。

这是王建华第二次带队到村送药义诊，曾经在金寨挂职县委副书记的他，一直惦记着这片红色土地。2018年初人社部扶贫办安排人才中心定点帮扶牌坊村后，一年中，他带队五六次，从北京出发，换乘两趟高铁，再从县城搭车一个半小时颠簸到村里走访调研。

调研清楚才能精准帮扶。了解到村里因病致贫率高达60%后，人才中心与北京知名医院对接，把专家请到村里，让乡亲们在家门口看上专家号。

简单的药品捐赠仪式后，问诊开始了。这次来的是中日友好医院的4位大夫。

乡亲："时不时头晕""消化差，吃了饭不舒服""高血压几十年了""4年前动过手术"……

大夫："慢慢说""睡眠怎么样""神经方面的药不要停""现在吃什么药""血压这样可以，不要降太低"……

杨远成拿的号靠前，很快就轮到了。给他看病的中日友好医院国际部主任朱宇清大夫记了满满一

中日友好医院朱宇清大夫在给杨远成听诊

张纸，先写上此前吃的药，再记下她建议调换的药，然后递给旁边的村医存档、取药。

"村里 90% 的病与心脑血管有关。老年人多，要早预防、早管理。"临近中午，问诊结束后，朱宇清大夫总结了村里的情况。"脑心通胶囊""活血止痛膏""稳心颗粒"……此次带来的 23 种药品，基本涵盖了村里日常看病需要。

人才中心工作人员介绍，这次的药品是根据村医要求采购的。从 2018 年第一次义诊以来，人才中心不断积累经验，增加针对性，让义诊、用药更"精准"。并计划在这两次义诊基础上，对村里因病致贫情况建立档案，下次专门请某领域的专家，让诊病更加有针对性。

北京的专家要给自己建医疗档案，最高兴的莫过于杨远成这些乡亲们了。"大夫问得细，记得详。"临近中午回家吃饭，看完病的杨远成可以慢慢往回走了。不过他下午还要来。"听北京专家的健康讲座。"

年轻人问政

"村支书是 1991 年的，村文书 1989 年的，民兵营长 1991 年的，后备干部 1996 年的。"说起牌坊村的干部队伍，驻村第一书记、扶贫工作队队长孙祖文

"90后"村支书陈琳和驻村工作队一起在人社部捐赠的党建书籍前

显得轻松愉悦了起来。从 2017 年 4 月由六安市人社局派驻到牌坊村，孙祖文和这个村一起，经历了脱胎换骨、浴火重生的两年。2017 年孙祖文刚到村时，村"两委"组织涣散，工作开展处处受掣肘。2017 年建土特产加工厂，被村里说成是脖子上挂油葫芦——自讨苦吃，直到加工厂建成开业当天，相关领导到现场支持，他和工作队队员潘亮亮还在灰头土脸忙着挂横幅。

2018 年初村"两委"换届，干部年轻化。人才中心对口帮扶牌坊村后，第一件事就是抓党建促脱贫。"90后"村支书陈琳不会忘记，他当选村支书后第一趟差，就到了北京，与人才中心领导面对面交流。2018 年底，他又和村里的两名年轻党员到人才中心组织的延安干部学院枣园分院接受培训，学习习近平新时代中国特色社会主义思想和党的十九大精神、基层党建工作方法。"给钱给物，不如建个好支部"，现在的两委班子，既有陈琳这样锐意进取、主动吸纳新事物的"80后""90后"，也有熟悉村情，从妇女主任被选为村主任的"60后"。

随着脱贫攻坚的深入，贫困户陆续脱贫。从前骑自行车沿石子路一个小时"一蹦老高"颠簸着到镇上，现在沿硬化路用不了半小时就到了，村里基础设施大为改观，但风气改变并不明显。调整后的两委班子和驻村扶贫工作队一起，发起了一系列扶贫扶志与扶智的活动。"五星文明家庭""脱贫之星""最美牌坊村民"等评选活动陆续开展。

同时，人才中心在牌坊村建立"全国人才流动中心党委扶贫实践基地"，捐赠书籍5170册，筹集资金20万元，支持牌坊村乡风文明建设和党建活动。

这一系列举措，正改变着村里的风气。

"最美牌坊村民"首次获奖者秦朝云曾经是牌坊村出了名的"问题村民"，因历史遗留问题，对村里心怀不满。2018年5月的一天，村里两名村民酒后发生争斗，一人倒在血泊中，砍人者精神几乎失常。有村民路过，远远躲开。秦朝云下地干活看到后，奔跑到村部报案，工作队孙祖文、潘亮亮和扶贫专员冯春阳立即赶到现场，稳住砍人者情绪，报警、抢救、整夜陪护，生死速递，在死亡边缘挽救了伤者生命。

2018年8月，村"两委"在星级文明家庭表彰中，给予秦朝云"社会和谐星"的表彰。虽然是一个外人看来不起眼的荣誉，却让这个51岁的农村大姐流出了泪水。到年底的时候，她又被授予"最美牌坊村民"的称号。一件她认为力所能及的事，获得了村里真诚的认可。这个"问题村民"，已经成了村里的"模范村民"。

2018年底，牌坊村贫困发生率降至0.71%，群众满意度达标，顺利脱贫出列。

"最美牌坊村民"秦朝云在家接受记者采访

十里桃花种到家门口

2019 年 3 月 11 日，植树节前一天，村"两委"班子所有成员和工作队一起，足足开了 3 个小时会。议题就一个，如何使用人才中心 2019 年支持的 10 万元产业发展资金。从 2018 年定点帮扶开始，人才中心每年都拿出 10 万元，支持村里发展产业。参会的老青壮干部，为了牌坊村的未来争相发言，最后达成了一致结论。望向 10 年后，脱贫之后留下什么。

牌坊村所在的桃岭乡属梅山水库核心区，是水源涵养地，养殖业受到制约。隐藏在大别山腹地的青山绿水，让出去学习长了见识的村干部们有了长远的打算——打造花园牌坊。

植树节后的第 3 天，牌坊村种植大户吴继林家迎来了一位经常登门的熟人——驻村第一书记孙祖文。他是代表村里来动员吴继林种桃树的。吴继林和孙祖文同岁，两个人对未来，都同样充满期望。

吴继林年轻时在工地干活伤到了腰，干不了重活，他选择在村里谋发展，搞养殖，最多时他养的黑猪有 200 多头。2018 年为响应政府保护水源的号召，这个养殖大户、原先的黑猪合作社社长毅然关掉了养猪场，改养殖为种植，开始了"二次创业"。

驻村第一书记孙祖文（右）和吴继林在桃林地里

现在吴继林和妻子种着 10 来个大棚，西瓜、葡萄、黄瓜多个品类，为保证一年都有进账，他把生长期长和短的作物搭配种植，尽量做到错季上市，卖更高的价格。孙祖文代表村"两委"跟他讲的，也正是他一直想发展的——利用村里荒耕的地连片种植桃树。

村里用人才中心的 10 万元购买桃树苗，免费发给村民，家家户户分两棵种门口，像吴继林这样的大户带头连片种植，最终总种植面积达到 100 亩左右。加上去年种植的 200 亩红苔，牌坊村正成为名副其实的花园牌坊。

这得益于人才中心对牌坊村的帮扶方式，加强村"两委"建设后，支持专项资金，但不对具体项目进行干涉，让村"两委"有充分的自由，长远规划村子发展。

习近平总书记表达过对居民生活的期待是"望得见山、看得见水、记得住乡愁"，牌坊村，望向 10 年之后，是一个"藏"在桃林里的美丽村子，有青山绿水寄乡愁。

记者采访时，春风正暖，孙祖文和吴继林在正茁壮成长的桃林里，讨论着扩大种植面积的事。桃子成熟后，可以成立合作社，观光采摘，引导更多人参与进来。

脱贫后的牌坊村正走在乡村振兴的路上。

"现在只是一个开端。"孙祖文说。

"雁阵"西北飞　援疆助小康

——记新疆金富婕服装有限公司董事长孙绍伦

王晓霞

在脱贫攻坚的关键节点，他辞别深圳繁华之地，带队万里赴疆，力行产业报国，融入促进全面小康的诸多"雁阵"中。

他以神奇的建厂速度、极具特色的文化管理，让3000余名维吾尔族妇女下灶台、上机台，在西域之地创造出产业扶贫的传奇。

他，就是新疆金富婕服装有限公司（以下简称"金富婕公司"）董事长孙绍伦，该家企业为新疆产业援疆的名片企业、精准扶贫的窗口企业。

新疆金富婕服装有限公司董事长孙绍伦（中）在服装加工车间指导生产

商海搏击　难忘初心

大千世界，生命的轨迹千姿百态。但每个人的轨迹，却又总是离不开情怀的深远影响。孙绍伦的人生轨迹，同样如此。

孙绍伦的故乡是稷王故里——山西省运城市稷山县。他的爷爷早年走上革命道路，父亲是新中国成立后稷山县首任公安局长，母亲曾任县妇联主任。在最为困难的1960年，孙绍伦的母亲积极响应党的号召，主动去农村开展工作，曾任村支书、公社书记。受家庭影响，他的成长中自小便融入了爱国主义、集体主义情怀，这对他后来的成长和发展起了重要作用。

1980年金秋，18岁的孙绍伦报名参军，坐了几天几夜火车来到乌鲁木齐，从此和新疆这片遥远而神奇的土地结下了长达16年的不解之缘。历经22年的军旅生涯磨砺，他成为一名优秀军人。2002年，响应改制政策，孙绍伦脱下军装，投身商海。

高标准，严要求，要做就做到最好，在部队养成的工作作风也为他搏击市场注入强大能量，使他成长为一名颇具实力的企业家。2010年，在我国东西部扶贫协作的大格局中，深圳开始援助经济落后的喀什地区，至2019年，深圳市投入援疆资金近80亿元。强劲的援疆之风，让本就难释新疆情结的孙绍伦心中重燃万里赴疆的熊熊之火，他果断调整了事业规划。

2015年冬，为响应援疆号召，孙绍伦带队西行，成立了喀什美丽奥服装有限公司。2017年春，又成立了喀什金富婕服装有限公司，进一步壮大了援疆力量。

西域之地　缔造传奇

喀什，祖国南疆一片古老、沧桑之地。

从历史脉络看，它是古丝绸之路的重要通道；从经济发展看，它所处的

就业给维吾尔族妇女带来了深刻变化（金富婕公司的员工在做晨操）

南疆为全国深度贫困的"三区三州"之一，喀什地区有12个县（市），其中11个是深度贫困县；从民族成分看，喀什地区维吾尔族群众占比高达93.4%，绝大多数妇女听不懂普通话。

尽管已做好思想准备，但落地喀什后，在与招聘到的第一批员工见面时，孙绍伦还是大吃一惊，他发现女员工们面无表情。语言沟通的障碍究竟有多大？孙绍伦决定"把把脉"，于是，他提高声调喊："想上班的，请举手！"台下无任何反应。"请大家向前走一步！"现场依然一片沉寂。孙绍伦陷入了沉默。"连最基本的语言沟通都无法实现，今后的技能培训、员工管理该如何开展？"孙绍伦不禁心下着急起来。

不怕困难，不惧挑战，敢打硬仗，绝不退缩——很快，军人出身的孙绍伦身上那份固有的倔劲上来了。千难万难，干就不难。员工听不懂普通话？那就一点点地教，一点点地传帮带，一点点地啃下语言培训、技能传授、观念转变等现代文明素养提升这块"硬骨头"。对孙绍伦来说，喀什是一片向往已久的报国热土，无论有多少困难摆在面前，他都将一往无前。在喀什投资办企业，固然是他商旅的新起点，却更是他实现报国情怀的新舞台。更何况，喀什经济开发区已满腔热忱地张开双臂欢迎企业落地，提供了全方位的服务。

新疆有两个国家级经济开发区，喀什经济开发区为其中翘楚，这里仅深圳产业园就入驻了80多家企业，员工规模达13000人。孙绍伦成立的金富婕公司入驻喀什后，立即享受到开发区招商引资的优厚待遇：入驻黄金地段、面积达25000平方米的厂房，3年免租金；享受到水电补贴、产品运费补贴、员工培训补贴等一系列优惠条件。尤其让孙绍伦感动的是，开发区在"稳工"方面的举措十分给力：在用工需求方面，企业上报计划一周内，就会有干部带领一批女工上门供选；在员工管理方面，用工50人以上的乡镇，都会选派一名干部驻厂工作，名曰"带队干部"，承担本乡镇员工的考勤、纪律、生活保障、思想沟通等重要任务。因此，在金富婕公司乃至所有入驻开发区的企业中，出现了这样的景观：上班时，带队干部带着本乡镇的员工来上班；下班时，再把他们带走；上班期间，带队干部与员工共同出现在车间里。员工的工资由企业支付，带队干部的工资则由乡政府承担。"当地政府给予企业这么多支持，既送工上门，又安排带队干部协助管理，作为企业，我们必须把这些员工培养好、照顾好，为扶贫工作做出最大贡献。"孙绍伦说。

在国家扶贫政策支持下，孙绍伦与建厂元老创造了这样的建厂速度：15天装修完3个车间，5天安装完1760台国内最先进的服装生产设备，6天招聘到1300名员工，建厂2个月即通过了被装物资采购供应商的资格审查……对此，喀什地区一位领导曾说："老孙，你这可是深圳速度啊！"在这了不起的"深圳速度"后，不为人知的是，为把深圳的行政管理团队和技术骨干吸引过来，金富婕公司除开展思想工作外，还提供着月工资高于深圳30%的待遇。

从2017年9月创办至2019年6月，金富婕公司就交出了这样的扶贫成绩单：员工达到2300人，以解决贫困人口就业最多、产业规模最大，跻身为喀什经济开发区就业扶贫龙头企业，成为开发区脱贫攻坚的名片企业。目前，员工平均月工资为2500元，一个家庭有一人就业，就能基本解决全家脱贫问题。同时，金富婕公司还在喀什市的4个乡村支持建设"卫星工厂"和职业培训学校，就地就近解决了930人就业。在金富婕公司吸纳的就业人口中，贫困人口占54%。

长睫毛大眼睛、模样俊秀的维吾尔族少女阿依米热·买买提艾丽，与母亲同是金富婕公司员工。每天早晨，母女俩把自己收拾得整整齐齐，准点等候在喀什市浩罕乡夏木帕提夏村口，免费乘坐喀什市安排在各接送点的班车，跟随带队干部来公司上班。前几年，她的父亲因白血病去世，治疗中举债6万元，全家被纳入贫困户。现在，母女俩每月5000多元的收入，使家庭经济大为改观，阿依米热·买买提艾丽也变得更加活泼美丽。采访中，她兴奋地向

在金富婕公司就业后，阿依米热·买买提艾丽坚定了自己的理想——成为一名民族服装设计师。图为采访中，她向记者展示设计图

记者展示了业余时间手绘的多幅设计图，并说自己的人生梦想是做一名民族服装设计师。对这个年轻女孩来说，就业打开了她人生的崭新窗口。

精准培训打造"雁阵"

进入金富婕公司办公楼，记者看到迎面墙壁上一段标语十分引人注目："大雁之所以能够穿越风雨、行稳致远，关键在于其结伴成行，相互借力。"孙绍伦说，他希望公司能以习近平总书记在"一带一路"国际合作高峰论坛上这一充满哲理的指示为引领，打造一支行稳致远、团结协作、实力强大、报效祖国的产业"雁阵"。

千里之行，始于足下。面对南疆语言不通、文化程度低的群众，为加快维吾尔族妇女从农民到产业工人、从走下灶台到走上机台的进程，金富婕公司采取了独特的治企秘籍——准军事化管理。

金富婕公司有一支特别的管理团队，65名行政、技术管理人员中，军人出身的占70%；在高层管理人员中，复转军人占比高达90%。发挥这一优势，公司将军旅文化融入企业管理的诸多环节：员工入职之初，要参加为期一周的军训，以培养她们的纪律意识；军训之后，又是为期一周的企业文化培训，以促进她们认同企业目标；每周一升国旗，每天清晨开晨会，每天收工开碰头会；发挥维吾尔族妇女能歌善舞的艺术特长，经常组织文化活动；针对特殊困难家庭，组织员工募捐活动……办法总比困难多，这些举措卓有成效地促进了维吾尔族妇女的产业化进程。

扶贫先扶智，治贫先治愚。为解决少数民族员工的语言沟通问题，金富婕公司精准施策，实施了"观念培育＋普通话学习＋技能培训"的三位一体培训。其中，在普通话学习上，以蚂蚁搬家的持之以恒精神，执行"日学一词、周学一句、月会一段"的培训指标，日积月累，收效显著。现在，公司员工中能听懂普通话的占60%，能讲普通话的占30%。语言障碍的克服，显著提升着公司管理的"雁阵"化进程。

在技能培训上，金富婕公司采用老师傅带新学员的办法。由成长起来的技术骨干带新员工，一级级传帮带，一层层脱颖而出，并制定行之有效的激励机制：老员工每培养一名合格员工，可获激励奖金1000元。现在，公司的8名车间副主任、13名业务部门助理、24名生产技术指导员、66名班组长，都来自当地少数民族员工。

"性相近，习相远。"在独特的企业文化引领下，金富婕公司的维吾尔族女工们实现了从外到内的巨大转变。就业前，她们每日从事繁重农活和家务劳动，虽任劳任怨，但因无经济收入，家庭地位较低。就业后，她们日常生活讲卫生了，出门注重仪表了，见到陌生人能主动用普通话打招呼了，工作场合守纪律了，干起活来讲效率了。喀什地区扶贫办一位工作人员笑称，当地家庭以前大都是丈夫说了算，现在，妇女们也有了发言权。这一现象反映出妇女地位的变化、女性觉悟的提升。

化着淡妆，与记者交谈中还略显羞涩的29岁的热孜亚·卡迪尔，已经是3个孩子的母亲。2017年7月，她从喀什市浩罕乡走进公司接受培训，如今每月能挣到2500元工资。"可以挣钱了，家里宽裕了，花钱自由了，婆婆对我比从前好多了。"采访中，热孜亚·卡迪尔一连用四个"了"表达获得感。以前，每花一分钱，她都得求助于丈夫，入厂工作后，不仅有生以来第一次花近百元买来了化妆品，还用自己的工资为婆婆买了新衣服，体会到了做女人的尊严。从前，洗衣做饭、接送孩子、照顾老人等家务都由她一人承担，现在，她只要遇有加班，丈夫就提前做好了饭，再骑着电动车接她下班。回家路上，夜风吹拂着头发，坐在丈夫身后的热孜亚·卡迪尔对婚姻、爱情有了更多思考。

在金富婕公司宽敞的厂房里，在"嚓嚓嚓"的缝纫声中，每个车间22个班组250名员工端正地坐在机台前，以对新生活的追求、对工作的投入，改写着自己的命运。

2018年7月，南疆四地州深度贫困地区脱贫攻坚现场推进会暨对口帮扶工作会议在喀什召开，国务院扶贫办主任刘永富在金富婕公司考察产业扶贫工作时说："在党中央前所未有的政策支持下，在援疆干部前所未有的帮扶下，在喀什地区干部群众前所未有的艰苦奋斗下，产生了一批优秀的援疆企业。希望这些企业加强管理、攻坚克难，为维吾尔族群众早日脱贫作出更大贡献。"三个"前所未有"，激励着南疆各族干部群众和援疆各方力量在全面小康之路上更加砥砺前行，在新时代"一带一路"的"桥头堡"上缔造新的辉煌。

"而今迈步从头越。"新疆军旅——深圳搏击——南疆报国，孙绍伦的人生拐了一个大弯后，又直抵青春岁月的梦萦魂绕之地。关山迢迢，万里赴疆，孙绍伦和金富婕公司的产业援疆报国梦，精彩更在前头。

阜平娃娃有福了

——北京"老校长下乡"精准助力河北阜平侧记

王晓霞

这是一次脱贫攻坚战中的深情牵手。在全面小康征程中，祖国首都的老校长们，与集革命老区县、全山区县、国家扶贫开发工作重点县于一身的河北省阜平县的师生们携手共行，共阻代际贫困传递。

这是一种教育供需的精准对接。京城的优质教育资源，甘霖般洒在了阜平这片急需教育哺乳的热土上，而老校长们教书育人的深厚情怀也重焕光彩。

这项工作，就是北京教育系统关工委于2016年9月启动的"老校长下乡"。迄今为止，北京共有16位退休老校长、书记、教师在阜平县9个乡镇的12所乡村学校支教。有道是，好校长在哪里，好教育就在哪里。北京老校长们3年来的爱心灌溉，使阜平教育之春生机勃发，桃李芬芳。

阜平：教育穷县打了一个翻身仗

2016年，教育部关工委决定启动"老校长下乡"工作，北京市作为试点之一，将京郊密云、河北阜平两县确定为受援地。

阜平，太行山区的一片红色热土。

第二次国内革命战争时期，中国工农红军在阜平建立了北方第一个红色政权。抗日战争时期，阜平是我党第一个敌后抗日民主根据地。当年9万人的阜平县，2万人参军，5000人牺牲，几乎家家有烈士。新中国成立后，阜平经济社会发展虽取得较大进步，但横向看仍差距很大，而教育上的落后，更是成为经济文化落后的典型体现。2012年岁末，习近平总书记踏雪阜平，留下了殷殷叮嘱，也开启了阜平县加速奔跑的新时代。

"小康不小康，关键看老乡。"阜平县委县政府带领全县人民后发赶超，誓要攻坚克难，共进小康。

"只要有信心，黄土变成金。"儿童是祖国的花朵，孩子是家庭的希望。勤劳朴实的阜平人民认为，一个家庭再穷困，只要有娃在学堂，这个家庭就有光亮、有动力、有希望、有信心。因此，教育的蓬勃之态，最能激发全县的脱贫之势。

"扶贫必扶智，治贫先治愚。"于是，教育成为阜平县脱贫攻坚的重要抓手，短短几年，阜平县打出了漂亮的教育翻身仗，教育扶贫成为全县脱贫攻坚的排头兵。

2015年以来，阜平县13个乡镇纷纷拥有了一所宽敞明亮的寄宿制学校；引进衡水中学、保师附校、保定十七中等名校，加快了城乡教育一体化发展进程；通过特岗计划、高薪招聘、劳务派遣、志愿服务等多种途径，补充乡村教师925名；培育了县级以上优秀骨干教师230余名，其中，张建华老师获评全国十大教书育人楷模；九年义务教育入学率、巩固率均实现100%，高中阶段毛入学率达到92.4%。2018年，阜平县高分通过国家义务教育发展基本均衡评估验收。

教师是教育质量的关键。在教育扶贫的决战中，还有一件大事令阜平人民欢欣鼓舞，那就是这个贫困县拥有一批来自北京的老校长们。这是珍贵的教育资源，也是全县家长们的骄傲所在。他们说，"咱阜平的娃们，真有福气。"

北京老校长：爱用行动来证明

"爱用行动来证明，播撒真情奉献中。阜平支教担使命，平凡善举为后生。"2018年秋，在教育部关工委举办的京津冀"老校长下乡"工作推进会上，北京汇文中学原党总支书记白瑞祥这样以诗言志。

2016年秋，作为第一批支教的老校长，白瑞祥与东城区培新小学原校长李占芳、北京市崇文小学特级教师付宝环一行三人，走进太行山下的阜平县，共同扶持城南庄镇石猴小学、谷家庄小学两所小学的发展。

原先，这两所学校的老师们认为，教科研很"高大上"，只有优质学校才能开展。而今，"薄弱校也可以开展教科研"，成为教师们的自勉和实践。在几位支教老校长的带领下，这两所小学的校长和10名骨干教师还走出大山、走进首都，免费接受培训。为让更多教师享受到前瞻的教育理念、学到精彩的观摩课，白瑞祥还帮助他们申请到了VR课堂。谈及此，白瑞祥说："这几年，阜平的孩子们有了不错的教室，中午也能吃到肉了，但教学资源还是很有限。现在，有了VR就不一样了。要知道，北京有些学校也享受不到（VR）。"

"春眠不觉晓，处处闻啼鸟……"4月15日下午，峻峭连绵的太行山上杨柳播绿，如云似霞般的桃花沁人心脾。山脚下的石猴小学校园里，20多个小学生正一边响亮地吟诵着古诗词，一边轻盈地跳着韵律操。经过15分钟的吟诵、运动后，孩子们个个小脸红扑扑的，眼睛里闪耀着明亮的光芒。这项既"悦读"古诗词又强体健魄的"古诗韵律操"，由白瑞祥帮扶团队从北京市东城区一所小学引入，广受师生欢迎。

3年来，这两所小学的学生，从音体美只是停留在课程表里的文字，到现在有了自己的校歌和合唱团；从见到生人就脸红，到可以落落大方吟诗唱歌。"春风化雨洒下满园春色，校长下乡送来盈室曙光。"谷家庄小学的赵庆山老师，以这样一副对联表达了感恩之情。

北京"老校长下乡"工作第二期也于 2018 年 10 月 22 日全面启动，仍是为期 3 年。北京建筑大学附属小学原校长贾秋惠是支教阜平的第二批老校长之一。她清楚记得，2018 年 10 月，她刚走进阜平县西下关中心小学的教室后，最初 10 分钟里，无论她怎样努力，孩子们就是腼腆得开不了口。如今，半年多过去，孩子们见她总有说不完的话，每次她离开时，总要围着问："贾校长，下次什么时候再来给我们上课啊？"而对贾秋惠来说，为了这每月一次的赴约，退休后的老伴成为她的"专职司机"。

刚来不久，贾秋惠就在该校一位年轻教师的教案中发现，教学活动、学生活动两项内容填写几无二致，这让贾秋惠第一次在教学层面体会到了贫困地区与京城的差异。经过贾秋惠三个回合的耐心启发与亲自修改，这位教师终于开窍了。之后，贾秋惠将这份教案复印多份，发给老师们对照学习。如今，全

在北京汇文中学原党总支书记白瑞祥帮扶团队的辅导下，阜平县石猴小学的孩子们享受到了"古诗韵律操"的乐趣

在北京市崇文小学原音乐特级教师付宝环的帮助下，阜平县谷家庄小学的孩子们已经能用口风琴演奏简单的曲目了

校教师的教案设计能力都有了显著提升。

北京市西城区奋斗小学原校长孟迎春，在阜平县平阳镇中心小学开展了"双香"教育，校园里书香弥漫、墨香氤氲。北京市第159中学原校长李亚明，引导阜平县台峪学校开展了诗歌朗诵、课本剧演出、名段摘抄，孩子们的阅读量节节攀升。

放下名校光环，走上支教道路。3年的坚持，对这些已经为教育事业奉献了大半辈子、身体透支严重的老校长们来说很不容易，但他们都无怨无悔。他们不仅在教育管理上指点迷津，还身先士卒登台授课；不仅自己支教，还动员京城名师前来授课；不仅奉献知识和智慧，还自费购买教学物资，并发动亲朋好友赞助；不仅自己走进来，还要把师生带出去，让他们感受外面世界的精彩……

情怀：这是一片值得付出的热土

莫道桑榆晚，为霞尚满天。

如果说，对美好生活的向往，是老区人民脱贫致富的内生动力，那么，以教育扶贫助推老区全面小康进程，以实际行动告慰长眠的英烈，则是"老校长下乡"工作的内生动力。

来到阜平后，在与受援校校长、老师的深入交流中，这片热土上曾经发生的悲壮故事，老区群众的艰苦生活，老区孩子对走出大山的渴望，在老校长们心中鲜活起来。尤其是聂荣臻元帅晚年那"阜平不富，死不瞑目"的期盼，更是深深揪着老校长们的心。"老牛明知夕阳晚，不用扬鞭自奋蹄"，这些老校长们甘愿放弃退休后的安逸生活，与阜平师生一起，以三尺讲台为战场，奋马扬鞭，只争朝夕。尽其所能，倾其所有。

刘建文，北京市西城区陶然亭小学原校长，2016年9月起支教阜平县北果园乡半沟小学。为使孩子们开阔视野、丰富生活，刘建文几乎想尽了办法：

在支教团队的协调下，阜平县谷家庄小学和石猴小学的校长老师们来到北京前门小学观摩学习

折纸、捏软泥、刮蜡画、做彩陶、制贺卡……这些在电视或电影里才能看到的课程，半沟小学的同学们有了亲身体验。3年来，为了开好这些新课，刘建文经常自费购买原材料。

付宝环，北京市崇文小学原音乐特级教师。来阜平支教后，她争分夺秒，生怕少上一节。对此，北京的同事曾劝她道："你都退休了，还不知爱惜身体？这么上课有个完吗？！"2019年4月15日，记者看到，面对前来调研的北京教育系统关工委的同志们，付宝环在讲述心路历程中声音哽咽："因为这是一片热土，值得我们这样去付出……"在她的努力下，她所在的崇文小学还捐赠了一批口风琴，如今，谷家庄小学的学生已经能用口风琴演奏一些曲目了。

孙锡霞，退休前任教于首都师范大学附属小学，为北京市骨干教师。她的父亲1938年参加革命，曾在河北保定、沧州等地浴血奋战。如今，重回这片热土，孙锡霞觉得，每当看到孩子们纯净的眼眸被知识点亮，就总是按捺不住心头的激动："有时我想，我是在延续父亲当年的梦想，这可能也是一种不忘初心吧。"常常晚上10点多了，阜平的老师们还在给孙锡霞发微信请教问

北京市西城区陶然亭小学原校长刘建文，辅导支教河北省阜平县北果园乡半沟小学的孩子们开展手工活动

题，而她总是耐心解答。

在北京科技大学附属中学原校长纪世铭和海淀区教师进修学校中学语文教研室原主任田福春的帮助下，阜平县城厢中学与著名的北京上地实验学校结为姊妹学校，老师们赴京参加了暑期研学交流。北京四中网校价值 42 万元的课程，也免费对城厢中学师生开放；王琪，退休前为北京市海淀区教师进修学校音乐教研员，他在爱人患淋巴癌的情况下，仍不中断阜平孩子们的音乐课……

诚于中者，形于外。老校长们退而不休、驰而不息，两地往返、数载支教，引领他们的，正是对阜平老区下一代的诚挚情怀。

多方助力：为老区孩子共撑一片蓝天

一项工作的持续运行，必然离不开与之相适应的机制保障。为把"老校长下乡"工作做实做好，北京教育系统关工委从北京师范大学、首都师范大学精准选派研究生志愿者承担校长助理工作，这一老少结合、教学相长的方式，既契合关工委的工作性质，也是结对帮扶的新形式。同时，还建立配套工作机制，以北京市委教育工委名义印发"老校长下乡"工作通知，并建立经费长效保障体系，由北京市教委将"老校长下乡"工作纳入北京市支持乡村学校发展计划，列入政府财政预算支出。而河北省教育厅、保定市教育局、阜平县教育局也尽力为老校长们开展工作提供全方位支持，多方携手，共为老区儿童撑起一片辽阔的天空。

阜平县教育局局长李丙亮告诉记者："老校长下乡，给了阜平老区最珍贵的资源、最解渴的帮扶，真正体现了精准扶贫的要求，是对阜平教育乃至全县脱贫攻坚的激励。"

灌溉当下，培根未来。功在当代，利在千秋。中国关心下一代工作委员会主任顾秀莲曾这样评价该项工作："老校长下乡"工作是贯彻落实习近平总书记重要指示精神，响应中央精准扶贫号召，充分发挥教育关工委优势，在基础教育领域实施精准教育扶贫的一项品牌工作，也是推动关心下一代事业更好发展的重要举措。北京教育关工委做了一件大好事，为教育扶贫作出了大贡献，抓在根本上，这种做法值得推广。

征衣不洗，马鞍不解。记者了解到，原本为期3年、将于2019年10月结束的第一期北京"老校长下乡"工作，将延期至2020年底，与受援地一起为打赢脱贫攻坚战而接力。北京市教育系统关工委在向老校长们提前单独征求意见时，无一拒绝。

太行山下，阜平老区，娃娃们仍将福泽延绵……

"烟""堰"相亲绘同心

——记国家烟草专卖局与湖北十堰的结对帮扶情

王万亮　张志银

　　雨后初霁,湖北省十堰市竹山县溢水镇朱洞口水汽氤氲、青翠欲滴。在此处的一座高架桥下,成群的中华小蜜蜂翩翩飞舞。溢水镇的这处中华蜜蜂繁殖基地是国家烟草专卖局为竹山县"量身定制"的一项扶贫产业,现已惠及竹山3个乡镇的600余户贫困户。

　　这仅是国家烟草专卖局因地制宜,定点帮扶十堰实施的系列帮扶举措中的一个生动案例。国家烟草专卖局对十堰的对口帮扶始于1992年。在20多年的帮扶工作中,尤其是脱贫攻坚战打响以来,国家烟草专卖局在干部挂职、资金投入等方面不断加大力度,为助力当地决胜脱贫攻坚注入了源源不断的动力。

老手艺焕发新活力

　　竹篾编织是一种富有地域特色的民间老手艺,曾在竹山县溢水镇一带十分盛行。然而,这门技艺在当地的传承却并非一帆风顺。受生产组织形式、市场等因素影响,一些艺人纷纷放弃篾匠身份而另谋他路;即便是留下来的坚守者,多数人也只是在闲暇时间编些鱼篓、背篓之类的普通产品,勉强赚得"仨瓜俩枣",要维持生计还得靠其他办法。

竹篾编织艺人在溢水镇扶贫车间"上班"

"前些年确实不景气，只是个人在家里编一些，收入太少啦。"说起自己的竹篾编织之路，溢水镇东川村的老篾匠肖友成感慨颇多。今年66岁的肖友成生在溢水，长在溢水，祖父是篾匠、父亲是篾匠，他10多岁的时候就能熟练编织多种竹篾制品。但是，篾匠这条路在他这一代却变得愈发艰难——缺少标准化的流程，没有规模化的组织生产，不注重品牌宣传等问题都是致使竹篾编织这门老手艺在当地渐趋没落的原因。眼瞅着编织竹篾的路越走越窄，肖友成心中焦急不已——他双脚残疾，无法从事重体力劳动，不能外出务工，如若编织竹篾无法维持生计，他岂不是要一直依靠救济生活？

事情的转机发生在2018年。这一年，结合溢水镇附近许多村民具有竹篾编织手艺的基础，国家烟草专卖局在此处援建了一座扶贫车间，专门进行竹篾制品加工、销售。车间建成后，肖友成及周边村镇的老篾匠们陆续赶来，成了这里的"长期工"。

"现在，我们只负责生产，销售的事有厂家呢。"肖友成说，"车间的产品样式可多呢，有灯笼、龙游篮、畚箕等几十种，销路好得很哟。我们计件挣钱，每天都能挣 100 多块！"

说话间，肖友成的脸上溢满喜悦与兴奋。置身溢水镇竹篾编织扶贫车间，屏息倾听，刮篾、编织的唰唰之声此起彼伏；环视四周，老艺人气定神闲地劈竹、划篾、刮篾、编织，动作娴熟、一气呵成。现在，每次看到一件件造型别致、做工精细的竹篾制品被各地来客驻足欣赏、青睐有加，车间内的老艺人们总是无比欣慰。

事实上，溢水镇的竹篾扶贫车间并非个例。2018 年，国家烟草专卖局投资近 500 万元在竹山县援建了 8 座扶贫车间，这对当地传承民间技艺、丰富脱贫渠道提供了有力支持。

一片烟叶一份情

"公路修到楼房边，烟叶铺满桃花源""家家户户忙种烟，脱贫致富好发展"……走进竹山县桃园村，老远便听到阵阵婉转的歌声，歌词大意都与烟叶有关。

"这是秦巴民歌'歌王'在歌唱烟叶产业呢！"竹山县官渡镇烟叶站负责人何平介绍，"老张在桃源村种烟历史上是第一个吃螃蟹的人。"

何平口中的"歌王"和"老张"说的都是桃源村党支部书记张佑德。桃源村地处秦巴山区，海拔、土壤条件、阳光气温等都非常适宜优质烟叶的生长，是一处极具潜力的烟叶种植区。然而，在国家烟草专卖局技术人员最初提出在该村发展烟叶种植产业时，却鲜有群众响应。对当地村民而言，种玉米、稻谷等作物是老祖宗留下来的传统，但种烟叶却是件新鲜事。"种植技术不懂，种植节气也没把握，万一没收成不就白白糟蹋土地了吗？"——这是当初多数村民都有的顾虑。

国家烟草专卖局帮竹山县建设的标准化生产烟田

　　为打消村民疑虑，2013年张佑德率先种了6亩烤烟。在国家烟草专卖局技术员的悉心指导下，老张凭着一股子干劲，虚心请教、用心钻研、辛勤劳作，当年烟叶收入6000余元。

　　"在我们这种偏远的小山村，靠种地收入6000元也算是奇迹了，当年镇上开大会给我戴了大红花，还奖了1000元呢！"回想起当初的情景，张佑德依然十分激动。眼见老张种烟叶获了利，村民们逐渐也动了心，加之国家烟草专卖局在技术、资金等方面的大力扶持，烟叶种植在桃源村迅速发展起来。在过去的5年时间，桃源村的烟叶种植面积一直在翻着筋斗往上涨，连续5年烤烟规模、产量和产值均位于全镇之首。2018年，桃源村的烟叶种植面积已由当初的不足100亩发展到800多亩。

　　烟叶是国家烟草专卖局结合自身优势，也是该单位助力竹山等县攻克贫困堡垒的一把利器。多年来，国家烟草专卖局始终坚持以现代农业为引领，加快推进现代烟草农业建设，积极探索适宜山区发展的致富产业。在国家烟草专卖局的引导、帮扶下，2018年竹山县共种植烤烟2.07万亩，带动781户烟农户均增收8.66万元，其中232户为贫困户。

名师课堂进乡间

教育是阻断贫困代际传递的有效途径。

在十堰市竹溪县，教育领域的短板曾一度是横亘在脱贫路上的一道障碍。竹溪县地处偏远，乡村学校普遍存在师资力量不足、学科"开不齐、开不好"的问题。

"世上无难事，只怕有心人。"在国家烟草专卖局定点帮扶竹溪县以来，是否在教育扶贫领域有所突破？现在竹溪县的乡村教育较之前又有哪些变化？带着这些问题，记者决定到当地的学校一探究竟。

5月29日下午，记者来到龙坝镇瓦楼沟村小学。此时，一间三年级的教室内，孩子们正在上着美术课，听讲、绘画、涂色，学生们一切如常——令人感到特别的是，在这间教室内记者同时见到了两位老师。

龙坝镇瓦楼沟村小学学生正在"双师教学"课堂上课

为什么是两位老师？原来，这是竹溪县推行的"双师教学"模式。"所谓'双师教学'，是教育和科技相结合的全新教育模式，将传统教学中老师的职责进行细分，让优秀的主讲老师通过直播的形式给更多班级的孩子上课，让接收端的辅导老师课上、课下陪伴、辅导本班学生的学习，两位老师各司其职。"竹溪县教育局装备站副站长说。这种模式非但没有浪费教师资源，反倒巧妙地解决了当地师资力量薄弱的问题，并实现了优秀教师和优质课程资源平衡、共享。

　　"双师教学"是国家烟草专卖局定点帮扶竹溪县实施教育扶贫的一个重点项目。近年来，该单位已投入 200 万元支持竹溪县"双师教育"项目，建设双师教学教室终端设备 70 套、直播间 4 个、进班专线 200 条和直播、智控中心服务器专线，采用线上名师直播授课＋线下教师实时辅导，形成双师教学的新模式。

　　目前，该项目已覆盖竹溪县南部 8 个乡镇的 97 个班级的一至三年级音乐、美术课程，三至四年级英语课程。下一步，国家烟草专卖局将继续支持项目建设推广，帮助当地再建 4 个直播间、新增 45 所小规模学校的 174 个班实现"双师教学"，进而实现对竹溪全县乡镇教学点全覆盖，让农村学生享有更为优质的教育资源，切实发挥好教育在阻断贫困代际传递中的作用。

军旗铭记这份誓言

——记联勤保障部队驻陕某部政委高海科

张俊凯

华州老腔吼千年，今天咱们唱新篇，

习主席发出脱贫令，子弟兵扶贫进山村，

军民打胜攻坚战，美丽乡村笑开颜……

7月的傍晚，在陕西省渭南市华州区高塘镇柿村的文化广场上，村民们又像往常一样聚集到这里。53岁的东凤珍正在演唱一首新改编的华州老腔，和着响亮的梆子声，高亢的音调久久回荡在广场上。

"我从小就爱唱歌，但是农村哪有我的用武之地？现在我们村有了文化广场，我的愿望算是实现了，这真是要感谢高政委咧！"

东凤珍口中的高政委，就是联勤保障部队驻陕某部政治委员——高海科。

2016年9月，中央军委后勤保障部和郑州联勤保障中心分别将督导帮扶华州区柿村、华阴市竹峪村、康宁村3个扶贫点的任务放在了他的肩头。高海科立下誓言：作为部队主官，作为扶贫点的负责人，我要两副担子都挑好，两个战场齐冲锋！

军民联动建班子，党员互助结对子，相互学习强素质，脱贫致富摘帽子。结对帮扶3年来，柿村、竹峪村先后摘掉了贫困帽子，康宁村脱贫率达到

90% 以上。这份亮眼的成绩单，是高海科带领群众爬坡过坎、钻研学习结出的硕果，也是这位陕西汉子不忘初心、坚守誓言的最好注脚。

守初心 敢担当 "我是个地道农村人"

穿上军装，他是祖国堡垒上的一枚不生锈的螺丝钉；进村扶贫，他是黄土塬上、革命老区里地地道道的"土专家"。

柿村地处华山脚下，是渭华起义的发源地。虽然有着鲜红的历史烙印，但是由于当地水土流失严重、耕地面积小，村民的生活水平一直很低，"靠天吃饭，赖地穿衣"成了村民生活的真实写照。

早就听说柿村生活苦，但是到底有多苦？第一次走进柿村，高海科就吃了一惊。"村子里连一条像样的公路都没有，房子破破烂烂，乡亲们就靠着几分薄田熬日子，外地姑娘都不愿意嫁进来……"

都说扶贫不简单，热情高涨的高海科刚开展工作就碰上一枚结结实实的钉子。

"部队来的干部懂农村吗？这村里的事可复

高海科（右一）走访慰问贫困群众

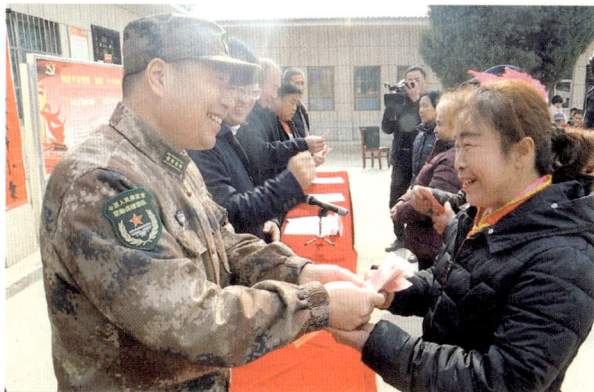

高海科（左一）等为贫困群众发放分红

杂哩！"

"他们不会就是装装样子，挂个'扶贫'的牌子就走了吧？"

"咱们村这么多年不都是一副老样子吗？我看啊，他们是'瞎子点灯——白费蜡'！"

……

"我从小是一个在灰里爬、泥里滚的'农村土娃子'，对于乡亲们的疑惑，我完全可以理解。"村民们七嘴八舌的议论并没有打消高海科的积极性，反倒是让他下定决心：在军营里，我誓当一名好战士；在农村，我也一定要干出一番样子来！

从那以后，高海科只要有空就往村民家里跑。讲政策，说来意，搞调研，摸情况，绿色的军装闪动在农家宅院、田间地头。渐渐地，村民的心门敞开了，话匣子也打开了。哪家的姑娘考上了大学、哪家的婆媳关系最好……大家都愿意把村里的事情告诉他。

农民要脱贫，观念要先行。在村民家中走访一段时间以后，高海科深切地感受到扶贫先扶志的重要性。"靠天靠地不如靠自己。大伙儿都想摘掉'穷帽子'，但是一没本钱，二没本事，只能苦熬干等。我既然来了，就是帮大家解决问题的！"

"坚定信念，听党指挥，不怕牺牲，矢志奋斗。"渭华起义的硝烟虽已散去，但是 16 字精神却镌刻在了历史的丰碑上。柿村村民中，有不少是革命烈士的后代，为了激励大家重拾信心，找回"战斗"精神，高海科和市镇村领导干部、贫困群众代表一起，奔赴河南省兰考县和山西省汾阳市贾家庄村参观学习。在焦桐下，他们将入党誓词喊得响亮；在四面红旗纪念馆，他们领略了"兰考人民多奇志，敢教日月换新天"的斗争精神；在贾家庄展览馆，他们决心壮大集体经济，发展红色旅游……

参观学习结束后，高海科马上组织村民们开会，大家你一言、我一语畅谈心得体会。"我平时总想学习一些农业技术，但是苦于没有资源，咱们村能不能建设一个图书阅览室？""我平时看个胃病都要跑到县医院，咱们村要是有个像样的卫生室就好了。""玉米的市场行情不太好，咱们能不能试试别的产业？我看人家的红色旅游发展不错。"……

村民们的思维如同跳跃的火苗，大家压抑已久的发展热情被瞬间激发出来了。高海科的心里既感到高兴，又感到身上的担子更重了几分。说一千道一万，不如现在开始干。高海科将大家的意见想法记录下来，围绕建设基础设施、发展特色产业、注重文化塑村提出了"不当百万富翁，建设亿万柿村"的发展思路。这个想法得到了村民的认可。"高政委，咱们就按你说的办！"

2018年刚开春，村图书阅览室和卫生室破土动工，半年后，两座崭新的建筑伫立在村委会两侧。

"这机器既省时又省力，现在看病方便得很！"坐在村卫生室远程诊断室的屏幕前，村民高麦绒正在和第四军医大学986医院的医生交流。几年前，高麦绒被检查出患有心脏病，在西安的医院治疗后，医生建议他经常去做检查，但是从柿村到西安要大半天的工夫，乡下人哪里耗得起？

就在高麦绒一筹莫展之际，来自部队的帮扶力量给了他希望。经过高海科协调，空军军医大学986医院与柿村卫生室达成合作关系，患者可以随时到村卫生室接受专家的会诊。"远程医疗5分钟，顶得上过去奔波5小时！"村医王欣笑着说。现在，柿村周围七村八店的患者都到这里看病。"卫生室先进，图书室亮堂，谁还敢说我们柿村落后？这可是高政委帮我们做的一件大实事咧！"眼看着村里的变化越来越大，村民孙灵草也越来越自豪。

文化卫生的难题解决了，高海科又在"玩"上打起了主意。2018年秋，高海科组织大家利用村里的一块闲置空地建起了文化广场，还协调资金添置了大鼓、唢呐、电影放映机等一批文化娱乐设备。如今每逢周末，《战狼》《红海行动》等一批国产优秀电影在广场上轮番上映，村民们携家带口前来观看，将广场前的小路围得水泄不通。

这边，锣鼓敲得震天响；那边，乒乓球比赛激战正酣。现在的柿村每天都像是在过年。"原本每到天黑，大家就聚在一起喝酒、打牌，自从有了这座文化广场，大家都来这里锻炼身体，万一来晚了，这些活动器材可是抢不上呢！"柿村第一书记张亮见证了村民们精神文化生活的变化。"从'在家等靠要'到'学比赶帮超'，柿村村民的精神面貌有了翻天覆地的转变，这些都离不开高政委的支持，我要为这样的好干部点赞！"

只要有信心，黄土变成金。乡亲们的变化被高海科看在眼里，记在心里。从18岁离乡入伍，36载军旅生涯，从普通战士成长为一名领导干部，不管在哪里任职，高海科的心思从未离开过这片养育他的黄土地。乡亲们的精气神上来了，高海科更加坚定了这份信念：在这个没有硝烟的战场上，我一定要帮助乡亲们战胜贫困，过上好日子！

栽莲菜　育果林　"咱们农民心里甜！"

"来来来，看看我们家新挂果的红心猕猴桃！"正值盛夏的晌午，村民郭铁栓在自家的20亩猕猴桃林里忙得不亦乐乎。儿子刚刚考上重点大学，自家的猕猴桃又丰收在望，这段时间，郭铁栓的心里乐开了花。"我们家去年挣了10多万，今年争取更上一层楼！"谈到2019年的目标，郭铁栓信心满满。

郭铁栓如今的生活令人羡慕，但就在几年前，他们家还是村里的"老大难"。"他的父亲患有脑溢血，妻子身体又不好，儿子读书等着用钱，他只能跑到渭南做电焊工，挣的都是血汗钱。"村书记郭焕民说，"后来他尝试种植猕猴桃，但是由于品种老化，果子又酸又涩，年底一算收入，还倒赔了不少钱。"

转变发生在2017年。这一年，高海科所在的部队开始结对帮扶柿村。在一次走访摸排中，高海科看到了这片猕猴桃林，果树虽然长势不错，但是果子稀稀拉拉，一问收成，更是让高海科吃惊。"这种老化品种注定要被市场淘汰，我们应该紧追消费者的脚步，种植市场上受欢迎的品种。"村民们遇到的困难让高海科眉头紧锁。为了让乡亲们的收入有保障，他带领大家淘汰低端

高海科（左）与镇村领导干部一起在莲塘拔除杂草

品种，选择种植独有的脐红和农大金猴新品种猕猴桃，猕猴桃刚一挂果，马上就有果商前来预订，运输猕猴桃的货车早早地等在村头。"现在，绿果果变成了金疙瘩，我们果农虽然身体累，但是心里甜！"看着漫山遍野的果树，郭铁栓的脸上掩不住喜悦。

如今，柿村猕猴桃已经发展到 1500 多亩，户均增收 15000 元。为了进一步打开猕猴桃销路，高海科还帮助村民注册了"华山红"商标，产品远销北京、河南等 10 余个省市。

军民携手，攻坚克难。2018 年，由军委后勤保障部投资建设的 167 亩清水莲菜生态园在柿村破土动工，但是在栽种过程中，由于天气干旱，新机井尚未打好，莲塘浇不上水。高海科知道，新芽必须有水的浸泡才能成活，如果继续供不上水，前期的所有努力都将白费，承诺给乡亲们的收益分红也将成为泡影。

"脱贫攻坚是党和国家赋予的光荣使命，只能成功，不能失败。清水莲菜项目关乎百姓利益和部队形象，只吹冲锋号，不打退堂鼓。"项目存亡之际，高海科站出来鼓励大家，并带头跳进泥塘疏通淤泥。此后的一周时间里，他和官兵、村民们日夜加班修复了10多公里的水渠。终于，山泉水流进了莲塘，昨天还挣扎在贫苦线上的穷乡村，仿佛转眼变成了"小江南"。

"柿村从宋代开始就有种植柿子树的传统，下一步，我们准备把这个传统再找回来，结合渭华起义纪念馆拉动红色旅游，实现'红色基因，红色柿村，红色传人，红红火火'的规划愿景。"帮扶时间虽然只有3年，但是高海科已经为这片红土地谋划出了一张蓝图。在这张图纸上，有"土娃子"的扶贫情怀，有父老乡亲的小康梦想。

一串串脚印，记录了高海科带领乡亲们脱贫致富的印记，一滴滴汗水，见证了这个"扶贫战士"誓与贫困斗争到底的决心。在竹峪村，经过高海科的推动，效益可观的炉具厂转型发展生态环保建筑材料，一车车废弃的石头、砖块、沥青有了新去处，贫困户增收有了新项目；在康宁村，一条新修公路的石碑上，"军民携手奔小康，大路越走越宽广"的鲜红大字格外醒目，这条由高海科主持修建的公路，被村民们亲切地称为"小康路"；在柿村，一块块光伏发电板像鱼鳞般沿山坡排列，年发电量56万度，户均年增收4000多元，在阳光的映照下，这个闪亮的产业为村民们带来了闪亮的前景……

"你用真爱架起连心桥，用真诚铺筑致富路，你把党的温暖送到老区山村，把子弟兵的深情融进那片片莲塘、座座柿林……"2019年初，在郑州联勤保障中心举行的第二届出彩联勤人颁奖仪式上，高海科被授予"出彩联勤人"称号。这位穿军装的扶贫人不忘初心，不负重托，将"两个担子都挑好，两个战场齐冲锋"的铮铮誓言铭记在心，将党员亮色、军人本色、农民底色融为一体，交出了一份打赢脱贫攻坚战的优异答卷。

跨越山海来相会

朱燕

"看天一条线，看地一条沟，出门过溜索，种地靠攀岩。"在云南省怒江傈僳族自治州，一条自北向南奔腾的大江，将高黎贡山和碧罗雪山切开，造就了世界上最长、最神秘的东方大峡谷，但也把贫困和落后深藏在大峡谷的"褶皱"里。

三步一坑、百米一湾，98%以上的面积是高山峡谷，坡度25度以上耕地占总耕地的76%——这是怒江恶劣的地理环境。

搬迁点小楼林立，学校、医院拔地而起，土特产从农家小院"飞"向全国各地——这是今天怒江的崭新面貌。

如今，饱受贫困之苦的怒江人，已经实现了"千年一跃"。而伟大成就的背后，离不开千里之外的"好亲戚"——广东省珠海市。

新合院，心相连

在怒江州泸水市的深山峡谷中的珠海小区维拉坝易地扶贫搬迁安置点，有44栋看上去别致漂亮、住进去舒适温馨的房子，人们给这44栋房子起了一个建筑史上从没有过的名字——新合院。

2016年9月，珠海与怒江开始了东西部扶贫协作工作；同月，珠海接手建设维拉坝易地扶贫搬迁安置点。这是一个原本已经开工却因故搁置的项目，珠海接手后，在抓紧续建的同时，开始着手对区内小学和二期住宅重新进行规划设计。怒江州扶贫专家组成员、珠海建筑设计院高级工程师张震山和他的团队接下了这个任务。

珠海建筑设计院曾设计过珠海城市阳台、珠海古元美术馆等大型公益项目，张震山是珠海建筑设计院副院长兼高级工程师，他带着该院的设计总监纪沛东和工程师庞金城、唐辉来到了怒江，在和珠海驻怒江工作组交流了意见、走访了当地住建局的同志之后，又走村串寨，挨家挨户走访。爬山、下河，他们围着维拉坝那个乱石滩走了又走，看了又看。拿着搬迁户的花名册仔细研究，分析搬迁人员结构和比例，最后他们决定全面推翻一期的兵营式楼房，重来！

"以往我们做设计，都是要先有设计任务书，然后才开始设计。"张震山说，"可是维拉坝易地扶贫搬迁安置点没有设计任务书，这就等于设计没有方向，意味着即使设计工作已经开展，也可能会设计出一个没有生命力、没有发展价值的方案。所以，一开始这个设计就把我们难住了。但是这是一项惠民工程，有条件要上，没有条件创造条件也要上。任务重，时间紧，我们只能拼了！"

对张震山和他的团队来说，熟悉当地民情、民风、民意是第一步。他们邀请了怒江当地的镇村干部，一起开展设计前的调查研究工作。在高山顶上的弩弓村，他们挨家走访建档立卡贫困户。在通甸镇小学，他们与40多位家长进行了座谈。

小学校中的特殊家长会，千脚屋的走访，火塘旁的谈心……深入了解之后，珠海建筑设计院的设计团队弄明白了：怒江老百姓搬迁的最大动力，就是为了下一代的教育。"为了下一代的成长，他们舍得抛弃养育祖祖辈辈的土地，舍得丢下千脚屋，这是非常不容易的！"珠海的设计师们感叹，"这个愿望与党中央的扶贫扶智要求多么吻合！"

设计出让搬迁户"搬得出、稳得住、有事做、能致富"的房屋就是目标、任务书，他们开始有了一些想法……

为了实现高质量的搬迁目标，珠海建筑设计院在大量调研的基础上，先是帮助怒江州政府制定了合理的设计原则，为下一步的设计打下了基础。

怒江、珠海两地州、市领导对此项目十分重视，从宏观上的规划定位，到房屋朝向、房间大小，再到微观上民族元素的应用等，每项进程、每个细节都提出了建议和意见。

"那天，我们的设计团队从维拉坝工地回来，坐在颠簸的车里，身体疲惫，脑子却转得异常快，我们开始了头脑风暴。"张震山说，"突然，我的脑海中蹦出了浙江新农村建设中合院设计的概念。"张震山每次说起来这段"新合院诞生史"张震山都很激动。

那天晚上，在怒江的招待所里，设计团队挑灯夜战。

第二天，一个三层楼组团式民居设计方案诞生了——维拉坝二期的设计，突破了传统易地扶贫搬迁项目的短板，排除了以往简单兵营式楼房的方案，创立了"院落"设计新理念。设计降低了楼层高度，将原本狭窄的怒江峡谷地带的天际线留了出来，更没有遮挡住居住视野中的怒江河水和河两岸的高黎贡山脉、碧罗雪山山脉的曲线。

　　新设计的院落组团方案一公布，珠海和怒江有关人员都被这个新颖的设计迷住了，加之这个设计没有提高成本也没有增加或减少面积，住着舒服，看着和谐，更符合搬迁政策，报送有关部门后一下子就通过了。

　　那么这种组团式低层楼房该叫什么名字呢？在设计说明会上，大家都说这个设计很新颖，不仅是易地扶贫搬迁安置项目的典范，也是新农村建设的创新之举，"那就叫新合院吧！"大家一拍即合。

　　新合院，这个建筑史上的新名词就这样诞生了。

　　经过两年建设，2018年底，新合院和维拉坝一期的住宅、小学都投入了使用。新合院，成了怒江州易地扶贫搬迁安置点的示范性住宅。

　　泸水县（2016年撤县设市）原副县长、新城区建设委员会主任李学松看到新合院后激动地说："文脉有传承，发展才有底气，我们不想把怒江建成一个千城一面的地方。新合院独具怒江特色，不遮山不挡水，是理想中的新家园，珠海工程设计人员富有专业能力和人文情怀，他们帮我们实现了理想。"

　　由于张震山的杰出贡献，他被评为怒江州扶贫模范，大家称他是"脑中想着百姓，心中带着情怀的工程师"。而他却说："一想到老百姓领取新房钥匙时的笑脸，就觉得我和我的团队所有的付出都是值得的！"

"背篓医生"：天使在这里降临

　　2018年12月19日早上，贡山独龙族怒族自治县丙中洛镇下了当年的第一场雪。

　　雪花飘飘，冷风呼啸，大雪中艰难地走着一位穿红棉袄的中年女性。她刚从快递公司取来大大小小的一堆包裹，顶风冒雪地去送给丙中洛小学的留守儿童们。

　　孩子们一见到"红棉袄"，就围过来叽叽喳喳说个不停，有的说"喉咙疼"，有的说"手上扎了根刺"。而"红棉袄"边拆包裹边对孩子们说："没冻坏吧？阿姨网上买的棉衣，幸好今天到了，你们赶快穿上。"然后她又蹲下来，让说喉咙疼的孩子张开嘴看看，从口袋里掏出一包含片给他；又牵起那只被扎了根刺的小手，举到眼前吹气……

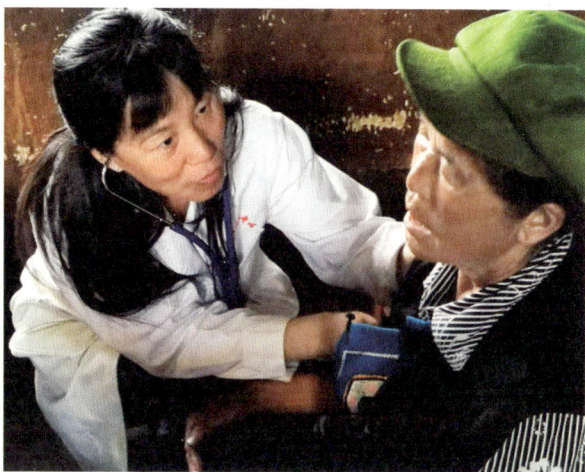

"背篓医生"管延平在给贫困群众看病

孩子们咯咯笑着穿上漂亮的新棉衣，嘴上说着："谢谢'背篓医生'。"

这位被亲切地称为"背篓医生"的人，就是珠海首批援助怒江州的医生管延萍。

2017 年 3 月，49 岁的管延萍作为珠海首批援助怒江的医生来到了丙中洛镇。如今，两年多过去了，提起那个经常背着个大背篓，跋山涉水送医送药的女医生，丙中洛的乡亲就说，这是"珠海飞来的"好医生！

而"背篓医生"称呼的来由，说起来还有段曲折的经历。

丙中洛镇地处滇藏两省区交界处，六座大山在此交汇，形成了九曲回肠的峡谷地貌，地势十分险峻。深山峡谷气候潮湿，得风湿病的人多，但由于缺医少药交通不便，病人常年躺在家里，忍着病痛的折磨。管延萍来到丙中洛镇卫生院后，就带着院里的同事对丙中洛镇进行了首次地毯式医疗普查，希望摸清"家底"，逐步建立起家庭医生制度。

以前丙中洛镇也进行过卫生普查，但是村民们很不配合，对于抽血非常抵触。管延萍了解到这个情况后，第一次进村就带了心电图机、B 超机等仪器和多种药品。村民见不抽血也能看病，还免费给药，就陆陆续续地来了。

这些仪器以前在丙中洛镇卫生院没人会用，管延萍便一边操作一边培训本地医生。以后上高山下峡谷，管延萍都带着仪器和药品。东西太多不好拿，她便买了个当地百姓常用的大背篓，把仪器和药品装在里面背着，还能腾出手来爬山。乡亲们见了，就叫她"背篓医生"。

慢慢地，"背篓医生"的名字，伴随着管延萍跋山涉水的足迹，走进了丙中洛镇乡亲们的心中。

丙中洛镇散居着10个少数民族7000多口人，村寨大多散落在大山和峡谷中，最高处的居民点海拔有3000米，许多村子不通车，只能靠步行。管延萍很瘦弱，在这样的崇山峻岭中爬山时常气喘、发抖，每爬一步都十分艰难。有一次管延萍去王期村巡诊时，要攀着崖石走。一边是悬崖峭壁，一边是咆哮的江水，她害怕了，脚一滑摔倒了，崖石将左臂擦得鲜血直流，人也差点掉进滔滔江水中。

尽管道路艰险，管延萍却没有停下巡诊的脚步。她走遍了丙中洛镇46个村的每家每户，为5094位村民做了体检，为全部常住人口建立了电子和纸质的健康档案，村民100%签约了家庭医生。这样一来，不仅摸清了丙中洛镇各类病患的情况，使医生能定期上门检查，更为以后的医疗跟踪服务打下了大数据的基础。

现在，丙中洛镇的乡亲们都不再拒绝体检，连他们最怕的抽血也慢慢地接受了。只要管延萍一进村，乡亲们就会奔走相告："背篓医生"来了！

每年5月，来自印度洋的湿润季风吹拂到高黎贡山，为这片土地带来雨水，也带来了可怕的塌方和泥石流。

2017年5月，连下了20多天的雨终于停了，管延萍跳上救护车去乡村巡诊。救护车行进在山道上，突然车顶一阵噼啪乱响，有石子从挡风玻璃前散落下来。管延萍还没反应过来，有经验的司机猛踩一脚油门，车子冲出了几十米。紧接着"轰隆隆"一阵巨响，几十块脸盆大的石头从山上滚落在了他们的车后。

2018年10月31日晚8点，正在卫生院加班的管延萍接到交警来电，说附近一辆摩托车和一辆面包车相撞，她立即带着同事赶到车祸现场。摩托上的两人倒在地上，管延萍先检查其中一人，发现已经死亡。再检查另一位，发现他头上有血肿，鼻腔在流血，虽已无意识，但还有呼吸。

"快送县医院！"管延萍当机立断。但是卫生院的救护车刚好进了修理厂，于是她连忙联系警车，拉着伤者和3名医护人员赶往县医院。

这是怎样的一场护送啊！黑黢黢的山路上，管延萍和两位同事蜷缩在警车的后备厢里。他们将伤者平放在后备厢的对角线上，一人扶着伤者的头部保持稳定，一人手举着吊瓶，一人双手擎住车尾箱的盖子，以免压伤伤者耷拉在车厢外的脚……就这样，伤者终于被送到了贡山县人民医院。

由于救治及时得当，20天后，被救治的这位名叫丰春才的小伙子健康地出院了。

经历了这么多险情，笔者问管延萍："怕吗？"她笑着说："怕过，但习惯了就好了。"

一年多来奔走于崇山峻岭之间，笔者问管延萍："累不累？"她说："累得其所啊，我在丙中洛特别有成就感，乡亲们需要我，我也离不开他们。"

的确，原本管延萍在怒江的服务期是3个月，但是期满后她主动申请延长服务期为3年。她说在丙中洛的很多工作还没有做完，不能让乡亲们失望。

2017年，珠海市金湾区卫计部门号召医生去怒江帮扶，要求最好是全科医生并有公共卫生服务的经验。管延萍是金湾区三灶医院妇产科的副主任医师，从医26年，曾经在外科、妇科、产科工作过，还做过全科医生，负责过公共卫生服务。她觉得自己符合条件，就报名来了怒江，被分到了最边远的丙中洛镇。

管延萍的儿子刘佰学是个阳光大男孩，谈起远在2000多公里外的妈妈，他非常自豪："我是单亲家庭的孩子，我妈把我养大很不易，因此我知道感恩，我16岁起就跟着我妈加入了珠海志愿者队伍。现在我妈在千里之外帮扶别人，我在珠海也常去帮助他人。"

　　珠海市与怒江州，因东西部扶贫协作而山海相连。如今，像管延萍这样的"珠海医生"已经蜚声怒江州。目前，珠海已先后派出 101 名医务人员常驻怒江，开展公共卫生服务，推广医疗帮扶项目，成功实施了多例怒江从未做过的手术。

　　管延萍，她从南海之滨而来，带着珠海人民的温情，正温暖着一个又一个怒江人。而更多像她一样的珠海援助者，正在追随着她的脚步，走进深山峡谷，走进正在脱贫攻坚路上急速奔跑的怒江州。

新白杨礼赞

文炜　周艳

大自然总是存在着奇迹。

雄阔的天山随性在新疆中部一躺，就把新疆分成了风景迥异的南北疆，南北疆的发展也就截然不同。

天山以北，雨水丰沛，草木繁茂，牛肥马壮。南疆却没有那么幸运，巍峨险峻、绵延横亘的天山将来自西伯利亚的水汽死死拦住，这里干旱少雨，每至春夏之交，沙尘遮天蔽日，倒春寒令棉苗枯萎、杏花凋零，还有那不请

工作队如一排排白杨挺身而立，引领着群众迈向康庄大道

自来的干热风、冰雹、洪水……纷至沓来的灾害令南疆四地州成为全中国脱贫致富难度最大的地区之一。

盛夏季节，我们的采访车在中国内陆这块最为广袤的荒漠上行驶着，车窗外是一眼望不到边的戈壁滩。路上人少车少，只有干热的风持续寂寞地回响。终于，车子驶入绿洲，最先进入视线的是道路两旁一排排挺身而立的白杨。这些白杨真有个性，它们对毒热的阳光、干燥的热风无动于衷，只顾投下一片片清凉的影子，荫护饱受酷热摧残的大地。

记者正在感叹这些杨树带来的舒爽，突然，"那是力争上游的一种树，笔直的干，笔直的枝……这是虽在北方的风雪压迫下却保持着倔强挺立的一种树！哪怕只有碗那样粗细，它却努力向上发展，高到丈许，二丈，参天耸立，不折不挠，对抗着西北风……"一个醇厚的男声朗朗响起，是茅盾先生那篇霸屏初中课本几十年的《白杨礼赞》，背诵者是去机场接我们的中国农业银行新疆分行驻喀什地区疏附县库那巴扎村"访惠聚"工作队队长、第一书记白雪原。

白队长的正式身份是农行新疆分行党委委员、副行长，妥妥的金融高管。然而，黝黑粗糙的皮肤、被晒到褪色的旧T恤、光脚板下踩着的廉价塑料凉鞋……这个土了吧唧的样子让走在喀什乡间土路上的他毫无违和感，只有T恤袖口不经意间露出被遮盖的臂膀时，那肌肤黑与白的强烈色差对比，让我们相信他原本属于省会城市高大上的优越生活。

车厢里的寒暄戛然而止，记者们静静倾听着，心中各有波澜。

背完一段，白雪原告诉我们，"这种白杨是新疆最普通的一种树。只要能长草的地方，就有它的影子。我们新疆人叫它钻天杨。"

好一个形象的名字！那高耸的枝丫根根昂然向上，那怒放的绿叶叶叶靠紧相连，勃勃生机扑面而来。"我常常跟我的队友们说，我们就要做钻天杨，不讲究生存条件，不挑剔脚下的土地，只拼力为这片土地挡风避雨，增添活力。"

白雪原和他的队员们已经在这片土地上驻扎了将近3年。

融

处于塔克拉玛干沙漠西南边缘的库那巴扎村，位于疏附县塔什米里克乡，属于四界村，大部分耕地为灌淤土，收成全靠流经村庄的盖孜河赏脸。

自然环境恶劣，脱贫攻坚不易。全村 507 户 2142 人，贫困发生率达 53%，2016 年人均收入不足 5000 元。喀什地区 2837 个村级和社区组织中，它是贫困状况最严重、综合治理最困难的村之一。

自 2014 年开始，新疆维吾尔自治区决定，开展"访民情、惠民生、聚民心"（以下简称"访惠聚"）驻村工作。农行新疆分行贯彻落实党中央治疆方略，坚决执行自治区党委关于社会稳定和长治久安一系列重大部署要求，认真履行金融戍边职责，积极践行社会责任，全力做好"访惠聚"驻村工作。

2017 年 1 月底至 2 月初，经过层层选拔，10 名农行新疆分行员工在白雪原的带领下，进驻库那巴扎村。

一进村，从盖孜河上吹来的卷着冰碴的风就劈头盖脸地抽在了队员们脸上。工作队在村委会大院的一排平房内安营扎寨。平房后面的一排钻天杨站在冰冷坚硬的土地上，默默审视着这群"外来户"。

这些"外来户"们倒是热情高涨，放下行李就走村入户，一圈转下来，大部分人却霜打茄子般蔫巴了。

原来，库那巴扎村是一个具有 300 多年历史的古老的维吾尔族村庄，村民是清一色的维吾尔族群众，耳畔这如天书般的维吾尔语，让工作队员们蒙了。

工作队 11 人，汉族 6 人、维吾尔族 4 人、回族 1 人。白雪原这样的疆二代虽然生在新疆长在新疆，但在城市生活工作使用的都是汉语。连基本交流都不行，何谈帮扶？何谈像石榴籽一样紧紧抱在一起？

怎么办？

大家的目光齐刷刷投向队长白雪原。白雪原咬牙切齿蹦出一个字：学！

"哎呀呀，一群三四十岁的半老男人，从头学一门无比复杂的语言，谈何容易？"说起学维吾尔语，队员付建江仿佛牙疼般直哎呀。

付建江记不清自己饿了多少次肚子。每天早上由维吾尔族队员检查维吾尔语语法，过不了关，早餐便是看得见吃不着的奢侈品。饿一顿不足虑，可到中午还有日常语句检查关，还不行，午饭也没着落。这是白雪原定的规矩，他带头执行。

队员付建江（前排右）走访包户乡亲

两顿不吃，肚子不争气地咕噜乱叫，脚下打飘，人就再没了侥幸心理，一个个缴械投降，拼了命地学。

"我们就着了魔一样走路背、吃饭背、睡觉背，连上厕所时也在背，比考大学那会儿还用功！"付建江手机上储存了大量维吾尔语学习视频，连梦话都冒出维吾尔语来。

记者看到，在工作队的宿舍门上、餐厅墙上到处张贴着维吾尔语单词、常用语句以及构词法，仿佛置身于备战高考的寄宿学校，学习环境无处不在。

为了更快更好地融入村民中，营造民族团结的氛围，汉、回族队员都起了维吾尔名字，维吾尔族队员则起了汉族名字。比如付建江的新名字叫外力江，艾力卡木·艾斯卡尔的汉语名字叫阳光。拿白雪原的话说，这叫驻村的"仪式感"。很快，这种"仪式感"扩展到了村"两委"所有维吾尔族干部。

"阿卜杜拉（裴国武），说说你走访的情况。"每天早上的例行工作研判会，由阿克·阿力木（白雪原）主持。

"不行啊队长，说话能听懂了，但老乡们不爱搭理咱呢。"裴国武两手一摊，一脸无奈。

其他人也碰到同样的问题。本以为能交流就会顺利起来，然而入户时，队员们还是遭到了冷遇。防备、怀疑，有些村民甚至门都不让进。

看来，让村民从心里接受驻村队员，比学语言还要难。既然来驻村，这道坎再难也得迈过去！

村委会院子里，一只悠闲散步的喀什噶尔黑鸡让大家眼前一亮。能否借"鸡"搭讪？库那巴扎村地处浅山区，适合发展家禽养殖，而喀什噶尔黑鸡是当地人最为青睐的家禽。

工作队员们自己掏腰包凑钱，买来2000只鸡苗，按2只/户的标准，挨家挨户敲门发放。

门，终于一家家被敲开。奶茶端上来了，话匣子打开了，工作队和村民们的距离渐渐拉近了。

那时已是农历三月，远处，冰山之父慕士塔格峰上的千年积雪正在悄悄融化……

鸡生蛋，蛋生鸡，生命轮回不止，工作队员与村民交流不息。黑鸡产蛋季来了，工作队每隔一天上门收购一次。1.3 元 / 颗的收购价，让村民捧起鸡蛋格外小心翼翼。

"阿恰（姐姐），你的黑鸡怎么样？今天有几个蛋？"太阳那么近，影子那么短，晒得黑黝黝的白雪原，腰间挎一个鼓鼓囊囊的小包，出现在一户村民家。

腰包是全体队员的标配，里面装着收鸡蛋的钱。一手交蛋一手交钱，绝不拖欠一分。工作队队员们也是孩子们最欢迎的客人，因为这些阿卡（叔叔）们总能从腰包里变出五颜六色的糖果。

到热孜万古丽·麦麦提家，8 岁的帕提麦·麦麦提总是抢先跑出来，飞奔着扑进白雪原阿卡的怀里。身后，妈妈热孜万古丽·麦麦提急急跑出来，不由分说把白雪原往屋里拽。当初的陌生与排斥，早已杳无踪影。

当一扇扇门被打开，当一双双眼睛投来信任的目光，当一个个孩子伸出小手，露出天使般的笑容，白雪原知道，工作队融进来了，扎下根了，如钻天杨一般。

驻村，扎下的是根，付出的是心。

从驻村第一天起，队长白雪原就规定，晚上 12 点前不许关宿舍门，因为 12 点前被他"霸道"地规定为都是工作时间，而他自己很少在凌晨 2 点前睡觉。有了这样的队长，队员们越睡越晚也就不足为奇了。记者住工作队宿舍采访的 4 天里，也被拐带得天天工作到凌晨 2 点。

两年半时间，48 岁的白雪原头发白了一半，"这还不算最可怕的，最可怕的是脱发，每天早上起来看到枕巾上的一层脱发，心里真是怕怕的，这是要未老先衰呀！"白雪原摸着自己渐渐撤退的发际线，跟记者自我解嘲。驻村以来，减少的何止头发，还有他家的存款。为了帮扶村里，他已经从自己腰包累计掏出了 40 多万元。爱人对此有想法，可是没办法。

"是啊，人家乌鲁木齐的局级干部，银行行长，为了我们脱贫，每天骑着'三蹦子'到处跑，哎哟——天气那么热，亚克西（好）亚克西嘛……"坐在自己在村巴扎（集市）开的羊肉抓饭馆里，麦海提·马木提跟记者打开了话匣子。

麦海提·马木提的父亲是一名有着 40 年党龄的老党员，叔叔当年还打过"小日本"，可三个儿子中两个都不学好。"以前村里挣不上钱，在喀什打工，娃娃们没管好，走了歪路……"说着说着，麦海提·马木提已是泣不成声，一边的妻子也擦起了眼泪。

是工作队的关心帮助，让麦海提·马木提度过了那段痛不欲生的日子，也让他对工作队有了喀喇昆仑山一样深厚的感情。2019 年 5 月，队员王忠源驻村期满，离开村子前一天，特意来向麦海提·马木提告别。整个告别过程，两个大男人几乎一句话没说，只是抱头痛哭。这泪水中凝聚的深情厚谊，只有库那巴扎村人和驻村队员们懂得。

"工作队，亚克西！跟着工作队干，就是跟着共产党走，就再不会走错路。"这是麦海提·马木提现在对儿子们常常叨咕的口头禅。

立

融入只是万里长征走出的第一步，要想真正成就一番事业，让库那巴扎村改天换地，还要赢得村民的心。如此，才能像钻天杨一样在这片干旱的土地上久久挺立。

在白雪原的工作日记上，我们发现了这样一段话：习近平总书记说，为民的事没有小事，要把群众大大小小的事办好。

这茬工作队初到库那巴扎村时，村里全是坑坑洼洼的土路，人行车过，暴土扬尘。刮起风来，路人都成了土地爷爷土地奶奶。晨会上，白雪原拍着桌子发狠："要政策去，跑项目去，整合资金去，咱就从修路开始！"

半年后，2017 年 6 月 20 日，村内第一条道路破土动工，接着是第二条、第三条……

"村里的每一条路都有工作队的故事。"麦海提·马木提说。这一条条村道何止有故事，更有光。记者看到，暮色四合时，226盏崭新的太阳能路灯次第亮起。

这灯点亮的何止一条条村道，还有库那巴扎村2000多颗村民的心。"咱这个村子看着星星走夜路300多年了，这帮巴郎子（男孩）一来嘛，全都变样了嘛。"

日月更迭，工作队员们像一群不知疲惫的工蜂，进进出出，四处奔波，库那巴扎村便日新月异起来。11公里的柏油路通畅了，5公里的防渗渠修好了，500余亩的土地平整了，连村委会大门都换了身新衣裳。

这仅仅是热身。工作队员们知道，对贫困村来说，要为贫困群众办好事，就要切切实实解决"两不愁三保障"问题。

冬季的库那巴扎村寒风刺骨，一些村民家自来水管冻结不出水，过日子都成了问题。群众的问题就是工作队的工作方向。他们全员投工，带领施工队改造、深埋水管，把全村水管都埋到了1.2米深度以下。从此，村里再没有谁家在冬季用不上水了。

挖沟埋管子时，有的队员虎口震裂了，有的手掌磨出血泡了，还有的人崴了脚，脚腕子肿得像大面包，但没有一个人抱怨，更没有人作壁上观。施工队的工人们都不相信，这竟然是一群来自乌鲁木齐的金融界精英们。

善作善成，概莫大焉。

工作队初入库那巴扎村，村里没有幼儿园。大白天的，正是读书好时光，村子里却到处是光着脚丫或嬉戏打闹或帮家里做活的幼儿和失学儿童。那一张张脏兮兮的小花脸、一双双清澈稚气的大眼睛、一对对粗糙的小脚丫，让队员们心疼又焦灼。

决不能让库那巴扎村的孩子们输在起跑线上！于是，幼儿园建起来了，小学校里硬件设施配起来了，拿白雪原的话说："要照着城市小学的水平办学，咱的孩子在乌鲁木齐学校啥条件，咱村里孩子也该享受啥条件。"

端午期间，工作队组织了一场迷你马拉松，孩子们兴奋不已

很快，村里4岁以上儿童全部入园入校，全村357名4—15岁贫困儿童、贫困学生的入园率和义务教育阶段入学率达100%。

幼吾幼以及人之幼，概莫大焉。

从全国建档立卡情况看，因病致贫在各类致贫原因中遥遥领先，库那巴扎村人穷地偏，有病靠扛是普遍现象，因病致贫更不是新鲜事。

2019年2月，麦海提·马木提的妻子拜合提罕·伊敏妇科老毛病发作了，疼得蜷缩在床上不能动弹。可是想到外出看病可能要一大笔钱，而且汉语又说不利索，实在不敢去城里看病。工作队听说了，上门讲医疗扶贫政策，讲有病不治的危害，讲钱不够了大家凑……直讲得唾沫星子翻飞。最后，白雪原又特意安排维、汉语双通的维吾尔族队员艾力卡木·艾斯卡尔陪同麦海提·马木提夫妻前往喀什最好的医院就医。

妻子病愈出院回村那天，麦海提·马木提没有回家，而是拿着一张医疗报销单找到了工作队。工作队员们都记得，那一天，60多岁的麦海提·马木

在凯莱姆罕·艾散的安居房里，她高兴地对记者讲起了现在的好日子

提举着那张报销单，哭得像个 3 岁孩子，说话都语无伦次了。白雪原接过单子一看，总费用 15300 元，自费仅 153 元。白雪原用力抱住麦海提·马木提，轻拍着他的背安抚道："我说了不用怕嘛，有政府呢，有党呢，有我们工作队呢……"麦海提·马木提的眼泪鼻涕糊了白雪原一肩膀："我太高兴太高兴了……我就跟着工作队走，跟着你们就是跟着共产党……"

"跟着你们就是跟着共产党……"多么朴实多么真诚又是多么熟悉的话语，让记者不由得想起大革命时期，当一个个党代表深入农村进入工厂时，工友农友们的真挚表白。近百年过去了，任雨打风吹，任风云变幻，共产党人初心弥坚！

不忘初心，概莫大焉。

耶律楚材在《西游录》中说新疆"家必有园，园必成趣，桃李连延"，此话不虚。走进贫困户凯莱姆罕·艾散的安居房院落，好一派西域民居风情。宽阔的廊架上刻着精美的图案，浓密的葡萄藤蔓顺架蔓延，枝枝蔓蔓铺满小院一半天空，遮住如火艳阳。架下设土台，台上铺五色手织画毯，或坐或卧，观头顶累累葡萄果实，望远山皑皑白雪，幸甚至哉，歌以咏志！

院内有 3 间住房，饮食起居之用一应俱全，且尽显维吾尔族民族特色。这套安居房，凯莱姆罕·艾散只花了 2200 元。工作队为她申请了每户 43200 元的安居房补贴款，又和村干部一起当小工帮她家盖房，连人工费也省下了。

"这些衣柜、鞋柜、茶壶、夏凉被，还有这个指甲刀都是工作队给我的。"凯莱姆罕·艾散指着屋里大小物件向记者介绍，感激之情溢于言表。

队员艾力卡木（左）帮助困难村民改造庭院

这些物件其实来自工作队设立的安居房新居"模范带动奖"，以引导村民将庭院种植区、生活区、养殖区三区分离，养成良好的卫生习惯。

借此，全村 452 户村民开展了精品庭院建设，占总户数 75% 以上。麦海提·马木提家今年还开上了民宿，两个月挣了 1500 元。

整个村子转下来，记者发现，最窘迫的住房就是驻村工作队员们的宿舍。每间 10 平方米的空间里蜗居着两名队员，既是办公室又是宿舍。两个人的文件柜、床和基本生活用品塞满了房间，连一张椅子都塞不下了，记者们只能坐在床上、蹲在地上采访，比在贫困户家采访狼狈多了。工作员友们却不以为然，只顾兴奋地向记者讲述他们和库那巴扎村的故事。

得广厦千万间，庇天下寒士俱欢颜，概莫欢焉。

采访间隙，记者向着窗外望去，那些朴实无华的钻天杨正在烈日下投影阴凉，在微风中浅浅吟唱，不喧嚣无浮华，不蔓不枝，亭亭净植，却以一股坚韧的力量、朴素博爱的胸襟让记者热泪盈眶。

2018 年 3 月，白雪原为"民情气象站"揭牌。

民情气象站的建立，意味着工作队的服务由"被动等待"转为"主动出击"，基层党组织与群众实现了"无缝对接"。德高望重的老党员责无旁贷成为观察员，工作队员、村干部当仁不让当上了联络员。

当民情观察员了解到贫困户穆台里甫·伊斯马伊力想在家门口挣钱的想法后，工作队和村"两委"决定在巴扎上为穆台里甫租间门面房，并提供 5000 元启动资金，助他开起了大盘鸡店。

"现在每个月最少也能赚 2000 多元。虽然忙得很，但我高兴得很！"穆台里甫说，"工作队就是亚克西。"

民情气象站成立以来，依靠 50 名民情观察员、20 名民情联络员，工作队和村"两委"妥善化解群众矛盾纠纷 114 件，解决群众实际困难 127 件。件件是小事，事事关民心。

驻村以来，因村子底子太薄，要做的事太多，除了新疆分行的大量投入，白雪原还到处化缘拉来不少社会捐助。当工作队员们慷慨解囊设立村小学生爱心助学基金时，村干部、小队长和村民紧随其后，自发捐助 17735 元。麦海提·马木提也捐了 1000 元，尽管他家并没有读小学的孩子。村里的老人告诉记者，多少年了，村子里都没有这样心齐过。

万众归心，概莫过焉。

记者走过库那巴扎村的每条村道、每户庭院、每片田畴，碰到的每个村民无论男女老少，都会微笑着送出"你好"的问候，孩子们更是争先恐后与记者握手问好，甚至有维吾尔族青年请求和我们合影，那一张张灿烂的笑容、明亮的双眸定格在了一张张照片上……

90 后队员帕如克·艾则孜 2018 年初前来报到。他的父亲是新疆农行第一批驻村工作队员，因驻村成绩优秀，被提拔到农行阿克苏分行任副行长。父亲得知儿子要去驻村，沉默良久，说："行吧，既然想去就干好。"一周两次的父子电话交流，成为他的"驻村工作小灶"。

父亲是帕如克·艾则孜心中的一面旗帜，而他驻村最大的动力，还是报到第二天的见闻。帕如克·艾则孜等 3 位新队员到岗，意味着有 3 名老队员到期离开。

那天一大早，工作队宿舍门口就挤满了村民。他们有人捧着杏干，有人搂着鸡蛋，有人拎着喀什噶尔黑鸡，有人甚至失声痛哭，不断重复着："不要走嘛，不要走嘛……"

队员帕如克（右）为高考学子做志愿填报咨询

这一幕让帕如克·艾则孜深受震撼。那一刻，帕如克·艾则孜坚定了自己驻村的选择。他想苦点也好累点也罢，走的那天一定也要让群众对自己这样依依不舍，让自己立在他们的心里。

富

让库那巴扎村 2019 年出列，是农行新疆分行驻村工作队立下的目标。

要脱贫，首要任务是增收。工作队盯上了村里的传统产业：杏。库那巴扎村的杏树种植历史和村史一样悠久，家家少则几十棵，多则上百棵，所产杏子个大肉厚，其味甘美，不可多得。但村民们的传统生产方式是选最好的鲜杏晾晒杏干售卖。3 公斤鲜杏出 1 公斤杏干，一级杏干市场价为 70 元 / 公斤，一级鲜杏价格则为 60 元 / 公斤。里外里一算账，卖杏干比卖鲜杏足足少挣 110 元！

71 岁的毛拉木·吾普尔有 50 多棵杏树，听副队长吴波算完账，脑袋还是摇得像拨浪鼓："不行啊，杏干子嘛不会坏，慢慢地卖。杏子嘛很快烂掉了，怎么卖呢？"

"我就问你，想不想多挣钱？"

"想啊，做梦都想呀。家里嘛巴郎子（男孩）结婚要钱，羊缸子（媳妇）看病要钱，还有丫头子（女儿）的金首饰、花裙子嘛都要钱呢！"

"那你就信我一回。把最好的鲜杏全给我，我给你卖，卖不掉，我给你钱！"

毛拉木·吾普尔将信将疑地答应了。

注册商标、定制包装盒、联系冷链运输、录制视频、上传抖音，工作队员们一系列操作下来，库那巴扎村"盖孜姑娘"品牌鲜杏搭乘飞机、高铁奔赴全国18个省份的吃货手中。最终，毛拉木·吾普尔家卖掉了68公斤鲜杏，换来4000元的收入。"哎——工作队嘛太厉害了！"毛拉木·吾普尔从此对工作队心服口服，在吴波的帮助下，开通了抖音，跟着小视频学习杏树技术培训。

7500平方米的晾晒架，可集中晾晒杏干和豇豆、茄子等

工作队改建后的库那巴扎村标志性建筑——老磨坊

库那巴扎村鲜杏火了，种杏树的村民家家收入翻倍，这在村里具有里程碑意义。工作队趁热打铁，筹措100万元建起50个共计7500平方米的晾晒架、

一座电烘干房，购置一套破壳机、筛选机。最好的杏子鲜食鲜卖，次等的晾晒杏干，最次的还可以去肉得核，脱壳得仁，总之都能卖钱。

还有什么挣钱的道道？工作队又打起了村东头老磨坊的主意。

记者被带到库那巴

白雪原（右一）来看他的"宝贝"——杏干。驻村后，他不仅将鲜杏卖到了全国18个省份，还购置了晾晒架、电烘干房等设备，让杏子提质升级

扎村标志性建筑——老磨坊。说老是地址，其实眼前的磨坊是工作队在2017年重建的。这是一栋色彩缤纷的充满喀什噶尔河流域浓厚绿洲文化的风格建筑，里外10根立柱，木砖大门，7个窗户，立柱、木门、房顶雕刻着葡萄、无花果、馓子等维吾尔族人喜爱的花纹。

屋外渠水流，屋侧石磨转，屋内面粉甜。磨坊后间储藏室同时还是微型博览馆，壁橱里陈列着从村民手里收集的历史悠久的生活用品，古老的文化气息扑面而来。

坐落在这里的老磨坊历经了150多年风雨洗礼，承载着村民的回忆。让老磨坊重生，工作队选了个特殊日子。2017年7月1日，党的生日，好些年不接活的老木匠艾拉吉·艾撒被请来了，村里的铁匠、瓦匠、泥匠、

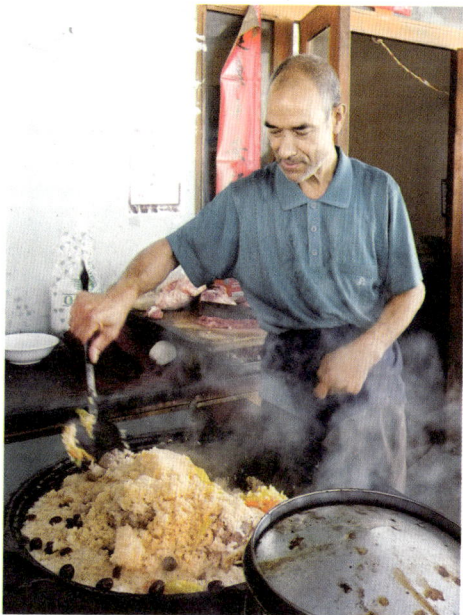

麦海提·马木提的手抓饭，在巴扎大受欢迎

漆匠也都被请来了。整个夏天，磨坊内欢声笑语。

3个月后，水磨坊开业了。现在，新磨坊由75岁的贫困户阿皮孜·尼亚孜经营。仅仅4个月，工作队的代加工产品已为老人带来2000元收益，这还不算村民的加工费和年底分红。阿皮孜·尼亚孜每个月还有200多元低保和200多元养老金，林林总总加起来，每个月收入1000多元。"够了够了。老伴好多年前就去世了，家里就我和小孙女，娃娃上幼儿园不收钱，房子嘛工作队帮着盖好了。"

工作队代加工的，是传统水磨玉米粉、豆粉和全麦面粉，为打馕合作社生产特色烤馕用。能够做出16种不同样式馕的阿卜杜凯·尤木，月收入达到3000元。

如今，这个水磨坊不仅是村里的一项产业，更因为是民族文化的符号而成为旅游点。

游客在盖孜河旁烧烤时，往往会好奇地问东问西，阿皮孜·尼亚孜便快活地化身为讲解员，向大人孩子讲历史，讲维吾尔族文化。当记者问老人挣了钱想干什么，老人狡黠地眨眨眼睛说："哦哟——可能再娶个羊缸子呢，哈哈哈……"

夜幕逐渐降临，村民都聚到了巴扎。兴到浓处，大家欢快地跳起了麦西来甫

维吾尔族人幽默快乐，淳朴率真，当生活向他们表达善意时，他们很容易感知、接受，并心存感激。这份情绪，记者在夜晚的村巴扎（集市）感受最深刻。

库那巴扎村巴扎，是周边两个乡镇、10

多个村村民休闲娱乐的最好去处，更是他们的精神乐园。夜幕降临，酷暑渐消，村民们三三两两走向巴扎。他们喜欢在这里吃着烤肉、抓饭，喝着格瓦斯（一种含低度酒精的蜂蜜饮料）、乌苏啤酒，跳着麦西来甫（维吾尔族传统舞蹈），探讨怎么挣钱，怎么劳动致富。

这个巴扎是白雪原拿出驻村补贴和工资收入 10 万元，加上爱心人士捐赠的 90 万元，建造起来的。巴扎 2017 年 12 月 31 日开业，目前，营业额已达到 105 万元，带动 38 户贫困户 84 人直接脱贫，将近 190 人间接就业创业受益。

从前，麦海提·马木提夫妇在喀什一家饭馆打工，月收入达 6300 元，是村里人羡慕的富户。2009 年，112 岁的父亲在家摔倒，夫妇俩辞职回家，给父亲看病、盖新房，积蓄很快花完了。打击接踵而至，因疏于管教，长子犯罪入狱，两口子再也不敢离开家，收入全靠麦海提·马木提一周去县城巴扎打一天工，挣个七八十块钱，逐渐入不敷出，2014 年，他家被识别为建档立卡贫困户，祸不单行，此时的次子也游走在犯罪边缘，麦海提·马木提夫妻俩一筹莫展。

村巴扎建起来后，在工作队的劝说下，麦海提·马木提在巴扎上开了一家抓饭馆。新巴扎开业那天，他的新生活也开始了。

2018 年底，麦海提·马木提家脱贫了。他告诉记者，他的账上现在有 4.5 万元存款，还借给其他村民 1 万元。说着话，夫妇俩为工作队鼓起掌来。

工作队铆足了劲发展村级产业，让产业全面开花。白雪原去喀什机场接我们只是捎带的，他的主要任务是向沿途饭馆推销村里的干菜，那也是工作队培育的小产业之一。

最初，无论工作队怎么说，村民也不相信那晒得黑不溜秋的干豆角能卖上钱。工作队只得"曲线救国"，流转了村民 5 亩地自己种。采摘、晾晒，终于将一根根碧绿的豇豆变成了干豆角。村民们吃惊地瞪大了眼睛，菜还能这么弄？这可咋吃？

等白雪原将一盘干豆角焖羊肉端上桌时，村民们尝了一口，眼睛直了，外江（感叹词）——太好吃了嘛！大家信了，很快，种下 15 亩豇豆，又陆续种下 40 亩茄子、辣椒。今年，全村已经加工了 4000 公斤长豇豆、土茄子和辣子，形成"盖孜姑娘"牌干豇豆、土茄子干和白辣椒干 3 个主打品种。

2019 年对库那巴扎村村民来说，是个丰年；对工作队来讲，是个旺年。村里建了 40 座拱棚，毛拉木·吾普尔包下两个，种上了西红柿、茄子、辣子等易于制作干菜的蔬菜品种，也种下了脱贫致富的希望。

住上安居房的凯莱姆罕·艾散，以 65 元 / 只的价格卖掉 25 只公鸡，留下 25 只母鸡在棚舍里下蛋。

村里 170 多户村民都养起了喀什噶尔黑鸡。全村母鸡存栏量逾 4000 羽，鲜土鸡蛋日产 800—1000 枚，已销售鲜土鸡蛋近 5 万枚、土鸡 600 余只，收入 13 万余元。

农行人连消费也与库那巴扎村的产业紧密相连。在工作队的游说下，2018 年端午节，农行克拉玛依分行订购村里 1.5 吨石磨玉米粉，农行乌鲁木齐分行订购 1.4 万余个馕，农行喀什分行订购 500 余只喀什噶尔大公鸡。

消费扶贫，农行人是认真的。

变

"没有共产党，就没有新中国……"

"我和我的祖国，一刻也不能分割……"

"五星红旗迎风飘扬，胜利歌声多么响亮……"

记者正在驻村队员宿舍采访，突然，清脆、稚嫩的歌声在窗外响起。出来一看，只见 20 多名 6 至 13 岁不等的孩子正围坐在村委会大院阴凉处分拣、扎捆干豆角。

队员艾力卡木·艾斯卡尔告诉记者，村里的孩子们到这里帮合作社分拣、扎捆干豆角，一天工夫挣个 10 块 8 块零花钱，小家伙们可愿意干了。

每周一的升旗仪式，让群众的心和祖国越靠越近

这帮维吾尔族孩子个个高鼻深目，漂亮得不像话。他们熟练地忙碌着，一曲接一曲唱着记者耳熟能详的主旋律歌曲。听着听着，几位女记者竟热泪盈眶。

在孩子堆中，记者看到了长着一双机灵大眼睛的帕提麦·麦麦提。这个小姑娘用流利的普通话告诉记者，放暑假了，来挣点钱，这样就可以去买她一直想拥有的《十万个为什么》了。

为了让孩子们开阔眼界、拥抱世界，工作队一批批组织孩子们去喀什、去乌鲁木齐游学实践。大部分孩子第一次见识自治区首府的繁华和现代化，纷纷在游学日记里写道：我一定要努力学习，长大了去乌鲁木齐、去北京上大学，学习本领，建设祖国！

理想已经在孩子们的心中生根发芽，他们必将比父辈走得更高更远。我们有理由相信，假以时日，他们一定会把贫困远远甩在身后。

变化的不只是小朋友。喀什地区就业奖补政策优厚。连续就业满9个月或年收入在1万元以上的村民，政府对其家人按1000元/人/年给予补贴。可库那巴扎村的就业人数还是不多。为什么？不是不想享受这大好政策，语言不通、习俗不同、技术不会等都是阻碍。

工作队一合计，建起了村图书室，办起了夜校，把村民都请进来。

听说夜校里净讲政府怎么帮着大家伙挣钱的事，村民上夜校的劲头空前高涨，夜校不断扩招，从1个班增到了3个班。除60岁以上和有疾病不宜上学的人外，全体村民都来了。图书馆也成了村民的热门去处，看书、学习汉语成了库那巴扎村最时尚的行为。

截至2019年9月，《扶贫知识应知应会》《教你学汉语》等教材，累计培训群众2.6万人次，累计126周次。一次次培训，一堂堂授课，如春风化雨，将党的好政策洒进村民的心中。

走出去的村民越来越多。2019年前半年，村里外出就业人数达130人以上，是有史以来外出就业最多的一年，近的到县城、到喀什市，远的到乌鲁木齐，甚至走出了新疆。对深居祖国西北内陆的库那巴扎村来说，远方终于不再遥远。

曾经，库那巴扎村没有几个人使用微信，更不知抖音为何物。趁着夜校红火，工作队自掏腰包5500元，大量发放微信红包，建起全村农民夜校群，300余名年轻人活跃起来，广泛参与新农村建设。白雪原带着大伙一起沉迷网络。此迷非彼迷，从杏树的栽培、鲜杏的采摘、杏干的晾晒，到黑鸡养殖、鸡舍羊圈的建设等等，网络是最方便快捷的知识来源渠道。

白雪原带着大家学习加总结，用草、菜叶和玉米粉、小麦粉按比例混合打成颗粒饲料，让黑鸡饲养成本降了30%。

简单的种玉米也有大不同，习惯一次性撒完所有肥料的村民，上网后知道，要分好几次均匀撒，那样玉米质量会更好。

连摘杏子也是个技术活，抖音视频里教大家要戴上白手套，轻拧慢拽，方能保证鲜杏不损卖相。

如今，村里有400多人使用微信，200多人刷抖音刷得不亦乐乎。

互联网将知识、技术送到了库那巴扎村，也将村里的农产品卖到了外界。"盖孜姑娘特色农产品"微信公号和"说句村里话"抖音号的开办，让库那巴扎村的对外窗口越开越大，越开越敞亮。

村里的女人们也在变。2018年4月14日，在工作队的支持下，村里第一所妇女美容美发屋开业了。做美容、做头发成了村里女人追求的时尚。现在，定期去打理头发是拜合提罕·伊敏很重要的一项生活内容。工作队还在村里组建了女子时装表演队、歌舞队。手鼓打起来，木卡姆（维吾尔族说唱艺术）唱起来，麦西来普跳起来，艾迪莱丝绸（维吾尔族传统工艺丝绸）衣袂翩然飞起来！库那巴扎村的女子们从未活得如此酣畅。

"我们维吾尔族女人本来就喜欢鲜艳的颜色，喜欢美，喜欢唱歌跳舞，为什么要藏起来呢？勺子（傻子）吗？"

拜合提罕·伊敏说得多好啊！喜欢鲜艳的颜色、喜欢美，喜欢唱歌跳舞，这不就是对美好生活的向往吗？有向往才有干劲，有干劲才能让美好生活落地开花！

2018年3月，工作队招商引资的祥泰服饰六厂在村里开工，村里的女人们坐在一起集体劳动。千百年来不被允许的抛头露面，突然被打破，大家开始还有些不习惯，但是，随着工资发放，不安变成了惊喜，因为自尊、自立、自强的感觉实在太棒了！

村民萨妮古丽第一个月挣到了900多元。车间里组织化的管理，宽松的工作环境，有趣的新闻播报，让她越来越开朗，腰板越来越直，回家说话嗓门都大

祥泰服饰在村里的开工，让广大维吾尔族妇女坐到了一起、挣上了钱

了起来。丈夫不禁感慨,"这个羊缸子,比我懂的还多!"

春夏之交,钻天杨迎风吟唱,风卷杨花似雪花,那是钻天杨在尽情播撒种子。驻村工作队员们也在尽情播撒,播撒新希望。

2018 年,库那巴扎村村集体收入为 12 万元,2019 年将达到 30 万元。连续两年,村民户均分红 500 元以上。

有收入,就有了希望。

麦海提·马木提的妻子去复查了,他祈求妻子安康,儿子早日娶上媳妇,在巴扎热热闹闹办场婚礼。

阿皮孜·尼亚孜惦记着早日找个老伴,陪他一起听水磨歌唱。

凯莱姆罕·艾散盼着家里的鸡多产蛋,羊多上膘。

毛拉木·吾普尔希望来年把杏子质量再提一档,价钱再卖高一点。

帕提麦·麦麦提希望自己能考上内初班(新疆孩子到内地上初中),到北京去上初中。

白雪原的愿望是:"争取给库那巴扎村再投入更多的项目和资金,做实更多的小产业。"

说话间,白雪原跳上了"三蹦子",说是要去检查村里新建的保鲜库。"一旦保鲜库建成,明年我们村的新鲜瓜果蔬菜准能卖上好价钱……"

白雪原的身影消失在村道深处,只有道两旁的钻天杨在低吟浅唱,为酷热的库那巴扎村投下片片阴凉。

自 2017 年白雪原和他的队友们驻村以来,库那巴扎村在全乡 18 个村的季度、年度考核中始终排名第一。村民的幸福感、获得感大幅提升。这支工作队也连续获得 2017 年、2018 年新疆维吾尔自治区级优秀"访惠聚"工作队称号。

这西北极普通的白杨树啊,没有婆娑的身影,没有婀娜的舞姿,却挺拔正直,朴质严肃,是树中的伟丈夫!像极了库那巴扎村的驻村工作队队员们,像极了农行新疆分行的每一个人,金融戍边,爱洒天山,扎根一处,福泽一方。

新发地：一心一意做消费扶贫的"根据地"

文炜

2019 年 7 月 28 日，新发地扶贫馆正式开放。这不仅仅是一个农产品交易市场，更是新发地扶贫成果、经验、资源、能力和规划的展示区。在寸土寸金的北京，一下子拿出近 4000 平方米，专为贫困地区提供免费服务，这在业界引起轰动。有人说："新发地真大方，真舍得呀！"

在商言商没有错，但新发地的大方、舍得，是因为这个品牌从诞生那天起，就有一份对贫困农民特殊的情怀。

1988 年，新发地农民自发聚集在村头卖菜，常常导致交通堵塞、狼藉满地，村干部张玉玺只好带人去清理。可是今天清了，第二天农民又来了。有一次，一位老人扯着张玉玺老泪纵横："玉玺，咱都是一个村的，我家的情况你最清楚。老伴有病，闺女瘫在床上，就指望我一人干活挣钱。我要去北京城里卖菜，一去就是一天，地里的活谁干？家里的病人谁管？你不让我在这儿卖菜，就是不让我们一家人活呀！"

老人的话臊得张玉玺恨不得找个地缝钻进去。他想自己是党员，是村干部，本该设身处地为村民着想，怎么能这样简单粗暴呢？

张玉玺跟大家一合计，决定在村里开个菜市场，让村民有组织有纪律地卖菜挣钱。很快，他带领 14 个村民，筹集了 15 万元钱，在村里划出 15 亩荒地办起了新发地菜市场，成立了北京新发地农产品批发市场，张玉玺出任董事长。

消息一传十十传百，周边村农民甚至河北农民都蜂拥而至，新发地菜市场一扩再扩，翻过年头已经占地 100 多亩了。

昔日新发地

　　为保护农民利益，新发地管理十分严格，这就触犯了个别欺行霸市者的利益。张玉玺家的电话线曾经一年内被人剪断100多次，有人往他家扔石头，还有人写信恐吓他："张玉玺，小心你全家狗命！"最危险的是有天半夜，有人往他家投掷燃烧瓶，把他家的房顶烧了个大窟窿。

今日新发地

　　他们越是吓唬张玉玺，张玉玺越是给自己打气：张玉玺，你是农民，你就是拼上这条命也要保护农民的利益！乡上、区上也为新发地撑腰，经过治理，新发地市场的营商环境越来越好。

　　各级政府的支持让新发地人深受感动，他们时刻想着积极回报，要为党和政府分忧。

　　2005年南水北调工程修建丹江口水库，河南南阳下属6个贫困县的500吨猕猴桃若不能及时卖出去，将面临淹没。当地政府找到新发地求助，新发地人第一时间奔赴现场，以高于市场一倍的价格日夜收购外运，仅半个月时间，就卖完了最后一颗猕猴桃。

2008年，南方大面积冰雪灾害，交通阻塞，海南农产品严重滞销，新发地人白天晚上连轴转，开通海上运输新航线，将海南农民的心血果实大批外运外销。

2012年新疆瓜果无人问津，眼见着要烂在地里，新发地人星夜疾驰赶赴一线，抢收抢卖，把农民的损失降到最低。

一次又一次，只要听说哪里农产品难卖，只要政府一声召唤，即使不挣钱，即使赔钱，新发地都会以战士的姿态招之即来，来之能战，把农民兄弟的利益高高举过头顶。

今天的新发地已经占地1680亩，承担着北京市90%的蔬菜水果供应。在全国农产品批发市场中，连续16年交易量、交易额均名列第一。通过奋斗，上千名贫困农民在这个平台上成为千万富翁，百万富翁更比比皆是。

2015年，我国吹响了脱贫攻坚的号角。新发地人坐不住了，张玉玺在大会上说："咱们富了，北京郊区、东南沿海的农民富了，可是全国还有不少深度贫困地区的农民依旧贫困。总书记牵挂着他们，党和政府牵挂着他们，作为改革开放政策的受益者，咱们必须要为党和政府分忧，必须参战！"

新发地成立了扶贫办，张玉玺亲自出任扶贫办主任。从此，他带领团队频繁奔赴贫困县，帮农民出谋划策，找挣钱的门路。开始，他们和过去一样，只要听说哪个贫困地区农产品难卖，他们都全力以赴帮卖滞销产品。可是，这样只可救急难以救根啊，贫困地区的农民往往对现代商品农业不理解，只顾埋头种地，不抬头看市场，这直接导致丰产不丰收、勤劳难致富。

怎么办呢？

2017年，新发地跟兰考签订了扶贫协议。当地干部提出兰考是沙质土壤，适合种花生，但张玉玺认为花生价钱卖不上去，必须改变思路，跟着市场去种地。新发地组织土壤、气象专家和卖瓜大户对当地蜜瓜进行全面会诊，准备撸起袖子大干一场。

可是农民却心存疑虑，担心种不好，卖不出。想要农民干，先让农民看。新发地派"蜜瓜大王"张宗志在兰考建起育苗基地和标准化种植示范园。一季下来，瓜卖得又快又贵，农民的热情蹭蹭就上来了。可是，市场变幻莫测，等农民的瓜上市时，蜜瓜价格突然下滑，但是新发地却以高出市场50%的价格全部收购。就这样，新发地收了3000多吨，赔了150万元。一个农民握着张玉玺的手说："新发地仁义啊，我老汉就跟着你们干了！"

为了降低农民的风险，新发地建立了"市场抓两端，农民兄弟干中间"的带贫机制。即新发地负责品种、育苗和销售，还负责建好大棚，农民只需埋头种瓜，新发地为农民全程提供免费技术支持。

贫困户刘玲丈夫去世，独自拉扯俩孩子，还要奉养80多岁的老娘，日子过得实在艰难。她包大棚种瓜，当年就挣了近4万元，脱了贫。她那80多岁的老母亲拉着张玉玺的手唱起了歌："没有共产党，就没有新中国……"

北京新发地市场董事长张玉玺（右一）在新疆墨玉视察红枣种植基地

　　兰考蜜瓜很快走上规模化、标准化、品牌化。农民每亩可实现 3 万元以上收益，是原来种粮收入的 30 倍！

　　新发地乘胜追击，迅速组织百名单品大王在全国各贫困地区推广复制这种带贫模式，先后在海南乐东种水果玉米、河北涞源种茄子、内蒙古林西种辣椒、甘肃渭源种土豆、山西天镇种豆角、新疆和田种大枣……

　　新发地所到之处，免费为贫困户提供种苗，优先安排到基地打工，还可以土地入股分红。有劳力没劳力，总有一款适合你。

　　新发地在全国各地建立了新发地＋公司＋合作社＋贫困户的产业扶贫模式，在 21 个省、76 个县带动了 1360 个合作社，带动 35.9 万贫困人口脱贫增收，销售额达 26.63 亿元。

　　前进的道路是曲折的，新发地在各地也碰到很多困难。樱桃大王刘文坡在河北易县就遭遇了钉子户李万顺。贫困户李万顺的地恰好在樱桃基地入口处，可他不仅不肯加入基地，还堵着刘文坡和村干部骂："你们想霸占俺家土地，没门！村干部收了贿赂，没一个好人！"

　　刘文坡很委屈，不想干了。张玉玺说："碰上困难就缩头，那咱还扶啥贫呢？！"张玉玺给他打气加油，把新发地市场售卖樱桃的火爆场景拍视频发给他，让他给李万顺看，还给他出主意带李万顺去外地樱桃基地参观。

　　刘文坡决定硬起头皮接着干。拐弯抹角找到李万顺姐姐帮着劝说，李万顺终于勉强答应带土地加入合作社。2019 年，李万顺的樱桃树开始挂果，每亩收入 1 万多元，是原来的 10 多倍，年底脱贫指日可待。

　　如今，新发地把像刘文坡这样的百名单品销售大王和销售百强都培育成产业扶贫的骁勇战将，随着他们走进一个个贫困县，走进无数个贫困村，新发地也走进了千千万万农民的心。

　　2019 年 1 月国务院下发《关于深入开展消费扶贫助力打赢脱贫攻坚战的指导意见》，张玉玺带领公司管理层一遍遍地学，思考着落实文件精神。

　　种是银卖是金。新发地有 7000 个固定摊位，每天有 4 万多吨蔬菜水果的吞吐量，如果把这些数字和消费扶贫对接，定会创造奇迹！

说干就干！

首先，新发地拿出黄金旺铺全国名特优农产品展销中心的一、二层，常年用于展销贫困地区农产品。不仅打造永不落幕的农展会，更打造联络站，驻馆人员可以实时把市场动态、农产品行情反馈当地农民，指导农民第一时间调整种植结构，使每一颗种子都有的放矢。其次，新发地每年举办上百场农产品推介会，仅2018年就为贫困地区免费举办了23场。新发地还积极参与"万企帮万村"工程，帮农户扩展销路，免费培训贫困户，安排岗位就业。

新发地在山西隰县建立玉露香梨基地，带领当地农民增收脱贫

新发地是彰显价值的英雄地，也是脱贫示范的大学堂，每年接待大量来自全国各地的致富带头人考察团，指导他们把种植技术和市场经验带回家乡，带领贫困群众脱贫致富。

新发地人聚是一团火，散是满天星，一心一意打造消费扶贫的"根据地"，让消费与扶贫相连，让消费和温暖并存，让农民兄弟相信幸福是奋斗出来的。

帮助农民脱贫只是新发地的阶段性目标，带领农民致富才是终极目的。脱贫攻坚，新发地人时刻在战斗。扶贫助农，新发地永不落幕。

"登高峰"结新亲 "知冷热"细扶贫

——"整村帮扶"新模式探索东西部协作新路径

王斌

2018 年 3 月，在全国东西部协作"携手奔小康"大背景下，江苏省张家港市善港村与贵州省沿河县高峰村结对，率先探索村村结对的"整村帮扶"新模式，派出精准扶贫工作队从党的建设、文化建设、乡村治理、产业致富四个方面开展全方位立体式的驻村帮扶，探索形成了精准扶贫工作的"善港思路"，即"整村帮扶体系"。

江苏省张家港市善港村是苏南地区经济强村，但善港村的"强"并非"与生俱来"。2012 年，刚刚脱贫的善港村与邻近的三个贫困村"四村合一"，村域面积达 9.07 平方公里，村民超过 8000 人。善港村就是用这样 4 块"边角料"，奇迹般地缝补出了一件"新衣服"——如今的善港村年总产值 21 亿元，村集体资产总额 2.07 亿元，村级可用财力 2500 万元，村民人均年纯收入突破 3.6 万元，书写了村级收入三年翻两番的善港故事。

并村当年，善港村就响应党中央号召，在自身脱贫致富道路上阔步前行之时，走上了跨地区携手发展之路。6 年来，分别在陕西省安塞区方塔村、江西省井冈山市沃壤村、江苏省睢宁县杜湖村、陕西省安塞区侯沟门村、湖北省咸丰县杨柳沟村等贫困村实施整村帮扶，贵州省沿河县高峰村已经是善港村实施整村帮扶的第 6 个村。也就是在对高峰村实施"整村帮扶"精准扶贫的过程中，善港村总结出了"四位立体、一心六同"的整村帮扶新模式，成功探索出了一条东西部协作新路径。

感同身受　再启帮扶新征程

"我们有扶贫经验，我们也要参与！"2018年1月，在善港村党委班子例会上，善港村党委书记葛剑锋和村干部们谈到帮扶高峰村的事，没想到一石激起千层浪。随后，村"两委"会议、村民议事会会议、村民代表大会都通过了对高峰村实施整村帮扶的初步方案。

2018年3月9日，善港村干部一行5人作为"先遣部队"，到沿河县高峰村调研情况。这个人口561人，耕地面积仅220亩的土家族村落，村集体经济收入为零，是国家级深度贫困村。展现在善港干部眼前的贫困情景，超出了大伙原本的想象：高峰村地处黔东北高原，石漠化严重、水资源缺乏，可利用土地少，村民"望天吃饭"，收益微薄。而村落内的人居环境面貌，更是让人大吃一惊：牛粪遍地，垃圾乱倒，茅坑旁蚊蝇乱飞。

高峰村实景

2018 年 3 月 12 日，善港村与高峰村签订"整村帮扶"协议。2018 年 3 月 25 日，第一批善港村赴高峰村精准脱贫驻村工作队 15 名队员踏上了高峰热土，开启了驻村帮扶新征程。截至 2019 年 11 月，工作队已派驻队员 16 批 165 人次。

知冷知热　共绘脱贫真风景

从贫困村蜕变而来，深知脱贫不易；已经帮扶过 5 个贫困村，深知扶贫艰辛。面对无产业支撑、无收入来源、无项目拓展的"三无"贫困村，善港村毫不畏惧、迎难而上，把不可能变成了可能。在总结过去 5 个贫困村帮扶经验的基础上，结合在高峰村驻村扶贫的进一步探索，善港村逐渐形成了"四位立体"的整村帮扶思路，解开了高峰村的扶贫困局。

矢志不移"扶堡垒"。农村基层党的建设是脱贫攻坚的"压舱石"。以"不走的党支部"为核心理念，善港村工作队在高峰的层峦叠嶂中穿梭，走家入

工作队队员集体合照

户，摸清了高峰村 147 户 562 人，建档立卡贫困户有 50 户 199 人的基本情况，《民情日记》《驻村日志》写满了几十本。面对农村基层党组织建设力量薄弱的现实，工作队实施一系列"党建+"项目，"共唱红歌""书记宣讲""党员交流"等活动从未中断，"E+党支部"联系全国各地的高峰党员，以党建活力带动了精准惠民。

革新思想"扶文化"。文化建设是脱贫攻坚的"冲锋号"。走访中发现，高峰村面临传统文化走向衰落，新时代文化存在空白的文化困境。对此，善港创新文化服务，在高峰村建立沿河自治县首个新时代文明实践站，开展辅导班 208 期、兴趣培育班 16 期，开展各类文体活动 50 余场。了解到高峰群众有看露天电影的"念想"，工作队每周一次扛着电影器材往返山路 3 小时，只为给沉寂的小山村注入新活力。

移风易俗"扶治理"。乡村治理是脱贫攻坚的"保障网"。善港村积极探索德治、法治、自治的有机贯通，推动精准扶贫可持续，构建有温度的治理模式。充分调动群众参与村务管理、建言献策积极性，充分吸收采纳群众建议，成立了"善扶康"医疗互助项目，组织注册贵州善登高峰公益基金，启动资金 10 万元。

因地制宜"扶产业"。产业致富是脱贫攻坚的"金钥匙"。善港村积极在高峰村探索资源、融合资源、用活资源，邀请著名农业专家、善港现代农业首席顾问赵亚夫亲自指导，帮助高峰村形成了"一水两园三业"发展规划，开辟了水果、蔬菜、养殖、茶叶等多期工程，打

工作队队员向高峰群众传授蔬菜种植技术

工作队队员上门辅导作业

工作队队员整治高峰村环境

善港高峰支部联建

破了高峰几十年的农业发展瓶颈，可满足高峰村至少10年以上的发展需求。高峰村贫困群众在善港村援建的高峰村产业园工作，每月有近2000元的收入。"不等不靠、自食其力、自给自足"这些贫困群众一直期盼的事，真正成为现实。

今年82岁的罗来凤怎么也没想到，会在有生之年看到家乡如此巨变。老人在家乡扶贫"10年"，感动于善港村为高峰村带来的种种可喜蜕变，他说：通过善港村的真情扶贫，高峰村仍是"靠山吃山"，但"吃法"变了——先进的生态产业、绿色产业在高峰生根发芽；地理位置偏远，但交通变了——以前搓板一样的山路，变得越来越通畅了，加快了村民致富的步伐；干部还是那些干部，但工作方式变了——善港村的干部带头，高峰村的干部跟着干，党组织的引领作用一下子凸显出来；人还是那群人，但思想和眼界变了——善港村"发技术""发理念"，群众"看得见、学得会"，得到了实惠。

老人口中的"四个变化"通俗易懂，但细细体会，正是善港村"四位立体"整村帮扶真正改变了高峰村的穷面貌、困处境。总结下来，善港村探索的"四位立体"整村帮扶体系即以加强党的建设为根本，以加强文化建设为抓手，以提高乡村治理水平为保障，以促进富民增收为目标，让高峰村贫困群众真脱贫、脱真贫。

协同共进 构建发展大格局

目前，"整村帮扶"的"善港思路"在高峰村显见成效：一水、二园、三业的产业格局在高峰村正在建设之中，高峰村三个定位也在逐步走向成熟，即全国贫困村"精准脱贫示范区、全面振兴样板区、东西部协作典范区"。一个奔小康的新高峰正以全面发展之姿，展现日新月异之前景。

一时摘帽简单，长远发展依旧在路上。"结亲结亲，结的是亲情关系，讲的是细心照顾、用心呵护，讲的是血浓于水、不离不弃。"掷地有声的话在高峰村传了开来，给高峰村群众吃了一颗"不走的扶贫工作队"的定心丸，同时善港村也真真实实在做、在谋划这样愿景。面对扶贫道路上的新困难、新挑战，善港村又提出了"一心六同"的协同共进发展大格局，这为确保脱贫攻坚任务如期完成带来了启示。

善港村坚定"血溶于水、不离不弃、协同共进"的决心，高峰不脱贫，决不撤退；高峰不致富，决不放手。在"整村帮扶"深入推进过程中，两村在"党组织建设、村民自治、产业发展、社会救助、卫生服务、福利保障"六个方面同步推进、异地共享。借鉴善港

江苏省张家港市善港村党委书记葛剑锋（中）在高峰村指导群众发展产业

在高峰村种植的灵芝

在高峰村种植的翠冠梨

村在党的建设、文明实践、乡村治理等方面的成熟经验，高峰村无论是土地流转、两委换届，还是文化礼堂建设、党群服务中心建设，善港与高峰两村村民都"隔空喊话"互出主意，为村子发展建言献策。借鉴善港村在医疗保障、养老保障、教育保障等福利事业的先进做法，善港村与高峰村除了有地域之分，其他全部相同。借鉴善港村发展生态农业的先进理念和做法，两村产业发展共建，高峰有机农业产业园内的网纹瓜、灵芝等全部从善港村引进，收入已超过30万元，预计明年收入达50万元，而正在建设的茶园和养殖基地等，预计年收入在100万元左右。善港为高峰的产业建设和产品销售等提供各方面支持，在产业园的孵化和带动下，高峰村民在学得技术后，也可以直接去善港产业园工作。

整村帮扶没有完成时，只有进行时。善港村深入推进"四位立体、一心六同"整村帮扶，最终的目标和理想是：让高峰村精准脱贫案例成为"活"的教科书，推动精准扶贫"整村帮扶"的"善港思路"可持续、可复制、可推广。善港村更进一步，已于2018年5月成立善港农村干部学院，获批设立国务院扶贫办全国贫困村创业致富带头人（善港）培训基地，挂牌江苏省党支部书记学院农村分院，进一步探索东西部协作和我国整村帮扶扶贫模式，为决胜脱贫攻坚打造一支留得住、能战斗、带不走的农村人才队伍，为推动全国精准扶贫工作贡献善港力量和智慧。

用现代市场理念助兰考脱贫致富

杨志海

兰考是习近平总书记在党的群众路线教育实践活动中的联系点，其间他两次亲赴兰考，深入乡村看望贫困群众，再三叮嘱要切实关心贫困家庭，因地制宜发展产业，促进农民增收致富。中国证监会 2012 年底开始定点帮扶兰考，会党委高度重视兰考的扶贫工作，不仅派干部、给资金、上项目，还把兰考的扶贫工作与现代市场的理念、方法相结合，走出一条群众满意、中央放心的扶贫资本运作新路子。

创新机制，让扶贫资金"晒太阳"

证监会干部初到兰考，即深入各贫困村调研。村里反映，项目自上而下安排，村里做不了主；驻村工作队汇报，没有资金，帮扶工作不好开展。县扶贫办介绍情况说，单位人少任务重，总是担心资金分不好、项目定不准。证监会帮扶干部一致认为，资金使用精准是精准扶贫的"牛鼻子"，一定得抓紧。

于是，证监会大胆借鉴上市公司信息披露制度和"三公"原则，建立"村决策、乡统筹、县监督"的扶贫资金运行机制，要求资金分配公平，资金决策民主，资金成效公开。让群众充分讨论，"一户一策"定项目，最终确定的项目、资金分配情况，在村内上墙，向全村公开，在县内上网，向社会公开。同时，为加强扶贫资金的阳光化管理，县里每天通过短信、网络公布监督电话"12317"。这样一来，贫困户、驻村工作队的主动性和创造性被充分调动起

证监会派驻兰考县张庄村第一书记王晓楠（右二）与村民闫春光、期货专家商议"期货＋保险＋银行"帮扶项目落地方案

来了，县扶贫办也能把更多的精力放在做好服务和监督上了。

2015 年，县扶贫办将 1150 万元"到户增收"扶贫资金全部下拨到位，扶持了 2344 户建档立卡贫困户发展种养加项目，户均增收 3000 元，做到了资金使用精准、项目安排精准、措施到户精准、脱贫成效精准，没有滞留闲置一分钱，没有贪污浪费一分钱，没有一起上访户。人民日报以《兰考尝试精准脱贫新办法》为题，进行了头题报道，中央领导对这项改革做了重要批示，充分肯定了兰考的做法。

借力资本市场，用产业、就业来扶贫

今日的兰考不再有风沙、盐碱地，而是绿树成荫、处处良田。那么，兰考穷在哪？关键是产业不兴。再深入分析，"等靠要"的思想普遍存在，市场化观念不到位，谈起资本市场更觉得"远在千里、高不可攀"。

摆脱贫困，首先要摆脱头脑中的贫困。证监会挂职兰考扶贫干部带领兰考干部、企业家走进上市公司参观学习，邀请上市公司协会、沪深交易所来兰考传经送宝搞培训。让大家充分认识到，兰考县要脱贫致富，必须学会与资本市场打交道，用资本市场的力量推动产业发展。同时，证监会积极牵线搭桥，让更多的上市公司走进兰考，看到兰考的优势和潜力，与兰考进行市场化对接。

目前，兰考与资本市场对接的窗口已经打开，资本市场带动兰考脱贫致富的氛围已经形成。中原证券率先在兰考设立了营业部，省农开公司成立了5亿元的投资公司，瑞华环保领头迈进了新三板。一批上市公司看好兰考，已有格林美、森源电气、禾丰牧业、杭萧钢构、晓鸣农牧5家上市（挂牌）公司在兰考投资，这些公司的总投资超过20亿元，提供了1.5万个就业岗位，截至2015年带动7000多建档立卡贫困人口脱贫。

推动金融扶贫，让政府带动、资金撬动显威力

要解决好"怎么扶"的问题，首要是发展产业、解决就业，这都需要钱，单靠财政扶贫资金是远远不够的，还需要银行的大力支持。然而，实际情况是贫困户不敢贷、银行不愿贷。2013年底，兰考县存款余额约125亿元，贷款余额约49亿元。从存贷差来看，不是缺钱，而是没有好办法。分析原因，贫困户是没技术、没信心，不敢贷；银行是担心少抵押、高风险，不愿贷。要让两家都打消顾虑，政府就要主动"搭桥"，为双方分担风险。为此，一方面证监会挂职干部向县委、县政府提出用活财政扶贫资金的方案，另一方面与农业银行协商建立扶贫贷款风险分担机制，协调全国金融青联为金融扶贫提供智力支持。

截至2015年底，兰考已经拿出2000万元设立贷款风险补偿基金，放大10倍带动银行资金2亿元，为贫困户和企业发展"输血""造血""活血"。这样一来，金融机构增加了资金投放；贫困户敢创业了，依靠自己的双手开创美好明天；企业扩大生产了，为贫困户提供的就业岗位更多了。通过金融扶贫，兰考县已经支持500多户贫困户发展特色产业，支持的100家扶贫企业带动3000多贫困人口就业。2015年8月，中办在兰考调研扶贫工作，认为兰考的做法符合市场规律，切实化解了贫困户的"贷款难"。河南省扶贫办在全省推广"兰考金融扶贫模式"。

推动举措落地，用深情厚谊暖心

为做好兰考帮扶工作，证监会到河南调研，深入了解兰考扶贫工作情况，指导挂职干部发挥好资本市场综合优势，全力做好精准扶贫。

截至2015年底，证监会系统自筹1330万元用于支持兰考，其中投资160万元支持张庄村乐农养羊项目，发展扶贫产业；投资120万元支持2个敬老院改扩建；成立了1000万元的长期助学基金，资助100名大学生、600名中学生，为15个乡镇小学配备了电教室；成立了新长城自强班，力求阻断贫困的代际传递。

兰考的脱贫攻坚已经到了啃硬骨头的冲刺阶段，中国证监会在兰

证监会派驻兰考县张庄村第一书记王晓楠（右二）在张庄小学施工现场

考布下扶贫大棋局。一是进一步构建好体制机制，凝聚财政、金融、民政、信息、技术等各方面合力，打造良好的扶贫创业、就业环境，让群众脱贫的步伐更快更坚实；二是探索保险扶贫一揽子方案，力争脱贫路上零风险，确保脱贫之后不返贫；三是对特困人口和无劳动能力的贫困人口实施政策兜底，让党的温暖融化贫困寒冰，向党和人民交上一份满意的答卷。

脱贫攻坚，中国证监会全力以赴！